J.~M. Adam

Pour lire le poème

DE BOECK-DUCULOT

DANS LA MÊME COLLECTION

Série « formation continuée »

ADAM, *Pour lire le poème*
CHARVET, GOMPERTZ, ..., *Pour pratiquer les textes de théâtre*
COMBETTES, *Pour une grammaire textuelle*
DUMORTIER, PLAZANET, *Pour lire le récit*
DUMORTIER, *Écrire le récit*
GOLDENSTEIN, *Pour lire le roman*
JARDON, *Du comique dans le texte littéraire*
LAURENT, FOSSION, *Comprendre la grammaire nouvelle*
LITS, *Pour lire le roman policier*
PETITJEAN, ... *Enseigner le français*

Série « manuels »

Français 1
Français 2
Français 3
Français 4
Compléments de français 1/2
Pratiques de grammaire française 1
Pratiques de grammaire française 2
Pratiques du verbe français 1/2
Pratiques du verbe français 3/4 (*à paraître*)

Guide de grammaire française
Guide du verbe français
Manuel d'histoire littéraire
Histoire littéraire
Textes en archipels

© De Boeck-Wesmael, s.a., Bruxelles, 1992   4e édition
© Éditions J. Duculot, Paris – Louvain-la-Neuve, 1992

Imprimé en Belgique

D 1992/0074/60   ISBN 2-8041-0844-9
D 1992/0035/17   ISBN 2-8011-0846-4

Sommaire

Avant-propos

Comment faire pour écrire autrement que sur ce qu'on ne sait pas, ou ce qu'on sait mal ? C'est là-dessus nécessairement qu'on imagine avoir quelque chose à dire. On n'écrit qu'à la pointe de son savoir, à cette pointe extrême qui sépare notre savoir et notre ignorance, et qui fait passer l'un dans l'autre.

G. DELEUZE, *Différence et répétition.*

En matière de critique, ce qui compte n'est pas ce qu'un lecteur est capable de lire : c'est ce qu'il est en mesure de faire lire. Ou bien il impose ses propres projections et il détourne l'attention du texte vers son propre discours ; ou bien il démontre certaines relations et il attire l'intérêt sur les problèmes d'une théorie de l'argumentation.

J. RICARDOU
(« La population des miroirs »,
Poétique 22, 1975, p. 223).

Au point de départ de cet ouvrage, comme de nombreux autres titres de la collection dans laquelle il s'inscrit, il y a, bien sûr, la reconnaissance d'un classement traditionnel en grands genres : ROMAN, THÉÂTRE et POÉSIE ; d'un classement aussi en grands TYPES DE TEXTES (presque toujours mêlés dans les discours réels, hétérogènes par nature) : *narratifs*, *descriptifs*, *argumentatifs*, *explicatifs*, *injonctifs*, *conversationnels* (plus largement dialogiques), types travaillés avec de plus en plus de précision depuis quelques années et auxquels il me paraît nécessaire d'ajouter un *type rhétorique-poétique* (fortement hétérogène lui aussi) qui, en assurant un réglage spécifique des formes linguistiques, semble bien devoir être considéré comme un type textuel particulier.

Si le renouvellement des études littéraires a bousculé et sensiblement renouvelé l'approche du genre narratif en général, le discours poétique n'a pas été touché de façon aussi massive par le mouvement des recherches sémio-linguistiques. Comme l'écrivait J.-P. Goldenstein en 1978, dans un article consacré à un recueil de poèmes de Cendrars :

> « *Les nombreux, et remarquables, travaux des spécialistes ont peu dépassé le cercle des initiés et un rapide coup d'œil jeté sur les divers manuels en usage sur le marché suffit à nous convaincre du serein immobilisme qui caractérise le discours actuel de l'école sur la poésie. Le changement a surtout privilégié les « jeux poétiques » (...). La lecture, l'analyse des textes, elles, invitent encore majoritairement à l'expression d'un esthétisme vague qui méconnaît la spécificité du travail de fabrication langagière du poème. »*

(Pratiques, n° 20, page 3).

Afin de situer d'entrée de jeu le présent essai dans le champ bibliographique actuel, il faut signaler qu'il existe aujourd'hui nombre d'introductions à l'approche linguistique de la poésie. Citons d'abord quatre ouvrages, à commencer par les plus linguistiques, du plus ancien : *Linguistique et poétique*, de D. Delas et J. Filliolet, au plus récent : *Introduction à l'analyse linguistique de la poésie*, de J. Tamine et J. Molino ; du plus proche de la création poétique contemporaine : *Lire la poésie*, de J.-P. Balpe, au plus complet et au mieux adapté à une initiation rigoureuse : *Poétique/Pratique*, de D. Delas. À ces quatre ouvrages d'initiation, rigoureux et précis, on peut ajouter la publication de recherche, plus hétéroclite, que A.-J. Greimas a dirigée chez Larousse : *Essais de sémiotique poétique* (articles de Arrivé, Coquet, Geninasca, Kristeva, van Dijk, etc.).

Les autres essais qu'il faut citer sont tous écrits dans la perspective d'une thèse ou d'une école particulière : *Structure du langage poétique* et le *Haut langage* de J. Cohen ; *Rhétorique de la poésie* des liégeois Dubois-Edeline-Klinkenberg et Minguet ; *La Révolution du langage poétique* de Julia Kristeva ; *Pour la poétique*, le *Signe et le poème* et surtout *Critique du rythme* de Henri Meschonnic ; *la Production du texte* et *Sémiotique de la poésie* de M. Riffaterre. Inutile d'étendre ici le panorama bibliographique, disons seulement que le présent essai partira du Jakobson des *Questions de poétique* et du Saussure des *Cahiers d'anagrammes* en se tenant assez près des synthèses de Daniel Delas et des travaux de M. Riffaterre. C'est dire qu'avec la même modestie que la plupart des auteurs qui se sont occupés de poésie, j'assume un éclectisme théorique correspondant autant à la diversité des formes poétiques qu'à la multiplicité et au dynamisme des recherches sémio-linguistiques contemporaines. L'accent sera mis sur une leçon essentielle de la linguistique : la nécessité de délimiter et de préciser le choix d'une perspective d'analyse (ou de plusieurs successivement). Retenant de la linguistique et de la sémiotique, avec des concepts et des hypothèses, avant tout un esprit de méthode et une volonté de précision, ce travail est orienté dans le sens d'une attention constante au *poème comme texte*. À la différence de l'*Introduction à l'analyse linguistique de la poésie* de J. Tamine et J. Molino citée plus haut, la poéticité d'un énoncé sera moins recherchée au niveau des structures locales (figures, phrases, syntagmes, mots, vers, etc.) qu'au NIVEAU GLOBAL DU TEXTE comme tout polystructuré. Au centre de la réflexion, l'activité de lecture apparaîtra comme une dominante et le concept de texte sera pensé comme le produit de l'application sur un énoncé-artefact d'un *acte de lecture* [1].

Bien que le présent essai emprunte aux linguistiques contemporaines des éléments de théorisation, son propos déborde les limites des recherches linguistiques dans le sens d'une SÉMIOTIQUE TEXTUELLE attentive prioritairement :

- au TEXTE comme unité d'analyse supérieure à la phrase ;
- à la LECTURE comme processus actif de construction de sens ;
- à « LALANGUE » dont — à la suite de Lacan — J.-C. Milner parle admirablement dans *l'Amour de la langue*.

Dans une perspective d'initiation et d'introduction, il sera moins question de théoriser ces trois points dans le détail que d'induire des pratiques concrètes visant à sortir le texte poétique de la réception encore dominante : réception scolaire décorative, révérentieuse, admirative, silencieuse, en fait, et débouchant sur une non-lecture de la poésie.

En tant que type de mise en mots (et en texte) singulière des unités langagières, le poème exige une pratique spécifique de la lecture. Le présent essai sera consacré au caractère minutieux, exigeant, d'un travail de production que les recherches sémio-linguistiques doivent permettre de cerner. Il semble aujourd'hui possible de mettre en place des attitudes et des démarches nouvelles ; des démarches informées et conscientes de leurs limites : point de mythe d'une science donnant la clé de la vérité poétique, on ne le répétera jamais assez.

On peut considérer cet essai comme un plaidoyer pour LIRE QUAND MÊME des poèmes ; les lire malgré le discours dominant sur la poésie (voir le chapitre 1) ; les lire malgré ce qu'il advient de la langue dans le poème : cet « holocauste des mots » (Bataille) qui confronte notre savoir à ses limites. Si nous sortons enfin des débats devenus stériles sur le structuralisme, nous en conservons la conscience de l'existence d'un haut

---

1. Anne-Marie Pelletier définit fort justement la poéticité comme « produit d'un effet obtenu par l'application sur le texte d'une position de lecture, culturellement déterminée, soumise à variation » (*Fonctions poétiques*, page 85).

réglage, d'un multi-codage du discours. Pour ma part, j'aimerais qu'on n'oublie jamais et qu'on applique souvent autant au poème qu'à toute démarche sémio-linguistique ces propos de Bernard Noël dans *le Château de Cène* :

> Rien de plus réglé que le théâtre (la poésie de même), mais toute règle est un labyrinthe qui mène au minotaure, en même temps qu'elle le tient captif. La tête invente la règle pour se préserver de la noirceur du ventre, mais plus elle construit de méandres, moins elle sait derrière lequel est embusquée la nuit. Ainsi, faite pour parquer le monstre, la règle en vérité lui ménage des caches, si bien qu'il peut nous surprendre à n'importe quel moment.

La démarche sera la suivante : *le premier chapitre* opposera la passivité de la lecture scolaire à l'engagement nécessaire de toute réelle activité de lecture. Le *second chapitre*, consacré à la définition du poème comme texte, examinera les mécanismes de transposition du discours « ordinaire » en poème et les effets de la dissolution de la forme fixe autour de l'exemple du sonnet. Entre le texte et la langue, le *troisième chapitre* tentera de faire le point sur la notion jakobsonienne de « fonction poétique ». Le *quatrième chapitre* proposera quelques « entrées » dans le texte poétique (isotopies et figures) ; entrées complétées au *chapitre 5*, par certains aspects de l'énonciation poétique. En guise de synthèse et à titre d'exemple de démarche systématique, le *chapitre 6* sera consacré à un seul poème de Verlaine, étudié « littéralement et dans tous les sens », selon la célèbre formule de Rimbaud.

1

Lire quand même
les textes poétiques

Il est évident que c'est seulement dans la mesure où le lecteur lira vraiment, c'est-à-dire qu'il se subrogera à l'auteur, au fur et à mesure de sa lecture, qu'il fera, si vous voulez, acte de commutation, comme on parle d'un commutateur, qu'il ouvrira la lumière, enfin qu'il tournera le bouton et qu'il recevra la lumière. C'est seulement donc le lecteur qui fait le livre, lui-même, en le lisant ; et il lui est demandé un *acte*.

F. PONGE, *Entretiens avec Sollers.*

1.1. Une certaine idée de la poésie : Formes et fonctions du discours du manuel scolaire

Objets culturels soumis à l'admiration collective, les poèmes subissent généralement un traitement dont les manuels scolaires permettent de cerner l'essentiel du fonctionnement et des fonctions. Il faut, bien sûr, éviter de tout centrer sur la seule institution scolaire en détournant ainsi la critique et l'analyse d'institutions tout aussi efficaces que l'École pour le maintien d'une certaine idée de la poésie : pages littéraires des journaux et des magazines, émissions culturelles de la radio et de la télévision, publicités et revues, monde de l'édition et des prix littéraires, expositions, bibliothèques et colloques [1]. Attirer l'attention des élèves sur les

---

1. On peut relire l'admirable *Mythologie* consacrée par BARTHES à l'affaire Minou Drouet : « La littérature selon Minou Drouet » (Seuil, coll. *Points*, n° 10, pages 153-160). Voir aussi *Pratiques* n° 32 : « La littérature et ses institutions » (1981).

stratégies discursives en jeu dans certaines publicités sur le livre, dans les jeux télévisés, dans les émissions [2] et sur les couvertures de livres [3] peut contribuer à une indispensable mise à distance critique.

Des propositions de Pierre Kuentz et de l'analyse générale de Michel Foucault [4], on peut dégager une méthode d'examen du discours des manuels. Le but essentiel, qui interroge aussi notre propre travail sur des poèmes, consiste à mettre prioritairement en question la notion d'*extrait*. Pour les manuels, un texte est avant tout un extrait, c'est-à-dire un objet prêt à la consommation (P. Kuentz parle à ce sujet du « conditionnement commercial d'un objet de consommation »), un objet transféré d'une formation discursive (la sphère de la production poétique) dans une autre (l'École).

Si l'on examine des pages de manuels classiques (exemples pages 14 et 15), on aperçoit aisément la nature du traitement de l'extrait. Celui-ci est soigneusement encerclé par un *discours d'escorte* qui le fait fonctionner (signifier) de façon limitée et obligée. Retenons les cinq composantes suivantes :

1. La mise en page : La page agit comme une unité idéale. D'abord mis en page par souci de maniabilité et d'accessibilité, le poème est norma-lisé quand sa typographie, son orthographe et sa ponctuation ne sont pas jugées conformes. La littérature en général, et la poésie en particulier, deviennent ainsi une simple collection de « belles pages ». Les recueils de morceaux choisis limitent à jamais les œuvres, dans l'esprit des élèves, à quelques « belles pages », toujours les mêmes [5]. Un poème de Rimbaud ou de Reverdy, une page de *l'Encyclopédie* ou de la *Chanson de Roland* voient leurs différences gommées ; leur normalisation et leur réunion les fige en une atemporalité illusoire et singulièrement néfaste pour l'idée même de production littéraire.

2) Le titrage coupe le texte de son titre réel. Les auteurs de manuels n'hésitent pas à inventer des titres qui servent à isoler, en les nommant, les extraits ainsi constitués en unités d'un musée imaginaire. Le titrage fixe le sens de l'extrait, il oriente la lecture dans un *sens obligé* (celui parfois thématique de la section du manuel : « enfance », « rêveries »,

---

2. Lire à ce sujet : « L'image de l'auteur dans les médias », Ph. LEJEUNE, *Pra-tiques*, n° 27, 1980, pages 31-40.
3. Voir B. et J.-M. ADAM pages 12-44 de *Le roman de montagne* (Larousse 1977) et le travail de J.-P. GOLDENSTEIN « Du monde entier au cœur du mot. Proposi-tions de travail sur un recueil de poèmes de Blaise Cendrars », *Pratiques*, n° 20, 1978, article repris dans *Pour une lecture-écriture*.
4. Indications bibliographiques en fin d'ouvrage, pages 238-239.
5. Le célèbre « Dormeur du Val » est ainsi un passage obligé, pour tout élève francophone.

« automne », etc.). Dans les deux exemples cités, le titre du poème est conservé, mais le discours d'escorte s'intercale entre le titre et le texte du poème. On se demande même si le titre est « Arthur Rimbaud » ou « Le dormeur du val ». De toute façon, ce qui se trouve ici empêché, c'est de voir fonctionner le titre comme générateur du texte ainsi que nous le montrerons plus loin (chapitre 3, pages 114-115).

3) Le chapeau, intercalé entre le titre et le poète lui-même, joue un rôle d'ancrage essentiel : la présentation induit une lecture explicite en désignant l'auteur comme « poète exceptionnel », « sorte d'enfant prodige », en fixant un sens du texte aussi : « brève évocation de la guerre de 1870 » dans un cas, sonnet étrangement « rapporté », comme on rapporte un objet-souvenir, dans l'autre. Il n'est nulle part question d'écriture : le poème se rapporte à son auteur et au sens d'un moment de l'Histoire de France. Encore une fois, l'idée même de travail de l'écriture disparaît et avec elle celle de lecture comme production de sens : le sens est déjà là, induit par le discours d'escorte.

4) L'appareil des notes dispense l'élève de tout recours au dictionnaire ou à la réflexion. Ce n'est pas ici le cas (ni explication lexicale, ni référence culturelle), mais l'encerclement du texte se poursuit pourtant avec :

5) Un questionnaire envahissant (à droite et en dessous du poème dans le premier exemple ; plus classiquement en dessous seulement dans l'autre). Le rôle d'un tel type d'énoncé est clair : il fixe l'attitude de lecture et le sens du texte. La forme même des questions détermine une réponse obligée : « Même contraste, mais les détails inquiétants se précisent ; montrez-le ». Dans *Dire et ne pas dire*, O. Ducrot dit fort justement du questionnement qu'il « ne se contente pas d'offrir le dialogue, mais (qu'il) l'impose »[6]. Le questionné — ici l'élève — se trouve dans l'obligation de choisir une réponse dans le champ admis par la question : « le questionneur, en introduisant des présupposés dans sa question, oblige du même coup le questionné à répondre selon les présupposés — c'est-à-dire, si l'on prend au sérieux la comparaison classique de la parole et de l'échange, à rendre les présupposés ». Telle est, très précisément et caricaturalement, la situation scolaire. Comme l'a montré P. Kuentz, « la mise en question se présente comme un processus objectif ; elle a pour but, en fait, d'éviter la mise en question par l'élève de ce qui ne doit pas être mis en question (...) ». Toute approche non conforme se trouve ainsi, d'emblée, soigneusement désarmée. Des questions au chapeau, l'élève est plus invité à parcourir le discours d'escorte que le texte du poème lui-même.

Le *tête à texte* de l'élève et du poème (redoublé ici par le *tête à tête* de l'élève avec un « enfant prodige » et un poète exceptionnel) est entièrement orienté, dirigé. LIRE, c'est, dès lors, accomplir un parcours orienté,

---

6. HERMANN, 1972, page 93.

Né à Charleville en 1854, RIMBAUD est, à maints égards, un poète exceptionnel. C'est d'abord une sorte d'enfant prodige qui compose ses premiers vers à seize ans, qui interrompt toute production littéraire à dix-neuf ans. Il a été comme un météore qui a illuminé la poésie française... Auteur des *Illuminations*, d'*Une saison en Enfer*, RIMBAUD cesse d'écrire, s'embarque pour Java, voyage en Arabie, et, au bout de dix ans d'une vie de commerce assez peu connue, il vient mourir à Marseille, en 1891.

Le sonnet suivant est une brève évocation d'une scène de la guerre de 1870.

C'est un trou de verdure où chante une rivière
Accrochant follement aux herbes des haillons
D'argent, où le soleil, de la montagne fière,
Luit ; c'est un petit val qui mousse de rayons.

Un soldat jeune, bouche ouverte, tête nue,
Et la nuque baignant dans le frais cresson bleu,
Dort : il est étendu dans l'herbe, sous la nue,
Pâle dans son lit vert où la lumière pleut.

Les pieds dans les glaïeuls, il dort. Souriant comme
Sourirait un enfant malade, il fait un somme.
Nature, berce-le chaudement : il a froid !

Les parfums ne font pas frissonner sa narine ;
Il dort dans le soleil, la main sur la poitrine,
Tranquille. Il a deux trous rouges au côté droit.

1er quatrain : les éléments du paysage. Quelle est la sensation dominante ? Relevez et expliquez les images de style.

2e quatrain : il crée en nous deux impressions en contraste : étudiez le quatrain de ce point de vue.

1er tercet : même contraste, mais les détails inquiétants se précisent ; montrez-le.

2e tercet : que nous apprend-il ? Comment le poète a-t-il préparé l'effet tragique ?

Arthur RIMBAUD. Poésies.
(Mercure de France)

- Voyez-vous quel but poursuivait le jeune RIMBAUD en composant ce sonnet paru en novembre 1870 ?
- Ce sonnet n'est pas rigoureusement régulier : en quoi ?
  Analyser la versification : les coupes, les rejets...

---

7. Nous reproduisons ici, à titre d'exemple, une page d'un manuel scolaire du premier cycle de l'enseignement secondaire français.

ARTHUR RIMBAUD

LE DORMEUR DU VAL [8]

Arthur Rimbaud (1854-1891), qui a écrit tout jeune ses premiers vers, a rapporté ce sonnet de ses vagabondages entre Paris et Charleville, son pays natal, au milieu de la guerre de 1870-1871.

C'est un trou de verdure où chante une rivière
Accrochant follement aux herbes des haillons
D'argent, où le soleil, de la montagne fière,
Luit : c'est un petit val qui mousse de rayons.

5 Un soldat jeune, bouche ouverte, tête nue,
Et la nuque baignant dans le frais cresson bleu
Dort ; il est étendu dans l'herbe, sous la nue,
Pâle dans son lit vert où la lumière pleut.

Les pieds dans les glaïeuls, il dort. Souriant comme
10 Sourirait un enfant malade, il fait un somme :
Nature, berce-le chaudement : il a froid.

Les parfums ne font pas frissonner sa narine ;
Il dort dans le soleil, la main sur sa poitrine
Tranquille. Il a deux trous rouges au côté droit.

ARTHUR RIMBAUD, *Poésies.*
Mercure de France, éd.

LES IDÉES

1 Quelles sont les sensations dominantes dans le premier quatrain ? Relevez les termes qui les suggèrent.

2 Quelle impression produit le second quatrain ? Quels détails préparent la fin ? Lequel vous paraît le plus caractéristique ?

3 Comment comprenez-vous *le cresson bleu* (vers 6) et qu'est-ce que la *nue* (vers 7) ?

4 Quels sont les détails de plus en plus inquiétants que nous donne le premier tercet ?

5 Que nous révèle le dernier vers ? Quel effet produit-il ?

LA LANGUE

analyse

6 Relevez dans les deux quatrains les diverses expressions qualificatives.

conjugaison

7 Comment est employé le verbe *pleut* (vers 8) ? Employez ce verbe dans deux courtes phrases : à la forme personnelle d'abord, puis à la forme impersonnelle.

style

8 Notez dans le premier quatrain les images et justifiez-les brièvement.

le vers

9 Quel vers emploie ici Rimbaud ? Ce sonnet est-il conforme aux règles de ce genre de poèmes ? Relevez des exemples de rejets et indiquez l'effet qu'ils produisent. (Voyez p. 440.)

8. Bordas, *le Français en 5ᵉ*, collection Lagarde et Michard, 1969.

sans surprise et sans plaisir, un parcours admiratif et révérentieux. Noyant le poème dans un discours qui est supposé en garantir la lisibilité, la pratique discursive du manuel empêche toute approche du poème comme texte et surtout toute lecture active. Une telle pratique discursive « substitue au texte comme écriture la notion d'œuvre comme valeur, et comme valeur cautionnée par sa marque d'origine » (J. Bya, p. 113). M. Foucault démontre bien ce phénomène dans sa célèbre leçon inaugurale du Collège de France : l'auteur apparaît comme l'unité et l'origine des significations, comme le foyer de leur cohérence. Depuis le XVIIe siècle, la fonction de l'auteur n'a cessé de se renforcer et les procédures de contrôle (étiqueter, classer, réduire le nouveau à l'ancien, au connu, orienter les lecteurs, telles sont les tâches de la critique) du discours littéraire — et, pour nous, plus particulièrement poétique — se sont renforcées à partir de deux grands principes :

• **Le principe du commentaire** : La fonction du commentaire — dont on vient de montrer qu'il est préparé et orienté par un faux questionnement — revient à limiter le travail du discours par le jeu d'une *première identité* qui a la forme de la répétition et du même. Si l'on accuse souvent les enseignés de paraphraser les textes, c'est qu'on leur demande de ne pas avoir l'air de faire ce qu'on veut qu'ils fassent... subtile rouerie critique qui décourage rapidement tout le monde.

• **Le principe de l'auteur** : Ce second principe limite le travail du discours par le jeu d'une *seconde identitié* qui a, cette fois, la forme de l'individualité et du moi : « l'auteur est ce qui donne à l'inquiétant langage de la fiction, ses unités, ses nœuds de cohérence, son insertion dans le réel » (p. 30). La carte d'identité de Rimbaud (« né à Charleville en 1854... vient mourir à Marseille, en 1891 ») se double d'une identité idéale pour un mythe central de l'art bourgeois : celui de l'enfant-poète (ici, à la fois : « poète exceptionnel »... « enfant » et même « enfant prodige », « météore qui a illuminé la poésie française »). Ajoutons que l'on peut lire, sur ce point un texte peu connu de Michel Foucault pages 75-95 du *Bulletin de la Société française de Philosophie* (juillet-septembre 1969).

Ce *principe de l'auteur* a pour corollaire immédiat celui d'*œuvre*, opposé à la notion de *texte* dont on va parler afin de marquer le *travail du texte*. Avec la notion d'Auteur se mettent en place les notions de *création inspirée* (« a rapporté ce sonnet de ses vagabondages... »), de *propriété* et de *monopole du sens*. Avec le style, c'est la marque d'un tel créateur qu'on recherche : il sert de support au tête à tête/texte. À l'**expression** de l'auteur (« quel but poursuivait le jeune Rimbaud » : il avait donc un but, une intention claire...), vient s'ajouter un second dogme : celui de la **représentation** (« brève évocation d'une scène de la guerre de 1870 ») [9].

---

9. Sur les dogmes de L'Expression et de la Représentation, je renvoie aux stimulantes analyses de J. RICARDOU au début de *Pour une théorie du Nouveau roman*

Comme le souligne P. Kuentz, tout ce processus remplit une fonction sociale évidente :

> « Il semble que l'on s'efforce de promouvoir la consommation de la production littéraire ; il s'agit, en réalité, d'assurer la production du consommateur. Le culte de l'auteur sert à déterminer le modèle du lecteur : on ne lit plus les « classiques », sitôt quittée la classe, mais on a appris un certain type de lecture. L'élève est devenu « public », spectateur désormais « docile » de la publicité et de sa variante officielle, l'« information ». Le discours sur les textes produit ce consommateur « privé », pour qui l'œuvre d'art est un objet d'appropriation individuelle et solitaire, le « client » idéal, celui qui « écoute ». » (1972, p. 26).

Cette brève analyse peut être aisément développée et reconduite sur n'importe quel manuel. Nous voulons seulement signaler ici qu'en interrogeant rapidement l'ordre du discours scolaire représenté par une page de manuel, on peut voir comment *l'écriture poétique est prise au piège d'un ordre du discours*. Il faut, ici encore, renvoyer à M. Foucault : « Je suppose que dans toute société la production du discours est à la fois contrôlée, sélectionnée, organisée et redistribuée par un certain nombre de procédures qui ont pour rôle d'en conjurer les pouvoirs et les dangers, d'en maîtriser l'avènement aléatoire, d'en esquiver la lourde, la redoutable matérialité » (pp. 10-11). Telle est bien la fonction du traitement du poème par l'ordre du manuel. Cet ordre discursif, assuré par les grands systèmes d'exclusion repérés par Foucault (système du tabou, parole rationnelle et volonté de vérité), atténue la force du poème comme texte, produit d'une écriture, et il stérilise toute lecture.

(Seuil 1971, pp. 9-32) et dans son article « Écrire en classe » (*Pratiques*, n° 20, 1978) : « Cette idéologie qui actuellement domine, nous la connaissons bien. Elle consiste, (...) en le credo suivant. Toujours, à la base du texte, comme son fondement irréductible, comme la condition de sa possibilité, doit nécessairement gésir un *quelque chose à dire*. Ou si l'on préfère, ce que nous nommons un *sens institué*, établi avant même qu'ait eu lieu l'acte d'écrire. Puis s'accomplit l'acte d'écrire, qui est alors conçu comme une *manifestation du sens institué*. Si le sens institué concerne des aspects du Moi, la manifestation est habituellement nommée une *expression*. Si le sens institué se rapporte à des aspects du Monde, la manifestation est communément appelée une *représentation* ». Sur ce sujet, on peut lire le chapitre 6 du *Marxisme et la philosophie du langage* de Bakhtine-Volochinov (Minuit, 1977).

1.2. Lire autrement ?
Quels enjeux pour quelle lecture ?

Par rapport aux opérations qui viennent d'être dénoncées, on doit se demander si les modèles théoriques linguistiques et sémiotiques ne risquent pas de jouer un rôle comparable en figeant des hypothèses en un nouveau *discours de la vérité*. Le danger a clairement été dénoncé par P. Kuentz puis par Laurent Jenny [10]. Reçue telle quelle, toute grille de déchiffrement (structurale, sémiotique ou autre) ne peut déboucher que sur *une poétique restreinte* : « Ce qu'on a tout de suite voulu voir dans l'analyse structurale des *Chats* par Jakobson et Lévi-Strauss [11], c'est la chance d'une grille de lecture applicable en toutes circonstances, et qui dispensait en somme du risque que comporte toute lecture. Risque d'« erreur », risque d'affrontement nécessairement solitaire à un texte. Or il y a toujours un point où nous sommes absolument démunis devant la parole d'un autre, et la compréhension passe par le constat de cette étrangeté ».

La contradiction est claire : nous souhaitons mettre en place une autre lecture, mais courons en même temps le risque de réduire la poésie. Le débat de fond a clairement été situé par L. Jenny :

> « Le désir pédagogique (...) estime que la « science » a pris l'engagement de lui épargner les dangers de toute aventure de lecture. Dans le même temps ce désir pédagogique est aussi exigence immédiate de clarté et de facilité. La science littéraire doit être aussi amusante et aisée que les jeux poétiques, elle doit être aussi peu théorique que possible, elle doit délivrer sans réticence les recettes pratiques qui serviront à faire des cours, elle ne doit pas laisser penser qu'elle est faillible et que ses propositions sont idéologiquement marquées. En un mot, l'école consent à venir à la théorie à la condition que cette dernière lui fasse faire une économie de temps, de risque, d'expérience intellectuelle et de recherche. Bien entendu, cela n'est pas si simple, et la rancœur est souvent profonde » (p. 89).

Dans la perspective sémio-linguistique choisie, nous définissons le poème comme le produit d'un haut réglage de la langue. Le propre d'un texte poétique, c'est de SIGNIFIER « LITTÉRALEMENT ET DANS TOUS LES SENS », selon l'heureuse expression de Rimbaud [12]. Cela veut dire essentiellement que le poème est, dans sa forme définitive, le résultat d'une surimpression de différents « codes ». Mais, de toute façon, lire des

---

10. Dans le numéro 51 du *Français aujourd'hui*, septembre 1980.
11. *« Les Chats » de Baudelaire : une confrontation de méthodes*, Presses Universitaires de Namur et P.U.F., M. Delcroix et W. Geerts, 1980.
12. « Ça veut dire ce que ça veut dire, littéralement, et dans tous les sens », écrivait Rimbaud à son professeur Isambard.

poèmes, c'est lire avant tout des textes reconnus intuitivement comme tels (ou désignés éditorialement comme tels). Ceci prouve qu'une *compétence discursive* s'ajoute à la compétence proprement linguistique (celle de la langue dans laquelle le texte est écrit). La compétence discursive du lecteur lui permet d'identifier un texte poétique comme un produit littéraire spécifique, objet d'une lecture propre. Si les poèmes sont généralement reconnus comme tels, c'est, avant tout, en raison de leur réglage rythmique et musical des éléments langagiers. En second lieu, le poème apparaît comme tel en raison de son caractère de TOUT, de totalité fonctionnant de façon d'autant plus évidente que sa brièveté permet, le plus souvent, de conserver la mémoire des éléments constitutifs. Lieu sémiotique dans lequel les mots ne sont pas disposés par hasard ou en raison d'un contenu à véhiculer, le poème résulte d'un haut réglage-codage par le nombre, le blanc et l'espace typographique, par le retour des accents et des sonorités, l'appel des mots par les mots, sans parler du jeu avec les clichés, les figures et la syntaxe.

On comprend, dès lors, que lire un tel type de texte, ce soit mettre soi-même des éléments en rapport pour produire du sens et du texte. Disposition typographique des unités dans l'aire scripturale de la page, reprises et effets de symétrie, figures et travail des stéréotypes langagiers constituent autant de configurations où du sens peut se cristalliser. Comme l'écrit D. Delas : « En un mot, elles sont significatives et structurent le processus sémantique en déclenchant des *effets de sens*. C'est de leur réception et de leur mise en relation que s'instaurent des directions de lecture, convergentes (texte clos) ou divergentes (œuvre ouverte) ; ces directions de lecture n'épuisent jamais le texte, sur lequel d'autres points de vue (historique, sociologique, psychanalytique, etc.) sont possibles » [13]. De son côté, M. Riffaterre propose utilement de cerner la spécificité du discours poétique en distinguant « sens » et « signifiance » comme produits de deux lectures. La première, mimétique, s'attache à l'information fournie linéairement par le poème. La seconde, rétroactive, « en tous sens », ne considère plus la langue comme un déploiement syntagmatique à fonction référentielle, mais LE TEXTE COMME UN TOUT, comme une « UNITÉ À LA FOIS FORMELLE ET SÉMANTIQUE »[14].

Ainsi orienté, le présent essai s'attache à montrer que lire avec attention et rigueur est possible et que ceci débouche moins sur une sécheresse analytique (généralement redoutée) que sur le *plaisir de la découverte constante*. C'est donc du **plaisir de lire** qu'il sera aussi question, mais d'un plaisir fidèle à ce que Brecht énonce admirablement dans ses *Consi-*

---

13. D. DELAS : « Lire la poésie/lire Supervielle », *Lectures de « Les Amis Inconnus » de Supervielle*, Dia/Belin, 1980, page 24.
14. *Sémiotique de la poésie*, p. 13.

dérations sur les arts plastiques sur lesquelles je choisis volontairement d'insister. Dans un essai d'août 1939, consacré au genre du portrait en sculpture, Brecht dénonce tout d'abord l'idée toute faite selon laquelle l'art s'adresserait très directement et simplement à l'Homme, à tous les hommes. De cette opinion découlent deux aversions bien connues : aversion contre tout commentaire de l'œuvre d'art et aversion contre tout art qui, incapable d'agir « par lui-même », nécessite des explications. Le refrain est bien connu et il s'applique un peu trop souvent au domaine qui nous intéresse. Ce qui est moins perçu et qui est, à la fois, plus positif et plus éclairant pour nous, c'est la conclusion exigente qu'en tire Brecht :

> « Il ne manque pas d'artistes, et non des pires, qui sont résolus à ne travailler à aucun prix pour ce petit cercle d'« initiés » : ils veulent faire de l'art pour tous. Ça fait démocratique mais, selon moi, ça ne l'est pas tellement. Ce qui est démocratique, c'est d'arriver à faire du « petit cercle des connaisseurs » un *grand* cercle des connaisseurs.

> « Car l'art demande des connaissances. L'observation de l'art ne peut donc donner un plaisir véritable que s'il existe un art de l'observation. »

et Brecht d'ajouter plus loin :

> « L'art suppose un savoir-faire, qui est un savoir-travailler. Quiconque admire une œuvre d'art admire un travail, un travail habile et réussi. Il est donc indispensable de savoir quelque chose de ce travail si l'on veut l'admirer et jouir de son produit, qui est l'œuvre d'art ».

Si nous ne limitons pas l'idée de « travail » à une opération uniquement consciente et volontaire, on voit que Brecht nous engage à plus d'exigence, à plus de risques aussi :

> « On ne considère que le résultat du travail (éventuellement même, il procure du plaisir), mais non le travail lui-même. (...)

> « Si l'on veut arriver à la jouissance artistique, il ne suffit jamais de vouloir simplement consommer confortablement et à peu de frais le résultat d'une production artistique ; il est nécessaire de prendre sa part de la production elle-même, d'être soi-même à un certain degré productif, de consentir une certaine dépense d'imagination, d'associer son expérience propre à celle de l'artiste, ou de la lui opposer, etc. Rien que de manger, c'est un travail : il faut couper la viande, la porter à sa bouche, mâcher. Il n'y a pas de raison que le plaisir esthétique s'obtienne à meilleur compte ».

Contre le discours des manuels scolaires, définissons donc l'enjeu qui est le nôtre en situant bien le rapport entre les travaux dont il sera question tout au long de ce livre et les pratiques possibles dans l'institution scolaire. Les modèles élaborés n'ont pas la prétention d'enfermer l'objet poétique, mais de **permettre des lectures actives**. L'étude systématique d'un vers (au chapitre 3) ou d'un texte (aux chapitres 2 et 6) ne nous intéresse ici que dans la mesure où les enseignés pourront prendre conscience de la complexité d'un fonctionnement, à partir d'un certain nombre d'entrées et d'indices (chapitres 4 et 5 surtout). Disposant d'outils précis, l'apprenant a des chances de se trouver « d'autant plus motivé qu'il peut rivaliser avec le maître en découvertes » [15]. **Provoquer une lecture qui soit une véritable découverte,** tel est l'enjeu principal d'une approche un peu méthodique du texte poétique. Dès lors, la pratique de la lecture et surtout le contrôle exercé sur cette pratique par le (dé)chiffrement collectif, deviennent essentiels. De plus, comme le dit encore Jean Verrier : « Trouver les chemins d'accès à un texte poétique, à première lecture hermétique, entraînera les élèves à déployer la polysémie de n'importe quel autre texte, et en particulier à surprendre le fonctionnement volontairement caché ou détourné des textes journalistiques ou publicitaires ». Même si, hélas, la réalité du vécu quotidien de l'école ne rend pas les choses aussi simples, je soutiens, avec L. Jenny, qu'il y a là « un enjeu indiscutable de l'enseignement du français. Les adolescents perçoivent le plus souvent les mots comme des objets terriblement opaques et surgis de nulle part, impénétrables et hostiles. Linguistique et poétique sont des outils essentiels pour montrer que tout discours est soutenu par une armature rhétorique porteuse d'effets de sens ; que des structures narratives ou poétiques sont agissantes dans toutes sortes de discours non littéraires, du journalistique au publicitaire en passant par le politique ; qu'il n'y a pas de parole sans situation du sujet parlant, sans assignation d'une place à l'interlocuteur. Le « contrat verbal » doit être démonté pièce à pièce, ses stratégies dénudées » (p. 91).

Pour terminer cette mise en perspective des enjeux des chapitres qui suivent, la juxtaposition de deux voix suffira :
• Celle de Charles Grivel, dans le n° 10 de *Pratiques* (1976) :

Le but n'est pas l'explication, la pénétration d'un texte isolé ne représente jamais la fin de l'opération engagée. (...) La capitalisation des connaissances ne nous intéresse pas. Mais le mouvement. L'opération sur les signes, leur dérèglement (...). Savoir-faire, si l'on veut, mais non virtuosité technique : l'anatomisation d'un texte n'est pas un désossage. Nous façonnons un *instrument à nier*. (...) Il s'agit d'apprendre à produire soi-même des informations, il s'agit de prendre le contrôle des instruments de la signification sociale. La « littérature » doit permettre ça. Son concours, du moins, doit servir à ça.

• Dans un déjà ancien, mais excellent numéro d'*Esprit* (n° 12, 1974), Jean Ricardou écrivait quant à lui :

Ce qui se termine, c'est la *lecture passive* : la réception d'un sens si clairement fabriqué par le texte qu'il n'y a plus qu'à le *reproduire* par un acte dont on nous

---

15. J. VERRIER, *Langue Française*, n° 23, septembre 1974, p. 115, « La poésie à l'école ».

a appris à l'école les mécanismes. Ce qui commence, c'est la lecture *active* : la production de sens et de contradictions de sens, à partir de relations à construire dans le texte (...). Lire consiste à *provoquer des relations*, de nouvelles organisations du texte et, donc, ce qu'on pourrait appeler un texte dans le texte (page 788) [16].

---

16. Sur la lecture, voir pages 239-240 les indications bibliographiques.

2 Le poème comme texte

2.1. Normes textuelles et lisibilité du poème

Parmi tous les travaux qui visent à saisir et à théoriser la « poéticité » d'un texte, une tradition a cherché à cerner le fait poétique à partir d'une comparaison entre un usage « normal » (quotidien) et un usage « poétique » du langage. Jean Cohen, par exemple, dans un ouvrage déjà ancien et souvent critiqué [1], a proposé d'isoler les caractéristiques du langage poétique en le comparant à la langue la moins soucieuse d'esthétisme : celle des savants (J. Cohen prend pour référence la prose scientifique de Berthelot, Pasteur et Cl. Bernard). Développant l'opposition chère à Bally entre « fait d'affectivité » et « langage intellectuel » [2] posé comme normal, J. Cohen envisage par la suite les rapports de la poésie et de la redondance [3]. Il fait de la redondance une loi constitutive du poème et, suivant les théories classiques de l'information, il pose une « antinomie fonctionnelle » des langages de la prose et de la poésie : la première aurait pour but de fournir des « informations », la seconde des « expressivités ». N'apportant pas d'information nouvelle toute répétition accroît la force de l'expressivité : « La redondance n'informe pas mais elle exprime et c'est pourquoi tout langage émotionnel tend à prendre la forme répétitive, qu'il s'agisse de l'émotion poétique, ordinaire ou reli-

---

1. *Structure du langage poétique*, Flammarion, 1966, collection Champs n° 30. Voir G. GENETTE : « Langage poétique et poétique du langage » (*Figures II*, Seuil, 1969). Pour une mise au point sur la norme, lire Nicole GUEUNIER : « La pertinence de la notion de norme en stylistique », *Langue Française* n° 3, Larousse, 1969, et Philippe HAMON : « Note sur les notions de norme et de lisibilité en stylistique », *Littérature* n° 14, Larousse, 1974.
2. *Traité de stylistique française*, Klincksieck, 1951, tome 1, pages 28-29. Roman Jakobson est pourtant très net page 148 des *Questions de poétique* : « Le langage poétique et le langage émotionnel chevauchent fréquemment l'un sur l'autre, et le résultat, c'est que ces deux variétés de langage sont souvent, de façon tout à fait erronée, identifiées ».
3. « Poésie et redondance », *Poétique* n° 28, Seuil, 1976.

gieuse » [4]. *Le Haut langage* oppose ainsi un sens « noétique » (ou conceptuel) et un sens « pathétique » (ou affectif), la poésie réactivant le sens « pathétique » neutralisé par la prose ordinaire. On peut ainsi schématiser le dualisme sémantique de la théorie de J. Cohen :

	POÉSIE	VS	NON POÉSIE	
	(opposition cherchée au niveau d'un dualisme sémantique)			
visée expressive exprimer	« pathétique » *affectif* /obscurité/ /intensité/	VS VS VS VS	« noétique » *conceptuel* /clarté/ /neutralité/	visée informative *informer*
	STRATÉGIE POÉTIQUE		PHRASE GRAMMATICALE	
	réactive le sens par des formes déviantes	VS	neutralise le sens pathétique	
	renforce l'intensité	VS	éteint l'intensité	

Le mathématicien roumain Solomon Marcus [5] oppose, lui aussi, deux modèles de langages idéaux, l'un lyrique-poétique, l'autre mathématique-scientifique : « La poésie est la modalité suprême du langage de suggestion, tandis que les mathématiques constituent la forme idéale du langage logique » (1968, p. 52). Au point de départ de sa réflexion, il définit l'*homonymie* comme l'association de plusieurs significations à un seul énoncé et il pose la *synonymie* comme une relation inverse. Il note que, dans le langage scientifique, où les significations sont relativement indépendantes de leur expression linguistique, la synonymie est, en principe, infinie et l'ambiguïté de l'expression tend à être nulle (soit une absence d'homonymie) :

> « *La signification poétique est organiquement solidaire avec son expression, la signification mathématique est relativement indépendante par rapport à l'expression ; dans le langage poétique, la synonymie est absente, tandis que dans le langage mathématique la synonymie est infinie. (...) Aucune expression linguistique ne s'impose d'une manière unique pour une signification scientifique donnée. Mais, en même temps, l'expression mathématique est dépour-*

---

4. « O triste, triste était mon âme/À cause, à cause d'une femme » (Verlaine) ; « C'est foutu, tu entends foutu ! C'est mort, je te dis, mort et plus que mort » (énoncé entendu et cité par J. Cohen) ; « Que ton grand Nom soit béni, célébré, glorifié, exalté, loué, exhaussé, et élevé » (Kaddisch final).
5. On connaît de lui, en français, *Introduction mathématique à la linguistique structurale* (Dunod, 1967) et divers articles : « Poétique mathématique non probabiliste », *Langages* 12, 1968, pp. 52-55 ; « Langage scientifique, structure rythmique, langage lyrique », *Cahiers de linguistique théorique et appliquée* (1968, pp. 127-157). Il a, de plus, dirigé le volume collectif *La sémiotique formelle du folklore*, publié en 1978 chez Klincksieck. Pour un bon compte-rendu des propositions de Marcus, voir « Vers un modèle théorique du langage poétique », de J.-M. KLINKENBERG, *Degrés* n° 1, Bruxelles, 1973.

vue d'ambiguïté, c'est-à-dire qu'elle ne supporte pas l'homonymie. (...) Dans un langage scientifique, il y a toujours la possibilité de choisir une certaine expression parmi une infinité dénombrable d'expressions équivalentes » (1968, pp. 52-53).

Soit un modèle binaire idéal qu'on peut ainsi représenter schématiquement :

	HOMONYMIE	SYNONYMIE
Langage scientifique-mathématique	−	+
Langage lyrique-poétique	+	−

Les propositions de J. Cohen s'inscrivent nettement dans le schéma que décrit un tel modèle. S. Marcus emploie presque les mêmes mots que l'auteur du *Haut langage* lorsqu'il oppose un langage poétique « dominé par l'ineffable » et un langage mathématique dominé, lui, par « l'explicable ».

> *« Le langage poétique remplit une fonction de suggestion, tandis que le langage mathématique remplit une fonction notionnelle ».*

Ce modèle rend compte de la polysémie du poème dont il sera surtout question au chapitre 4 ; il explique aussi pourquoi le sens d'un poème varie avec le lecteur et le moment de lecture

> *« La signification lyrique est variable d'un moment à un autre et d'un individu à un autre, tandis que la signification mathématique est fixe dans l'espace et constante dans le temps ; le langage poétique est sous le signe du charme, le langage mathématique est sous le signe de la lucidité »,*

il explique enfin le concept d'*autotélicité* dont on va parler au chapitre 3 :

> *« L'acte lyrique est réflexif, l'acte logique est transitif. (...) En contraste avec le langage scientifique, le langage lyrique manifeste une très grande solidarité entre l'expression et le contenu (...). La poésie est la manifestation d'une contradiction permanente entre le caractère fluctuant, non discret de toute signification lyrique et le caractère discret de toute expression linguistique »* (1968, pp. 52 et 54).

Il n'est pas question de poursuivre ici une réflexion aussi abstraite et idéalisée. Solomon Marcus reconnaît d'ailleurs lui-même que les actualisations mathématiques ou poétiques ne font que s'inscrire entre ces deux orientations et il ajoute un troisième terme : le langage musical, plus ambigu que le langage poétique. La chaîne des écarts et des normes de référence peut être poursuivie, profitons plutôt du fait que le débat est passé de mode et évoquons simplement le double problème que ceci pose : circonscrire un usage « normal » du langage et supposer l'existence de procédés langagiers propres à la poésie. Au lieu de choisir un tel terrain, *il paraît plus judicieux d'aborder le problème du double point de vue du texte et de la lecture. Si l'on peut conserver la notion d'écart ce ne peut être qu'en l'ancrant dans un texte pluri-stratifié par définition, carrefour de normes et lieu d'un surcodage.* On récupère ainsi des aspects essentiels pour toute lecture et toute compréhension : la prévisibilité (d'une forme, d'une figure, d'un lexique), la surprise, l'attente (frustrée ou satisfaite), etc. On peut ainsi redéfinir l'écriture — le style — comme « l'organisation alternée d'une redondance et la destruction de cette redondance par des effets de rupture, l'alternance d'effets de clôture (effets cohésifs, répétition du même, du déjà-dit par le texte) et d'effets d'ouverture (insertions de différences, désautomatisation) »[6]. Ceci permet de re-textualiser le débat sur la norme et l'écart en préservant l'avantage « de bien souligner qu'un mot (qu'une « figure », qu'une construction, etc.) ne « possèdent » pas, consubstantiellement et ne varietur, *un* sens et *une* valeur, mais que cette valeur n'est que différentielle, fonction uniquement du contexte où figure l'unité étudiée »[6].

La répétition et l'attente, les contraintes d'un genre ou d'un type de poème fixent la lisibilité d'un texte. Afin de cerner la spécificité de la mise en texte poétique, nous examinerons tout d'abord l'inscription typographique du poème, sa spatialisation, à la lumière de la façon dont Cendrars a transposé un fait divers en poème (2.2) ; après avoir cerné certains aspects de la mise en vers[7] *et en espace scriptural du poème, c'est surtout l'agencement textuel qui nous intéressera et nous examinerons successivement les contraintes codées d'une forme fixe, le sonnet (2.3), et le mode de réglage qui*

---

6. Ph. HAMON, p. 118. Comme le souligne aussi Jacques Géninasca : « Par rapport à un type d'analyse qui se donne l'unité discursive du poème comme objet d'étude, la notion d'écart, à laquelle si souvent encore, de manière plus ou moins oblique, de nos jours, on recourt pour tenter de définir la poéticité, paraît dépourvue de toute valeur théorique. Même si elle était susceptible d'une définition univoque, cette notion ne serait pas appelée à jouer un rôle déterminant dans le décodage d'un type de discours qui attend toujours qu'on le définisse positivement. (...) La réponse au problème de la spécificité de la poésie ne viendra pas d'une stylistique de la phrase, mais plutôt d'une sémiotique du discours » (*Les Chimères de Nerval*, Larousse, 1973, collection L. pages 180-181).
7. Série rythmique et mesure récurrente, le type de vers (alexandrin ou « libre » : « le vers n'est jamais libre pour qui veut faire un travail soigné », T.S. Eliot) caractérise le discours poétique. J. Roubaud a ainsi abordé la lecture des textes poétiques du seul point de vue métrique en postulant l'existence d'« un mode d'organisation spécifique, autonome et historiquement constitué de ces textes » (*La vieillesse d'Alexandre*, Maspero, 1978). Quand une autre mise en texte est recherchée, on doit recourir à l'appellation « poème en prose » ou même la dépasser, avec F. Ponge par exemple qui invente alors le « sapate », « nom bizarre de ce qui n'a pas, ou n'a plus, de nom : le texte pongien en tant qu'il récuse le partage de la prose et de la poésie, en tant qu'il se voudrait tout autre chose qu'un poème, fût-il en prose » (J.-M. GLEIZE, p. 180 de *Poésie et figuration*, Seuil, 1983).

résulte de la disparition d'une telle organisation globale de l'énoncé (2.4). Il est clair que dire que « Je vis, je meurs... » de Louise Labé ou que « Le dormeur du val » sont des sonnets n'apporte aucune autre information que le repérage d'un type de textualité qui régit certains rapports entre divers éléments d'un texte (au plan phonique, par exemple). De notre point de vue, l'étude du sonnet permet seulement de montrer ce qu'est un texte. Chaque poème possède en effet une organisation propre, plus ou moins convention-nelle, plus ou moins identifiable.

2.2. « Cette visée, je la dis Transposition-Structure, une autre » (Mallarmé) Du fait divers au poème de Cendrars

Soit donc le dixième des *Dix-neuf poèmes élastiques* de Blaise Cendrars (Poésie/Gallimard page 91) :

---

10. DERNIÈRE HEURE

OKLAHOMA, *20 janvier 1914*

Trois forçats se procurent des revolvers
Ils tuent leur geôlier et s'emparent des clefs de la prison
Ils se précipitent hors de leurs cellules et tuent quatre gardiens dans la
      cour
Puis ils s'emparent de la jeune sténo-dactylographe de la prison
Et montent dans une voiture qui les attendait à la porte
Ils partent à toute vitesse
Pendant que les gardiens déchargent leurs revolvers dans la direction
      des fugitifs

Quelques gardiens sautent à cheval et se lancent à la poursuite des
      forçats
Des deux côtés des coups de feu sont échangés
La jeune fille est blessée d'un coup de feu tiré par un des gardiens

Une balle frappe à mort le cheval qui emportait la voiture
Les gardiens peuvent approcher
Ils trouvent les forçats morts le corps criblé de balles
Mr. Thomas, ancien membre du Congrès qui visitait la prison
Félicite la jeune fille

                Télégramme-poème copié dans *Paris-Midi*

> TRAGIQUE ÉVASION DE FORÇATS EN AMÉRIQUE
>
> OKLAHOMA, 20 JANVIER. — Trois forçats se sont évadés ce matin de la prison de Mac-Alester, dans les circonstances suivantes :
>
> Ayant pu se procurer des revolvers, ils prirent de force les clés d'un geolier et se précipitèrent hors de leurs cellules en tirant sur les gardiens dont quatre furent tués.
>
> Les forçats s'emparèrent d'une jeune fille employée comme sténographe dans la prison et réussirent à se protéger en la maintenant entre eux et les personnes qui les poursuivaient. La jeune fille fut blessée d'un coup de feu tiré par un des gardiens.
>
> Devant la porte de la prison, les forçats montèrent dans une voiture qui les attendait et qui partit à toute vitesse pendant que les gardiens déchargeaient leurs revolvers dans la direction des fugitifs.
>
> Quelques gardiens sautèrent à cheval et se lancèrent à la poursuite des forçats. Des deux côtés des coups de feu furent échangés.
>
> Une balle ayant frappé à mort le cheval qui emportait la voiture, les gardiens purent approcher et trouvèrent les forçats morts, le corps criblé de balles.
>
> M. Thomas, ancien membre du Congrès, comme représentant de l'Illinois, qui visitait la prison a été tué par les forçats au moment où ceux-ci prenaient la fuite.

(Pour la publication de ce texte cité en référence par Cendrars, je renvoie à l'article de Jean-Pierre Goldenstein : « De l'élasticité poétique : genèse d'un poème de Cendrars », *Les Lettres romanes*, tome XXIV, 1970, pp. 73-79 ; pour une étude détaillée, voir sa thèse de III° cycle, multigraphiée, Université Paris III, 1980 : *Les « Dix-neuf poèmes élastiques » de Blaise Cendrars. Établissement du texte. Étude critique*).

2.2.1. Le poème dans l'aire scripto-visuelle de la page

> Avant, il n'y avait rien, ou presque rien ; après, il n'y a pas grand-chose, quelques signes, mais qui suffisent pour qu'il y ait un haut et un bas, un commencement et une fin, une droite et une gauche, un recto et un verso. (...)
>
> J'écris : j'habite ma feuille de papier, je l'investis, je la parcours.
>
> Je suscite des *blancs*, des *espaces* (sauts dans le sens : discontinuités, passages, transitions).
>
> Georges PEREC, *Espèces d'espaces.*

De tous les éléments de la « Transposition-Structure, une autre », c'est en premier lieu le choix de l'alinéa avec majuscule à l'initiale et la suppression de toute ponctuation qui frappent immédiatement. On peut poser que, de façon générale, la *mise en espace* du texte joue un rôle prépondérant dans l'effet de poésie ou *l'effet-poème*. Entre la mise en espace typographique du journal (importante pour la lisibilité de l'article [8]) et celle du poème, intervient une opération de transcodage. Avant d'examiner le contenu proprement linguistique des énoncés (reprises et effacements), il faut prêter attention à ce qui est immédiatement visible-lisible : un mode spécifique d'occupation de l'aire scripturale.

Si la poésie est assurément d'essence sonore, il faut pourtant tenir compte de la disposition typo-graphique des signes qui sert à réintroduire le rythme et la phonie dans le graphisme même. Comme oralité, la poésie est essentiellement l'objet d'une lecture linéaire (la première lecture dans le modèle de M. Riffaterre dont nous avons déjà parlé), mais l'espace imprimé et la spatialité de la page et du recueil commandent une lecture visuelle. La disposition typographique donne immédiatement à voir la structure tabulaire du poème et elle est à la base de la seconde lecture, rétroactive, du modèle de M. Riffaterre [9]. Avec le texte poétique, le signifiant typo-graphique devient un élément essentiel du sens. La mise en avant du « côté palpable des signes » (Jakobson), dont il sera question au chapitre 3, devient évidente lorsque l'on compare le texte journalistique à dominante référentielle et informationnelle et le « poème élastique » à dominante poétique. La ponctuation, les ressources typographiques, la spatialisation réglée par le blanc font partie du sens et Jacques Anis a raison de parler dans un article récent de « VI-LISIBILITÉ » du texte poétique : « Quand nous parlons de *vi-lisibilité*, nous postulons que les formes graphiques ne sont au poème ni un corps étranger, ni un relais ou médium plus ou moins transparent ou opaque du décodage, mais un corps signifiant intégré aux isotopies textuelles. Le calligramme n'est pas un texte *plus* un dessin ; ni le vers une séquence phonique *plus* une ligne de lettres » (1983, p. 89).

---

8. Lire à ce sujet J. PEYTARD : « Lecture(s) d'une « aire scripturale » : la page de journal » (*Langue Française* n° 28, Larousse, 1975, pp. 39-59). Le présent développement s'appuie aussi sur les pages 115-123 et 146-150 de *Littérature et classe de langue* (Hatier-CREDIF, 1982). Ajoutons que tout ce qui a été dit plus haut du manuel s'inscrit aussi dans cet ordre scriptural-typographique contraignant la lecture. Il suffit de comparer un poème dans un recueil de poésie et dans un manuel pour constater tout le travail de *transposition* qui marque le changement de formation discursive.

9. Ceci pose tout le problème de la place du poème dans le recueil, entre le titre et la table des matières, le poème occupe un lieu d'ordre essentiellement spatial : « Le texte entre un titre et une table, entre ces deux éléments qui le représentent chacun selon une modalité différente, échappe totalement au milieu linéaire et vocal du discours » (A. Compagnon, 1979, p. 252).

Le présent chapitre a pour but la mise en place d'une véritable pédagogie de la lecture du visible, de la lecture du poème comme forme aussi typographique.

« La façon dont on dispose les mots sur une page doit être considérée comme une autre grammaire. Les arrangements visuels des mots sont aussi intéressants, aussi importants que les arrangements auditifs : il y a là aussi une autre rhétorique. »

Michel Butor [10].

Aux paragraphes compacts du journal succèdent deux types de blancs : blancs des vers et blancs introduits entre groupes de vers : 7 vers, 1 blanc, 3 vers, 1 blanc, 5 vers, 1 blanc, 1 vers. À ces quatre ensembles, on peut ajouter le titre lui-même. D'emblée, on comprend que le sens n'est pas seulement dans le contenu des mots et des phrases, mais tout autant *dans l'image typo-graphique du texte*. Les blancs donnant à lire le texte comme composé de vers et donc comme un poème (et non plus un article de journal). De plus, la disparition de la ponctuation (sauf dans une virgule appositive (« Mr. Thomas, ancien membre du Congrès... ») introduit un rythme nouveau, lié au choix du présent de l'indicatif (on va le voir). Ces deux dernières données : présence d'un mètre (même « libre » et irrégulier) et présence d'un rythme transforment l'article de journal en poème [11]. Avec N. Ruwet (1979), disons que, dans sa forme écrite, imprimée, un poème est ainsi définissable :

1. Comme un ensemble de lignes (de séquences de mots) superposées, de longueur inégale, entourées de marges plus considérables (et irrégulières) qu'en prose.

2. Comme un texte comportant une majuscule au premier mot de chaque ligne (qu'il commence ou non une phrase, qu'il soit ou non la première lettre d'un nom propre).

---

10. Voir à ce sujet sa préface des *Calligrammes* d'Apollinaire dans la collection Poésie/Gallimard : « ... lire, c'est d'abord regarder (...). L'écriture est une image (...) ». Ou encore MALLARMÉ : « Qu'une moyenne étendue de mots, sous la compréhension du regard, se range en traits définitifs, avec quoi le silence » (*Crise de vers*).

11. Transformation sensible aussi, bien sûr, du seul fait de l'insertion du texte en dixième position dans un recueil de poèmes. Il va sans dire que c'est leur décontextualisation qui rend possible la comparaison de ces deux textes arrachés l'un à la page 4 d'un journal, l'autre au recueil de Cendrars. Les deux textes sont artificiellement rendus comparables à des fins didactiques. Cette mise en garde pour rester vigilants : le seul enjeu de la comparaison, c'est de cerner quelques modalités de la mise en poème. Disposant de deux traces matérielles assez exceptionnelles, nous opérons à loisir (comme J. Peytard lorsqu'il compare les deux états — ponctué (1902) et non ponctué (1913) — de « Nuit Rhénane ») et nous mesurons un travail de *Transposition* qui donne naissance à une *Structure, une autre*, pour reprendre les mots de Mallarmé.

3. Comme un texte qui comporte souvent des paquets de lignes séparés par des blancs.

La disparition de la ponctuation produit au moins l'effet que signale Aragon dans ses *Entretiens avec Francis Crémieux* (Gallimard 1964, p. 147) : « Car qu'est-ce que le vers ? C'est une discipline de la respiration dans la parole. Elle établit l'unité de respiration qu'est le vers. La ponctuation la brise, autorise la lecture sur la phrase et non sur la coupure du vers, la coupure artificielle, poétique, de la phrase dans le vers » [12]. C'est aussi le point de vue de Claudel dans ses *Réflexions sur la poésie* : « Le rapport entre la parole et le silence, entre l'écriture et le blanc, est la ressource particulière de la poésie, et c'est pourquoi *la page* est son domaine propre, comme le livre est celui de la prose. Le *blanc* n'est pas en effet seulement pour le poème une nécessité matérielle imposée du dehors : il est la condition même de son existence, de sa vie et de sa respiration ».

Le plagiat, par Cendrars, d'un article de journal, permet de comprendre — dans la mesure où il ne présente presque pas de modification — que *le poétique n'est pas tant une affaire de contenu qu'une affaire d'*INSCRIP-TION, une affaire de textualité au sens le plus matériel. *La textualité nouvelle* du fait divers devenu poème *implique une lecture nouvelle*. Le blanc introduit plus qu'un autre rythme de diction : une *autre respiration du sens*. Avec le blanc, le texte est non seulement autrement ponctué et rythmé, mais surtout, la lecture peut s'y déployer plus librement. « C'est de la « parole » du lecteur qui subrepticement ainsi s'introduit dans les pas du poète » [13].

Traitant du poème comme INSCRIPTION, il faut bien préciser que je ne me préoccupe pas ici de la question de son oralisation, de sa diction. Dans l'optique choisie, je dirai donc, avec Jean Peytard, que « lorsque je suis amené à parler d'intonation, pour le prosodique, il ne s'agit en aucune façon d'une analyse de texte oralisé, mais des traces graphiques des phénomènes d'intonation. Autrement dit, *l'intonation virtuelle*. Lorsque je prends en considération la substance phonémique du texte, il n'est en fait question que des graphèmes en correspondance des phonèmes de l'oral. Autrement dit, *phonèmes virtuels*. Et il arrivera que soit soulignée la multiplication (...) par un usage surabondant de la virgule, de groupes de mots graphiques, de syntagmes graphiques, ce qui oblige à

---

12. À titre d'anecdote, il faut savoir que les manuscrits et premières éditions des poèmes de Villon ne comportent pas de ponctuation et que les éditeurs continuent à ponctuer des textes qui supportent pourtant aussi bien l'absence de ponctuation que ceux de Cendrars ou d'Apollinaire.
13. J.-P. BALPE : *Lire la poésie*, p. 58. Pour une exploration plus poussée que celle de Cendrars, voir les études de Cummings et de Finlay proposées dans *Rhétorique de la poésie*.

poser le problème de la (...) recherche (...) d'un « rythme », mais là encore, je ne serai attentif qu'aux traces graphiques qui signalent un rythme possible, qu'une réalisation oralisée prendrait ou non en charge. Autrement dit, *rythme virtuel*, potentialité rythmique suggérée par le signal de ponctuation » (*in La genèse du texte : les modèles linguistiques*, A. Culioli éd., éd. du CNRS, 1982).

En choisissant un exemple aussi simple et un traitement peu révolutionnaire de l'énoncé par le blanc (aucun mot coupé, aucune rupture typographique ne scindant un syntagme ou même un mot), nous voulons surtout mettre en place une pédagogie de la vi-lisibilité. Un texte est toujours appréhendé immédiatement dans la globalité de son image typographique [14]. Dès cette première perception, un rythme de lecture se trouve imposé : rythme linéaire spontanément, dans le cas du fait divers de *Paris-Midi*. Avec la disposition typographique adoptée par Cendrars, le rythme change, la lecture se fait plus mobile, le texte s'ouvre (triomphe du blanc qui ira plus loin dans certaines expériences poétiques modernes où le langage semble pulvérisé pour ne laisser subsister que des éclats de mots peu à peu dévorés par le blanc).

Pour lire la *transposition* de Cendrars, il faut accepter de ne plus traverser hâtivement les signes en direction de leur seule part informationnelle (le fait divers, la nouvelle de « dernière heure ») pour commencer à regarder du texte et du blanc ; il faut accepter de modifier ses habitudes de lecture afin d'entrer dans la signifiance d'un poème. De cette résistance de la lecture, témoigne un compte rendu comme celui de Jacques Boulanger dans *L'Opinion* du 24 janvier 1920 :

> (...) Je n'ai point de la poésie une conception étroite : je n'en bannis point les vers les plus irréguliers, puisque j'y fais entrer la prose très cadencée. Mais lorsque je lis, disposé en lignes diversement longues [ici citation des six premiers vers du poème] ah ! que j'ai de peine, malgré l'absence de toute ponctuation (à quoi j'ai remédié de mon mieux), à imaginer que c'est un poème ! Toutefois il n'en faut pas douter ; c'est même un poème élastique (page 103).

En réintroduisant cette lecture de l'époque, on comprend qu'au-delà des généralités didactiques sur l'acte de lecture, « c'est toujours une poétique qui se montre, qui agit. Il n'y a pas d'essence poétique, typographique,

---

14. Lire à ce sujet le chapitre « Approche des images du texte », pages 40 et suivantes de *Situations d'écrit* de Sophie Moirand (CLE International, Paris, 1979). Nous examinerons plus loin (ci-dessous 2.3.) le cas du sonnet. Il est évident qu'un lecteur averti formule au premier coup d'œil une hypothèse sur le type de discours (c'est un poème) et sur le type de texte poétique (c'est un sonnet) lorsqu'il observe, disjoints par des blancs, quatre rectangles, deux grands et deux plus petits. Ce jugement débouche sur la mise en place de procédures de décodage que le développement 2.3. et le chapitre 3 décriront.

qui soit neutre »[15]. Le titre même du recueil s'inscrit dans une histoire et la problématique d'une réception datée que permet de comprendre le compte rendu de 1920 cité. L'association de l'épithète « élastiques » au signe « poèmes » et au nombre « dix-neuf » introduit certes une certaine surprise, mais surtout une insistance sur une matière, sur la matérialité extensible d'un corps : non pas bretelles, mais vers compressibles (un mot ici, quatre dans notre texte) et extensibles à volonté (deux lignes ou 14 mots dans notre exemple), textes extensibles eux aussi. Si les poèmes sont au nombre de dix-neuf [16], leur matérialité s'étend librement au gré d'une lecture elle-même élastique.

Bien qu'il se soit toujours démarqué de l'activité des futuristes italiens, il est difficile de se contenter, pour cerner le titre du recueil de Cendrars, d'une allusion au dernier tercet de « Ma Bohême » de Rimbaud :

Où, rimant au milieu des ombres fantastiques,
Comme des Lyres, je tirais les élastiques
De mes souliers blessés, un pied près de mon cœur !

Comme le signale J.-P. Goldenstein (auquel je me réfère ici), Marinetti écrivait (en 1910) du vers libre futuriste : « C'est le dynamisme de notre conscience élastique entièrement réalisé ». Il parle ailleurs, dans le *Manifeste technique de la littérature futuriste* (mai 1912), d'employer le verbe à l'infini « pour qu'il s'adapte élastiquement au substantif et ne le soumette pas au *moi* de l'écrivain qui observe ou imagine. Le verbe à l'infini peut seul donner le sens du continu de la vie et l'élasticité de l'intuition qui la perçoit ». Rapprochée de l'esthétique simultanéiste de l'époque, la poésie de Cendrars acquiert une dimension historique qui donne tout son sens au recopiage d'un article de presse et au développement singulier de son écriture. Supprimer la ponctuation dans *Alcools*, c'est déjà, pour Apollinaire, « une antitradition, vers un *rythme*, vers la spécificité d'un mode de signifier » (Meschonnic, *op. cit.*, p. 312) ; l'acte de Cendrars comporte une historicité comparable si l'on inscrit nos remarques sur la vi-lisibilité du poème dans le cadre d'une recherche comme celle de la *Prose du Transsibérien* de Cendrars et de Sonia Delaunay. Un commentaire autorisé nous suffira, celui d'Apollinaire dans les *Soirées de Paris* du 15 juin 1914 :

« Blaise Cendrars et Mme Delaunay-Terk ont fait une première tentative de simultanéité écrite en contrastes de couleurs pour habituer l'œil à lire d'un seul regard l'ensemble d'un poème, comme un chef

---

15. H. MESCHONNIC, *Critique du rythme*, p. 307.
16. Comme le signale J.-P. Goldenstein, annoncé pour 1917 sous le titre « Dix-sept poèmes élastiques », le recueil passe en 1919 à 19 poèmes. On peut, certes, voir là une « adéquation malicieuse », mais surtout une volonté de situer le recueil dans l'absolu présent.

d'orchestre lit d'un seul coup les notes superposées dans la partition, comme on voit d'un seul coup les éléments plastiques et imprimés d'une affiche ».

2.2.2. Le glissement de titre

Les deux titres nominaux :

« TRAGIQUE ÉVASION DE FORÇATS EN AMÉRIQUE »
« 10. DERNIÈRE HEURE »

marquent assez bien la différence des deux types de discours (journalistique VS poétique). Il convient cependant de se donner quelques moyens d'approche des titres (pour une bibliographie, voir pages 240-241 la mise au point aussi complète que possible) et de répondre aux questions suivantes : qu'est-ce qu'un titre et quelles fonctions remplit-il ?

Le titre est un micro-texte qui remplit une triple fonction : il *définit*, il *évoque*, il *valorise* (Grivel 1973, p. 170) :

Fonction I : Il définit en ce sens qu'il permet généralement une identification immédiate du type de discours et du genre de texte auquel il renvoie (ici poème ou fait divers). Selon une expression d'A. Compagnon, le titre apparaît comme « le nom propre » [17] du texte : « il le représente par une relation de similarité ».

Fonction II : Il évoque et informe sur le contenu du texte qui le suit. En ce sens on peut parler d'une FONCTION CATAPHORIQUE [18] : le titre annonce un contenu d'information, contenu de l'article ou « contenu » du poème [19].

Fonction III : Il valorise et incite le lecteur à la lecture. Barthes a parlé à ce propos de FONCTION APÉRITIVE (« Il s'agit de mettre le lecteur en appétit » [20]), fonction à relier aux deux précédentes.

Fonctions pragmatique et sémantique du titre prennent appui sur un aspect visuel-typographique entièrement lié au précédent développement. Avant même d'être (le résumé d') un contenu sémantique, le titre

---

17. *La seconde main*, Seuil, 1979, page 251.
18. À la différence de l'anaphore qui reprend une information déjà donnée (Référé ← Référant anaphorique), la cataphore anticipe (Référant cataphorique → Référé). Comme le note Sophie Moirand, le titre étant souvent rédigé après le texte de l'article, on peut parler — du point de vue de l'écriture — d'anaphore tandis que la lecture fonctionne, elle, cataphoriquement.
19. Pour un intéressant travail sur les titres des poèmes surréalistes, voir R. Amossy et E. Rosen citées dans la bibliographie.
20. « Analyse textuelle d'un conte d'E. POE », page 34 de *Sémiotique narrative et textuelle*, vol. coll., Larousse 1973, collection L.

34

est l'objet d'une *mise en espace typographique* (forme, grandeur et espacement des caractères) *et topographique* (place dans l'aire scripturale de la page). Il faudrait ici disposer d'un fac-similé, à la fois de la page 4 de *Paris-midi* contenant le fait divers et de la page de l'édition originale des poèmes élastiques. Nous ne développons pas ce point, signalant simplement une perspective d'approche sémio-linguistique du titrage en général.

Pour en revenir au titre du fait divers, on voit bien que le titre ramasse le maximum d'informations dans une formulation concise. La nominalisation *« Évasion de forçats »* renvoie nécessairement à *« Trois forçats se sont évadés... »* selon une bi-directionnalité du rapport du titre au (co)texte : cataphorique (anticipatrice) à la lecture et anaphorique (reprise) à l'écriture. La nominalisation propre à ce titre joue à plein son rôle d'annonce d'un contenu informationnel (fonction cataphorique exemplaire). L'anté-position de l'adjectif « TRAGIQUE » en tête de titrage, comme le rapport allitératif (nous parlerons au chapitre 3 plus exactement de paronomase) : /traʒik/... /ameʀik/ jouent quant à eux un rôle « apéritif ». De ce fait, « tragique » ne renvoie pas seulement aux morts des second et deux derniers paragraphes (mort de 4 gardiens, des 3 forçats et d'un membre du Congrès) ; « Amérique », de même, ne renvoie pas seulement à la localisation géographique (« Oklahoma »). Le titre dessine globalement une configuration actantielle (*qui ?* : « de(s) forçats », *où ?* : « en Amérique », *quoi ?* : « évasion ») et il donne à lire le texte qu'il introduit comme un *fait divers* intéressant (fonctions I, II et III) parce que « tragique ».

Le titre du poème n'obéit pas au même fonctionnement. À première vue, il s'inscrit dans un contexte connotatif journalistique. « DERNIÈRE HEURE » apparaît alors (fonction I, ci-dessus) comme une partie de l'énoncé « nouvelle(s) de dernière heure/minute », « nouvelle(s) fraîche(s) ». On peut aussi lire le titre du poème dans l'optique de la seconde fonction (cataphorique) et, dès lors, « dernière heure » connote le tragique de l'événement : la dernière heure (de vie) des victimes de la tuerie (comme on dit « sentant sa dernière heure prochaine »).

On le voit, la polysémie active les sens possibles du titre. S'il s'inscrit admirablement dans le processus poétique de (ré)activation du sens, le jeu sur les deux sens du synthème [21] « dernière heure » pourrait fort bien

---

21. Un synthème est un tout insécable, fonctionnant d'un seul tenant, c'est une unité minimale figée. Comme le précise Martinet, aucun des éléments qui le composent ne peut recevoir de détermination particulière : on peut dire « un grand porte-drapeau », mais pas « un porte-grand-drapeau ». C'est le synthème « dernière heure » tout entier qui commute, par exemple, avec « mort prochaine ». Pour une très bonne analyse du synthème en poésie, lire : « Le synthème dans les *Paroles* de Prévert » de P. PARLEBAS, *Poétique* 28, 1976.

se trouver dans la presse contemporaine. Notons toutefois que la presse quotidienne, qui accorde la priorité à l'événement et à la part informative du titre, joue plus rarement sur les mots. Seuls des journaux comme *Libération* et le *Quotidien de Paris* n'hésitent pas à sacrifier l'information explicite pour lui préférer le climat de complicité euphorisante du jeu avec/sur les mots (voir ci-dessous, la fin de la section 3.2.).

La présence de l'indice numérique « 10 » inscrit ici nettement le poème dans le contexte des 19 autres pièces du recueil. Dès lors, le titre-synthème devient essentiellement lisible (niveau de la fonction I) comme une déclaration de poétique : il est l'indice d'une poésie de la vie présente, l'indice d'une modernité et d'une actualité déclarées ; *« Télégramme-poème copié dans Paris-Midi »,* stipule nettement la clausule (réplique du titre et de sa polysémie : journalistique/poétique, indice aussi de sa syntaxe elliptique : « télégramme »).

Sans développer, il faut préciser que le titre du poème doit être lu dans le paradigme des 19 titres et aussi à la lumière du seizième poème du recueil, intitulé précisément « TITRES » (l'esquisse d'une telle démarche sera mise en œuvre au chapitre 6, lors de l'étude d'un poème de Verlaine).

2.2.3. Une copie défaillante ?

Le poème étant écrit (« recopié ») à partir du fait divers, il nous faut donc cerner brièvement la spécificité de ce type de discours. Dans un article utile, B. Combettes et J. Fresson [22] montrent que le fait divers obéit à une structure textuelle constante (ou, du moins, canonique) :

a) **Présentation générale de l'événement**
Paragraphe qui pourrait servir de résumé à tout l'article.
Section écrite généralement au passé composé.

b) **Déroulement des actions**
Noyau narratif proprement dit.
Section dominée par le passé simple.

c) **Conclusion(s)**
Conséquences, dégâts, état des victimes, etc.
Retour au passé composé (voire au présent).

---

22. « Quelques éléments pour une linguistique textuelle », *Pratiques* n° 6, 1975, pages 37-42 surtout.

« Finalement, les parties (a) et (c) pourraient former une « nouvelle brève » ; la partie (b) vient s'ajouter comme un récit à l'intérieur d'un passage de discours » [23].

Le fait divers de *Paris-Midi* se conforme parfaitement à cette organisation textuelle globale. Contentons-nous de l'identifier à partir des tiroirs verbaux :

a) Trois forçats *se sont évadés*

b) Ayant pu se procurer... ils *prirent*... *se précipitèrent*... Les forçats *s'emparèrent*... et *réussirent*... qui les *poursuivaient*... *fut blessée.*

... les forçats *montèrent*... qui les *attendait* et qui *partit*... *déchargeaient*...

... gardiens *sautèrent*... *se lancèrent*... *furent échangés.*

... qui *emportait*... gardiens *purent* approcher et *trouvèrent*...

c) M. Thomas... qui *visitait*... *a été tué*... ceux-ci *prenaient* la fuite.

À cette structure textuelle spécifique et déterminée par les impératifs du discours journalistique, le poème de Cendrars répond par des transformations essentielles. La structure (a **(b)** c) caractéristique du fait divers répond à une exigence informationnelle : celle du journaliste « pris entre deux impératifs : d'une part, raconter des événements passés comme le ferait un historien, narrer une suite d'actions qui forment bien une « histoire » ; d'autre part, montrer que ces événements ont tout de même une certaine importance, sinon, pourquoi en parler dans un journal ? » (p. 38) [24].

Dans l'exercice de recopiage-transposition poétique auquel se livre Cendrars, c'est cette structure ternaire qui est immédiatement et la première touchée. L'essentiel de la suite événementielle est conservé — avec la même linéarité —, mais tout est raconté au même niveau énonciatif : *Présent + Imparfait* et non plus (*passé composé (passé simple + imparfait) passé composé + imparfait*). Les quelques modifications textuelles et événementielles (tandis que le geolier est tué, M. Thomas ne l'est pas dans le texte de Cendras, les quatre gardiens tués le sont dans la cour, etc.) prouvent seulement que le texte ne vaut plus pour sa charge avant tout informative : il n'informe plus et les localisations de lieu et de temps ne jouent plus leur rôle purement référentiel. Les repérages sont différents. Le système verbo-temporel de l'article de presse restitue le passé proche de l'événement et, conformément à la règle du genre, il donne à

___

23. *Id.* Page 38. Pour cette opposition de l'énonciation de discours (présent, passé composé, imparfait) et de l'énonciation historique (passé simple et imparfait), voir *Linguistique et discours littéraire*, chapitre 6, et les pages 46-73 de *Pour comprendre les lectures nouvelles* de Fossion et Laurent, Duculot, 1978.

24. Comme le notent Combettes et Fresson, on trouve même des faits divers dans lesquels « tout se passe comme si l'auteur tenait à respecter la division en trois parties — une division à laquelle le lecteur est habitué — mais ne s'intéressait pas à ce qui est dit dans chacune de ces parties » (p. 39).

lire l'événement comme un passé déjà révolu. Le poème, écrit au présent, *refait littéralement le « passé » en lui restituant ce qui était alors son à-venir* : « Pour retrouver dans le passé le temps qui avance, il faut refaire le temps en avançant, il faut répéter le temps, rétablir l'avenir dans le passé. (...) Raconter, en ce sens, veut dire repartir » [25].

La linéarité qu'implique toute narration — linéarité et distance surtout sensibles dans le noyau à l'imparfait et au passé simple — peut avoir des effets radicalement anti-poétiques : en objectivant et en linéarisant la lecture référentielle, elle empêche ou, du moins, elle rend beaucoup plus difficile la seconde lecture et la délinéarisation propre à l'ordre du poème comme espace de la signifiance. Il est certain que, comme le note J.-P. Goldenstein page 198 de sa thèse : « Le poème élastique, totalement narrativisé, ne joue d'aucun effet particulier de parallélisme, procédé si caractéristique de la poésie en général et de la poésie moderne en particulier. L'origine journalistique et la dominante narrative expliquent en grande partie le caractère prosaïque de cette pièce qui, à aucun moment, ne place l'intelligibilité du texte en posture difficile ». Par le jeu du présent, le titre se met à fonctionner comme indice d'une lecture qui ne rapporte pas mais qui refait l'événement de « dernière heure » en lui restituant chaque fois toute sa mobilité, toute sa dynamique. C'est essentiellement le mouvement et donc la modernité d'une poétique que désigne dès lors le choix du présent contre le passé composé et le passé simple. On retrouve là la citation de Marinetti que nous donnions plus haut. Dans ce poème, le verbe est bien *employé à l'infini* pour *donner le sens du continu de la vie*. Le simultanéisme passe ici tout entier par la transposition grammaticale qui restitue au passé du fait divers son ouverture vers le futur incertain de l'événement.

La transposition modifie radicalement le sens de l'intelligibilité de la succession événementielle. À la causalité générée par le passé simple, le présent substitue une mobilité incertaine qui fait de chaque action une sorte de petit bloc autonome, juxtaposé aux autres blocs. Ici encore nous retrouvons les effets notés plus haut : la suppression de la ponctuation restitue une mobilité incertaine de la lecture et, de plus, la mise en vers, le jeu des alinéas et des blancs, accentuent la fragmentation événementielle par le présent.

À ceci il faudrait probablement ajouter ce que dit Aragon du « présent de récit » dans sa post-face des *Communistes*. Il y parle d'un « phénomène

---

25. Voir les pages 139-195 de *Recherches philosophiques* V, 1935-1936, de B. GROETHUYSEN : « Le verbe et le temps ». Ph. LEJEUNE écrit clairement, dans *Je est un autre* (Seuil, 1980) : « L'histoire semble « crever » l'écran diégétique, refouler son narrateur pour venir sur le devant de la scène (...). Tout se passe comme si l'histoire devenait contemporaine de sa narration » (p. 17).

semblable au gros plan du cinéma, ou plutôt au passage qui s'y fait de l'écran habituel au grand écran ». Aragon ajoute qu'il retrouve par là même « une très vieille tradition de notre langue : c'est le présent des chansons de geste. *La Chanson de Roland*, le poème épique français, les premiers romans ». Cendrars recherche assurément ici la « lumière du présent », « ces images agrandies » qui tranchent avec l'emploi purement narratif du verbe dans le fait divers journalistique.

Pour conclure, disons que l'essentiel des opérations énonciatives (nous reviendrons sur ce point au chapitre 5) que ce texte permet de repérer tourne autour du travail de l'information et donc de la référence. Le système des temps, en se modifiant, a entraîné avec lui certains détails événementiels du fait divers. Les repérages bougent aussi et nous n'avons plus affaire ni à un repérage par rapport à la situation d'énonciation *(énonciation de discours au présent et à la première personne) ni à un repérage par rapport à la* situation d'énoncé *caractéristique de l'énonciation historique (au passé simple et à la troisième personne). Nous passons ainsi très sensiblement, par le biais de la « Transposition », à une* autre structure *et à une* autre fonction du langage *: le référent (fait divers) et le sujet énonciateur (le journaliste) disparaissent au profit d'un jeu avec le langage qui confère aux mots et aux phrases une mobilité nouvelle (effet aussi de l'absence de ponctuation). Au lecteur, dès lors, de lire-construire du sens à partir du texte du poème devenu partition à interpréter.*

Afin de poursuivre notre enquête sur la spécificité du poème, nous pourrions examiner ici une autre TRANSPOSITION exemplaire (bien que plus fragmentaire), nous préférons cependant porter notre attention sur une forme très codée de mise en texte poétique (le sonnet), réservant au chapitre 5 (section 5.3.3.) l'étude du passage de la lettre célèbre de Manouchian aux « Strophes pour se souvenir » d'Aragon. Cette dernière étude peut fort bien, d'un point de vue didactique, intervenir après l'examen du fait divers « copié » par Cendrars. Les différences de la lettre et du fait divers (textes inducteurs) comme du poème élastique et des « Strophes » d'Aragon permettraient de compléter les premières observations et la première « définition » du poème comme texte. C'est en raison des concepts utilisés que cette comparaison a été retardée et renvoyée à un chapitre ultérieur (et complémentaire), consacré à l'énonciation poétique dont nous n'avons qu'effleuré la spécificité en fin d'analyse. Ajoutons que le texte qu'on vient d'étudier n'est pas aussi exceptionnel qu'on peut le penser à première vue. Qu'on lise, pour s'en convaincre ce poème de René Char (le dernier de la première section « Lettera amorosa » de La Parole en archipel*) entièrement écrit à partir d'un article de* Littré*, facile à retrouver.*

SUR LE FRANC-BORD

I. IRIS. 1° Nom d'une divinité de la mythologie grecque, qui était la messagère des dieux. Déployant son écharpe, elle produisait l'arc-en-ciel.

2° Nom propre de femme, dont les poètes se servent pour désigner une femme aimée et même quelque dame lorsqu'on veut taire le nom.

3° Petite planète.

II. IRIS. Nom spécifique d'un papillon, le nymphale iris, dit le grand mars changeant. Prévient du visiteur funèbre.

III. IRIS. Les yeux bleus, les yeux noirs, les yeux verts, sont ceux dont l'iris est bleu, est noir, est vert.

IV. IRIS. Plante. Iris jaune des rivières.

... Iris plural, iris d'Éros, iris de *Lettera amorosa*.

1. **Iris** (i-ris'), *s. f.* ♦ **1°** Nom d'une divinité de la mythologie grecque, qui était la messagère des dieux, et qui, déployant son écharpe, produisait l'arc-en-ciel. ♦ Fig. « Je tiens à bon augure, de ce que Mlle •••, qui m'avait abandonné ces jours passés, a recommencé à m'écrire ; il me semble qu'elle est votre Iris, et que c'est comme un arc-en-ciel qui paraît après l'orage », **Voit.** *Lett.* 63. ♦ **2°** Nom propre de femme, dont les poètes se servent souvent pour désigner une femme aimée et même quelque dame dont on ne veut pas dire le nom. « Iris, je vous louerais ; il n'est que trop aisé : Mais vous avez cent fois notre encens refusé, En cela peu semblable au reste des mortelles », **La Font.** *Fabl.* x. 1. « L'ode... Vante un baiser cueilli sur les lèvres d'Iris », **Boil.** *Art poét.* 11. « Irai-je, de sang-froid et sans être amoureux, Pour quelque Iris en l'air faire le langoureux ? » id. *Sat.* IX. ♦ **3°** Petite planète découverte en 1847. — **H.** XVIᵉ s. « Qui veult guarir de l'ignorance, il le fault confesser ; Iris est fille de Thaumantis ; l'admiration est fondement de toute philosophie », **Mont.** IV, 184. — **E.** Ἶρις, la déesse Iris.

2. **Iris** (i-ris'), *s. m.* ♦ **1°** Météore dit vulgairement l'arc-en-ciel. « Les couleurs de l'iris qui ont été ici expliquées », **Eust. Desch.** *Météor.* 8. « On savait qu'il faut qu'une nuée épaisse, se resolvant en pluie, soit exposée aux rayons du soleil et que nos yeux se trouvent entre l'astre et la nue, pour voir ce qu'on appelait l'iris », **Volt.** *Phil. Newt.* II, 9. « Son cou [du phénix] rassemblait toutes les couleurs de l'iris, mais plus vives et plus brillantes », id. *Princ. de Babyl.* I. « Ces chants... Qui sur l'aile du temps traversant tous les âges, Brillent, comme l'iris sur les flancs des nuages », **Lamart.** *Ep. à C. Delav.* ♦ **2°** Par extension, couleurs qui paraissent autour des objets quand on les regarde avec une lunette. « De la verité de cette conjecture [combinaison de prismes à réfrangibilité inégale] pouvait dépendre, dans les lunettes, la destruction des iris qui colorent les objets vus à travers les verres lenticulaires », **Condorcet,** *Euler.* ♦ **3°** Pierre d'iris, ou, simplement, iris, nom vulgaire du quartz irisé, variété accidentelle ou artificielle, présentant les couleurs de l'arc-en-ciel, parce que le mineral est fendillé. ♦ **4°** Terme de docimasie. Petites bluettes qui se croisent rapidement dans un essai qui bout sur la coupelle et qui font dire qu'il circule bien. ♦ **5°** Nom spécifique d'un beau papillon, le nymphale iris, dit aussi le grand mars changeant. — **E.** Iris, 1 déesse de l'arc-en-ciel.

2.3.   Une forme particulière de mise en texte : le sonnet

Notons la question posée et l'incertitude témoignée par plus d'un critique : « Le lecteur est-il sensible à ces relations dont l'analyste se délecte ? Je me permets d'en douter ». Or les sujets parlants emploient un système complexe de relations grammaticales inhérentes à leur langue sans être à même de les abstraire et définir, et cette tâche demeure réservée à l'analyse linguistique. Pareil aux auditeurs de la musique, le lecteur du sonnet se délecte de ses strophes et même s'il éprouve et sent la concordance des deux quatrains ou des deux tercets, aucun des lecteurs sans préparation spéciale ne serait en état de deviner les facteurs latents de cet accord.

R. JAKOBSON,
Questions de poétique, page 500.

2.3.1.   Le moule textuel conventionnel

Le poème-télégramme de Cendrars diffère de la représentation dominante du poème par un trait au moins : sa structure formelle. À l'irrégularité métrique vient s'ajouter le fait que les rimes et les strophes manquent. Afin de réfléchir sur cet aspect déterminant du poème comme texte, nous avons choisi de considérer l'exemple d'une des formes les plus classiques : *le sonnet*, genre poétique vieux de cinq siècles, dont on sait que, venu d'Italie, il s'est imposé sous la Pléiade. Forme normée s'il en est, le sonnet semble résister à l'évolution des formes poétiques. Traversant le temps avec des variantes de forme (sonnet shakespearien et sonnet romantique), il reste vivant de nos jours où, en dépit de l'explosion des formes, des écrivains comme Tardieu, Bosquet, Guillevic ou Audiberti écrivent encore, parfois, des sonnets (plus ou moins) canoniques.

Exemple type d'unité structurale — pour reprendre une expression d'Hopkins citée par Jakobson —, le sonnet permet de décrire le poème comme unité d'analyse supérieure au vers et à la phrase. Tout sonnet met aussi en œuvre cette contradiction fondatrice : *liberté*, certes, des mots et des images, mais aussi, comme le sens commun définit bien la poésie, *contrainte(s)*. C'est dans le jeu entre ces deux pôles que chaque sonnet — au moins ceux qui nous retiennent — apparaît comme un « miracle » d'écriture. Les formes fixes (sonnets, mais aussi ballades, rondeaux, stances, etc.) ne constituent qu'un cas historique et codé de *mise en poème*. À travers un cas particulier, c'est donc *la mise en texte poétique* qui nous intéresse d'un double point de vue : théorique et didactique.

Partant d'hypothèses théoriques élaborées à partir de poèmes très différents, nous n'entendons mettre ici en place que les éléments d'une pratique. L'objet d'étude du présent recueil est clairement le texte-poème, objet sémiotique construit par la lecture, c'est-à-dire par une suite d'opérations conduites à partir d'indices. Nous avons déjà parlé des indices visuels (perception des signes multiples de la typographie). Il est évident que, dans sa forme écrite-imprimée, un sonnet apparaît comme un ensemble de lignes (séquences de mots) superposées, de longueur presque égale, isolées généralement au milieu d'une page. Aux majuscules à l'initiale de chaque ligne-vers s'ajoutent de simples décalages ou parfois des blancs entre groupes de lignes ainsi que des rimes. Soit tout un jeu de contraintes superposées :

> **a)** *Contraintes linguistiques* proprement dites (celles de la langue dans laquelle le poème est écrit) ;
> **b)** *Contraintes poétiques* (plus largement prosodiques) ;
> **c)** *Contraintes typographiques.*

À la lumière de la précédente analyse (2.2), nous avons vu que *le blanc typographique* apparaît comme un élément déterminant dans la définition du poème. Les critères de prononciation et de décompte ne permettent pas de différencier « prose poétique » et vers (« libre » ou non). Une séquence poétique est avant tout *un vers* (secondairement un mètre), c'est-à-dire un espace typographique singulier comportant des bornes extérieures : *initiale de vers* (généralement marquée par une majuscule qui cesse alors d'être un indice syntaxique (début de phrase) ou morphologique (nom propre) ; on l'a vu dans le texte de Cendrars) et *finale de vers* (marquée par le blanc et secondairement — dans la versification classique — par la rime). Le critère poétique essentiel se trouve dans la possibilité qui découle de ces données : celle de l'ENJAMBEMENT : « En vers, la limite de vers et la limite syntaxique peuvent ne pas coïncider ; en prose, même réglée par le décompte, cela est impossible : seule la limite syntaxique intervient » [26]. *Le blanc typographique (contrainte c) est moins*

---

26. J.-C. MILNER : « Réflexions sur le fonctionnement du vers français » (pages 283-301 d'*Ordres et raisons de langue*, Seuil, 1982) : « L'enjambement, c'est-à-dire la non-coïncidence des limites syntaxiques et des limites phonologiques pertinentes dans le vers — et, par là, le réajustement poétique qui détermine cette non-coïncidence, tels sont les universels de substance qui caractérisent les données poétiques » (p. 301).

une marque de convention que l'indice visible d'un enjambement toujours possible, donc d'un double réglage par la limite syntaxique *(contrainte a)* et par la limite de vers *(contrainte b)*. Comme le signale Milner : « C'est par ce que le blanc signale, et non par le blanc lui-même que sont vers le vers libre ou le verset claudélien » (p. 301). Posons donc que *ce critère simple de réajustement poétique fait partie de la compétence textuelle des lecteurs :* « Pour un sujet parlant — dans la mesure où il a intériorisé certaines règles de la culture où il s'inscrit —, la notion d'enjambement est intuitive et ne laisse guère de place à l'hésitation » (p. 300). À cette première *perception du texte comme poème* s'ajoute donc une *perception du poème comme sonnet* dans le cas qui nous intéresse ici.

La lisibilité d'un poème, défini spontanément ou non comme un sonnet, est conditionnée par son appartenance à une classe de textes. C'est cette classe même qui règle l'ensemble des opérations de lecture. La compétence textuelle du lecteur l'amène à repérer (de façon consciente ou non) toute répétition de son, de mot ou de syntagme. La lecture se fait ainsi à la fois linéaire (liée à l'organisation même de la langue) et tabulaire [27]. Le sonnet comme texte règle une série d'équivalences et assure, de ce fait, la lecture (lisibilité) du poème comme texte poétique. La forme typographique globale du poème fournit des instructions de décodage et induit une circulation de la signification. De plus, superposant au moins deux types de codages, l'un prosodique et l'autre linguistique, l'ordre textuel et rythmique du sonnet — comme de toute forme fixe — favorise la rétention mémorielle du message.

La matrice conventionnelle [28] introduit tout un jeu de relations sémantiques liées à des rapports d'équivalence (similitude comme opposition)

---

27. Parlant des parallélismes à distance, Jakobson dénonce nettement les critiques qui prétendent que, par exemple, les correspondances entre le début et la fin d'un poème ne peuvent être perçues par le lecteur : « Le texte d'une poésie s'oppose résolument aux efforts du critique pour « respecter le sens unique » en suivant « le processus normal de lecture » et « percevoir le poème, comme l'impose sa configuration linguistique, en suivant la phrase, en commençant par le début », « sans utiliser la fin pour commenter le début ». Ces efforts contredisent le penchant spontané de Baudelaire et le principe rétrospectif de la composition poétique professé par E. Poe et correspondant aux procédés connus dans la science du langage sous le nom d'assimilation et dissimilation régressives. En effet la configuration linguistique exige le recours à la fin de la phrase pour assurer sa synthèse simultanée qui seule rend possible la perception et compréhension du tout » (*Questions de poétique*, p. 495).

28. Lire à ce sujet « Découpage conventionnel et signification » de J. GÉNINASCA, pages 45-62 des *Essais de sémiotique poétique* dirigés par Greimas (Larousse 1972). Je renvoie aussi aux pages 128-133 de « Prosodie : éléments de versification française » de B. DE CORNULIER (dans le volume collectif *Théorie de la littérature*, dirigé par A. Kibédi Varga, Picard, 1981). L'ouvrage de référence reste le *Traité de versification française* d'ELWERT (Klincksieck, 1965, pour sa traduction).

entre des segments textuels. Ce principe d'équivalence, producteur des parallélismes dont il sera plus complètement question au chapitre 3, permet de rapprocher des unités linguistiques et donc de commencer à lire le poème comme tel. C'est ce que note J. Géninasca : « Une fois établie une relation d'équivalence entre deux segments formellement déterminés (indépendamment donc d'une analyse sémantique), l'opération de mise en place des corrélations sémantiques peut commencer : (...) la règle d'équivalence, les procédés du parallélisme et du couplage, permettent la sélection des catégories pertinentes du discours étudié. D'une manière générale, le principe d'équivalence assure la lisibilité du message et en conditionne — en l'absence de toute référence à un contexte circonstanciel ou pratique de la communication — le décodage » (1973, p. 184).

Observons très superficiellement les quelques sonnets suivants (de Du Bellay, Louise Labé, Baudelaire et Tristan Corbière) :

(1) Si nostre vie est moins qu'vne journée   A
    En l'eternel, si l'an qui faict le tour   b
    Chasse noz iours sans espoir de retour,   b
    Si perissable est toute chose née,   A
    Que songes-tu mon ame emprisonnée ?   A
    Pourquoy te plaist l'obscur de nostre iour,   b
    Si pour voler en vn plus cler seiour,   b
    Tu as au dos l'aele bien empanée ?   A
    La, est le bien que tout esprit desire,   C
    La, le repos ou tout le monde aspire,   C
    La, est l'amour, la le plaisir encore.   D
    La, o mon ame au plus hault ciel guidée !   E
    Tu y pouras recongnoistre l'Idée   E
    De la beauté, qu'en ce monde i'adore.   D

(2) Tant que mes yeus pourront larmes espandre   A
    A l'heur passé avec toy regretter :   b
    Et qu'aus sanglots et soupirs resister   b
    Pourra ma voix, et un peu faire entendre :   A
    Tant que ma main pourra les cordes tendre   A
    Du mignart Lut, pour tes graces chanter :   b
    Tant que l'esprit se voudra contenter   b
    De ne vouloir rien fors que toy comprendre : A
    Je ne souhaitte encore point mourir.   c
    Mais quand mes yeus je sentiray tarir,   c
    Ma voix cassée, et ma main impuissante,   D
    Et mon esprit en ce mortel sejour   e
    Ne pouvant plus montrer signe d'amante :   D
    Priery la Mort noircir mon plus cler jour.   e

(3) Je te donne ces vers afin que si mon nom   a
    Aborde heureusement aux époques lointaines,   B
    Et fait rêver un soir les cervelles humaines, B
    Vaisseau favorisé par un grand aquilon,   a

    Ta mémoire, pareille aux fables incertaines, B
    Fatigue le lecteur ainsi qu'un tympanon,   a
    Et par un fraternel et mystique chaînon   a
    Reste comme pendue à mes rimes hautaines ;   B

    Être maudit à qui, de l'abîme profond   a
    Jusqu'au plus haut du ciel, rien, hors moi, ne répond !   a
    — O toi qui, comme une ombre à la trace éphémère,   C
    Foules au pied léger d'un regard serein   d
    Les stupides mortels qui t'ont jugée amère,   C
    Statue aux yeux de jais, grand ange au front d'airain !   d

(4) Vers filés à la main et d'un pied uniforme,   A
    Emboîtant bien le pas, par quatre en peloton ;   b
    Qu'en marquant la césure, un des quatre s'endorme...   A
    Ça peut dormir debout comme soldats de plomb.   b

    Sur le *railway* du Pinde est la ligne, la forme ;   A
    Aux fils du télégraphe : — on en suit quatre, en long ;   b
    À chaque pieu, la rime — exemple : *chloroforme*.   A
    — Chaque vers est un fil, et la rime un jalon.   b

    — Télégramme sacré — 20 mots. — Vite à mon aide...   C
    (Sonnet — c'est un sonnet —) ô Muse d'Archimède !   C
    — La preuve d'un sonnet est par l'addition :   d

    — Je pose 4 et 4 = 8 ! Alors je procède,   C
    En posant 3 et 3 ! — Tenons Pégase raide :   C
    « O lyre ! O délire ! O... » — Sonnet — Attention !   d

Par le jeu du blanc (exemples 3 & 4) ou d'un simple retrait typographique (exemples 1 & 2) des strophes (visuelles) se détachent : les *quatrains* (Q1 + Q2) et les *tercets* (T1 + T2). Soit un premier niveau d'analyse qu'on peut désigner comme *strophique* :

          Sonnet → Q + T
          Q → Q1 + Q2
          T → T1 + T2

44

Chaque strophe se réécrivant comme un paquet de vers de 10 (exemples 1 & 2) ou 12 syllabes (3 & 4), on peut encore décomposer les unités strophiques :

Q1 → vers 1 + v.2 + v.3 + v.4
Q2 → v.5 + v.6 + v.7 + v.8
T1 → v.9 + v.10 + v.11
T2 → v.12 + v.13 + v.14

De plus, les quatre exemples cités permettent de découvrir d'autres sources d'équivalences liées à la *rime* (unité métrique-phonique). Un sonnet comporte généralement 5 types de rimes : a, b, c, d, e (exception rare des exemples 3 et 4 qui n'en comportent que quatre), réglées par un principe d'alternance entre *rimes féminines* (toujours indiquées par une majuscule dans la suite de cet ouvrage) et *masculines* (exception intéressante pour les tercets du premier exemple).

On aboutit ainsi à un modèle en arbre (ci-dessous) permettant d'identifier les nœuds essentiels. L'opposition majeure : *Quatrains* VS *Tercets* se redouble d'une opposition entre *vers « masculins »* et *vers « Féminins »*, mais, comme le souligne B. de Cornulier, « cette partition de principe échappe depuis longtemps à la sensibilité de la plupart des lecteurs et de bien des poètes » (p. 129). Si l'on peut être tenté de la tenir pour secondaire et peu pertinente du point de vue de la lecture moderne, comment,

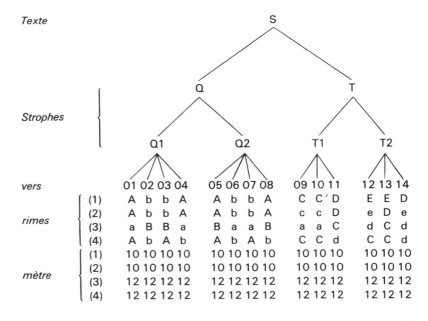

malgré tout, négliger les effets de sens de l'ensemble 09-14 de (1) par rapport aux trois autres exemples ? comment négliger le renversement de l'encadrement des quatrains de (3) ?

Comme nous disposons ici, à peu près [29], des combinaisons essentielles de rimes, nous pouvons en tirer plusieurs conclusions :
- Les rimes associent étroitement les 8 premiers vers, soit Q1 + Q2. Elles légitiment ainsi le nœud Q de notre arbre et opposent les strophes Q1 + Q2 *VS* T1 + T2.
- De plus, les rimes opposent Q et T, renversant le rapport numérique déséquilibré : Q = 2 rimes pour 8 vers *VS* T = 3 (exceptionnellement 2) rimes pour 6 vers. Soit une première structure textuelle :

(1) Q1 + Q2 VS T1 + T2

que l'on peut écrire aussi : ((Q1 + Q2) (T1 + T2)).
- Comme le jeu des rimes (c + d + e) réunit T1 et T2 en introduisant une nouvelle découpe strophique : *distique* à rimes plates (v. 09 + 10) + *quatrain* (v. 11 à 14), on peut écrire :

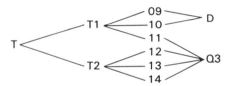

Croisées (abab & dede) ou embrassées (abba & deed), les rimes des quatrains opposent, de toute façon, Q3 à Q1 + Q2. Soit une *structure rimique* :

(2) ((Q1 + Q2) D (Q3))

différente de la *structure visuelle* ((Q1 + Q2) (T1 + T2)).

Dans ses nombreuses études de sonnets, Jakobson a mis en évidence d'autres rapports entre les 4 strophes de base. Partant du déséquilibre numérique entre Q et T, il note une forte solidarité des *strophes impaires* (Q1 et T1) en opposition aux *strophes paires* (Q2 et T2) et des *strophes extérieures* (Q1 et T2) en opposition aux *strophes intérieures* (Q2 et T1) : « Ce qui s'explique en partie par le fait que le rapport entre le couple des strophes impaires et celui des strophes paires (ou encore celui entre les couples de strophes extérieures et intérieures) est symé-

---

29. Dans une optique didactique, il faudrait absolument étendre très largement le corpus étudié afin de disposer d'un grand nombre d'observations formelles (quel que soit le niveau des apprenants).

trique (sept vers contre sept), alors que le couple des deux quatrains oppose huit vers aux six des deux tercets » (*Questions de poétique,* p. 495).

Soient deux nouvelles structures engendrant d'autres combinaisons potentielles :

> (*3*) Solidarité des strophes *paires* VS *impaires* :
> Q1 + T1 (7 vers) = Q2 + T2 (7 vers)
> ou : [Q1 ((Q2) T1] T2)

> (*4*) Solidarité des strophes *intérieures* VS *extérieures* :
> Q1 + T2 (7 vers) = Q2 + T1 (7 vers)
> ou : (Q1 (Q2 + T1) T2)

Jakobson emprunte encore à Hopkins une autre idée, distincte totalement, cette fois, de l'arrangement des strophes et des rimes : « Étant donné le nombre inégal des vers dans les quatre strophes du sonnet, on y remarque souvent une tendance à opposer au moyen d'un système de correspondances et contrastes le septième et huitième vers, c'est-à-dire le centre du poème, aux six vers du début et aux six de la fin ». Soit une nouvelle structure en « contrepoint » que nous ne citons que pour signaler la richesse potentielle des rapports textuels :

> vers 01 à 06 **VS** vers 07-08 **VS** vers 09 à 14
> *Sizain initial* *Distique* *Sizain final*
>   *central*   (= T1 + T2)

Soit :

> (*5*) (S1 (D) S2) où S1 + D = Q et S2 = T.

À ce premier jeu de places, *la métrique* ajoute des positions, elles aussi codées. L'alexandrin [30], par exemple, apparaît comme un *segment métrique à 12 positions*, concaténation, soit de deux segments métriques à 6 positions chacun, soit de 3 segments à 4 positions chacun (d'où l'appellation de vers tétrasyllabique ou tétramètre). De plus, il ne peut y avoir de coupe forte ou césure (positions 6 ou 4 et 8) au milieu d'un mot. Même si les conditions psychologiques de la perception du vers font que ce qui domine essentiellement, c'est le sentiment de segments (et de sous-segments) rythmiques continus et successifs, on ne peut négliger l'importance des positions fortes de DÉBUT, « MILIEU » (césure(s) et coupe du vers en hémistiches) et FIN de vers. Il est sûr que « les vers ne sont pas faits pour des lecteurs qui compteraient les syllabes sur leurs doigts pour voir si ce sont des vers, et s'ils sont justes ; en lisant un poème, normalement on ne pense pas au nombre : celui-ci opère comme

---

30. Voir à ce sujet « Mètre et rythme de l'alexandrin ordinaire » de ROUBAUD et LUSSON, *Langue Française* 23, 1974.

marginalement dans la *perception instinctive* des équivalences quantitatives, tandis que le lecteur pense à ce qui se dit. Mais si la perception du nombre est involontaire, elle doit cependant être *évidente*, reconnue : les vers ne sont pas faits pour échapper à la conscience d'un lecteur qui croirait lire de la prose » (B. de Cornulier, 1981, pp. 95-96). C'est ce que note clairement aussi Michel Grimaud : « Être sourd aux couplages possibles entre la rime et la césure, entre les rimes, entre termes allitérés, entre constructions grammaticales parallèles ou entre mots situés en des lieux homologues dans les quatrains ou les tercets (...), c'est opérer avec une stratégie de lecture anormale — c'est lire la poésie comme on lirait un fait divers dans le journal » [31].

Sur une telle base, on comprend le choix, plus haut, d'un sonnet des *Amours jaunes* de Tristan Corbière, texte qu'il faut citer entièrement :

I SONNET
AVEC LA MANIÈRE DE S'EN SERVIR

Réglons notre papier et formons bien nos lettres :

Vers filés à la main et d'un pied uniforme,
Emboîtant bien le pas, par quatre en peloton ;
Qu'en marquant la césure, un des quatre s'endorme...
Ça peut dormir debout comme soldats de plomb.

Sur le *railway* du Pinde est la ligne, la forme ;
Aux fils du télégraphe : — on en suit quatre, en long ;
À chaque pieu, la rime — exemple : *chloroforme.*
— Chaque vers est un fil, et la rime un jalon.

— Télégramme sacré — 20 mots. — Vite à mon aide...
(Sonnet — c'est un sonnet —) ô Muse d'Archimède !
— La preuve d'un sonnet est par l'addition :

— Je pose 4 et 4 = 8 ! Alors je procède,
En posant 3 et 3 ! — Tenons Pégase raide :
« O lyre ! O délire ! O... » — Sonnet — Attention !

Pic de la Maladetta. — Août.

On ne peut plus ironiquement dévoiler la matrice conventionnelle : « pied uniforme » (alexandrin), césure marquée (coupe 6 + 6), « par quatre en peloton » (Q1 et Q2). Le rôle de la rime est aussi clairement posé (« la

---

31. « Psychologie et littérature », pages 256-281 de *Théorie de la littérature* (A. Kibédi Varga éd., Picard, 1981).

rime un jalon ») et les métaphores du « fil » et du « peloton » rejoignent bien notre hypothèse visuelle. Le jeu numérique achève bien la démonstration, tout ceci débouchant, dans un autre célèbre texte des *Amours jaunes*, sur cet étonnant sonnet à l'envers :

LE CRAPAUD

Un chant dans une nuit sans air...
La lune plaque en métal clair
Les découpures du vert sombre.

... Un chant ; comme un écho, tout vif
Enterré, là, sous le massif...
— Ça se tait : Viens, c'est là, dans l'ombre...

— Un crapaud ! — Pourquoi cette peur,
Près de moi, ton soldat fidèle !
Vois-le, poète tondu, sans aile,
Rossignol de la boue... — Horreur ! —

... Il chante. — Horreur ! ! — Horreur pourquoi ?
Vois-tu pas son œil de lumière...
Non : il s'en va, froid, sous sa pierre.
. . . .
Bonsoir — ce crapaud-là c'est moi.

Ce soir, 20 juillet.

Faute de place, je renvoie aux pages 104-123 de *Poésie et figuration* de Jean-Marie Gleize. Étudiant rapidement ce texte, il le considère comme placé au centre du dispositif de la seconde partie du recueil de Corbière : « Outre qu'il est le seul sonnet octosyllabique de toute la section, et le seul sonnet inversé de tout le recueil (les tercets étant avant les quatrains), ses deux quatrains sont embrassés et sur quatre rimes (abba, cddc) » (p. 112). Se dessine ici une démarche didactiquement utile : situer les données mêmes de la forme fixe dans l'économie de tout un recueil. Même travail au sujet des 14 sonnets (de 14 vers) des *Songes* de Du Bellay, par M. Riffaterre (« Le tissu du texte », *Poétique* 34, 1978), ou encore dans le petit essai de J. C. Mathieu sur *Les Fleurs du mal* (Hachette, collection Poche critique, 1972).

Citons uniquement, et à titre de déclaration de poétique exemplaire, le second des Sonnets dénaturés *de Cendrars. Ce texte développe admirablement l'essentiel des questions abordées tout au long de ce chapitre :*

ACADÉMIE MÉDRANO

A Conrad Moricand.

Danse avec ta langue, Poète, fais un entrechat
Un tour de piste
    sur un tout petit basset
        noir ou haquenée
Mesure les beaux vers mesurés et fixe les formes fixes
Que sont *LES BELLES LETTRES* apprises
Regarde :

Les affiches se fichent de toi te
    mordent avec leurs dents
    en couleur entre les doigts
    de pied
La fille du directeur a des lumières électriques
Les jongleurs sont aussi les trapézistes
    xuellirép tuaS
  teuof ed puoC
aç-emirpxE
Le clown est dans le tonneau malaxé
    ⌠ passe à la caisse
Il faut que ta langue ⌡   les soirs où
    ⌊ fasse l'orchestre
Les **Billets de faveur** sont supprimés.

Novembre 1916.

2.3.2. « La poésie de la grammaire » (Hopkins) : l'exemple d'un sonnet de Louise Labé

Dans les limites réduites et contraignantes de la forme fixe, le travail poétique investit tout l'espace langagier : superposant le son et le sens, il fait jouer de multiples réseaux dont l'intelligibilité se dévoile par strates quand la lecture parvient à s'attacher aux jeux de la forme, quand elle se fait attentive aux réglages textuels de la signifiance. Comme le souligne Jakobson, la question fondamentale est la suivante : « Comment une œuvre poétique, face aux procédés en honneur dont l'inventaire lui est légué, les exploite-t-elle à une fin nouvelle, et leur donne-t-elle une valeur neuve, à la lumière de leurs fonctions nouvelles ? » (*Questions de poétique* p. 231).

Nous ébaucherons ici l'analyse [32] d'un sonnet de Louise Labé pour faire apparaître les ressorts moins connus de la poésie, notamment ceux qui relèvent du domaine de ce que Jakobson (après Hopkins) nomme « la poésie de la grammaire » [33].

> Je vis je meurs : je me brule et me noye.
> j'ay chaut esteme en endurant froidure :
> La vie m'est et trop molle et trop dure.
> J'ay grans ennuis entremeslez de joye :
> Tout à un coup je ris et je larmoye,
> Et en plaisir maint grief tourment j'endure :
> Mon bien s'en va, et à jamais il dure :
> Tout en un coup je seiche et je verdoye.
> Ainsi Amour inconstamment me meyne :
> Et, quand je pense avoir plus de douleur,
> Sans y penser je me treuve hors de peine.
> Puis, quand je croy ma joye estre certeine,
> Et estre au haut de mon désiré heur,
> Il me remet en mon premier malheur.

(Pléiade, *Poètes du XVIᵉ siècle*)

Ce sonnet est fait de décamètres (soit un vers à 10 positions métriques) avec une coupe régulière après la quatrième syllabe (4/6). Les quatrains ont à la rime une structure embrassée classique (ABBA, ABBA), mais sans alternance de rimes Féminines/masculines. De plus, les tercets ne sont — assez exceptionnellement — construits que sur deux rimes seulement (CdC, Cdd), alternant, cette fois, masculines et Féminines. Louise Labé s'écarte ici du sonnet (dit) régulier par l'économie d'une rime qui renforce et annonce, bien sûr, l'unité des deux tercets.

À ce premier fonctionnement global vient s'ajouter le fait que ce poème est tout entier construit autour d'une *figure* : *l'antithèse* [34]. Cette figure est

---

32. Cette étude est le fruit d'un travail mené avec Danièle Manesse.
33. Le volume III des *Selected Writings* de Jakobson est tout entier consacré à « La poésie de la Grammaire et le Grammaire de la Poésie ». Dans *Questions de poétique*, voir les pages 219-279 surtout.
34. Sur cette figure, voir les pages 201-209 de *Les constantes du poème* d'A. KIBEDI VARGA, Picard, 1977.

si systématiquement exploitée que le texte, à première lecture, semble fort simple. Les couples antithétiques : *vis/meurs, me brule/me noye, chaud/froidure, molle/dure, ennuis/joye, ris/larmoye, plaisir/tourment, s'en va/dure, seiche/verdoye, plus de douleur/hors de peine, joye-heur/malheur,* se laissent résumer dans une thèse existentielle qui n'est ni rare ni nouvelle à l'époque (ainsi Villon : « Je meurs de soif auprès de la fontaine ») : tout plaisir illimité conduit à l'idée de mort et le plaisir supportable se joue dans le cadre défini par la souffrance possible. C'est exactement ce que Freud définit autour du principe de plaisir. Le problème qui se pose, dès lors, est le suivant : l'antithèse n'a rien, en soi, d'une figure poétique, elle est même plus appropriée à la poésie didactique ; de plus, quand elle se prolonge trop, elle dégénère souvent en un pur jeu formel (ainsi dans la poésie précieuse et baroque) ; dès lors, comment se fait-il que ce poème soit aussi émouvant et dense ?

Un sonnet grammatical :

« Il est parfaitement évident, écrit Jakobson, que les concepts grammaticaux (...) trouvent leurs possibilités d'application les plus étendues en poésie, dans la mesure où il s'agit là de la manifestation la plus formalisée du langage » (*Questions de poétique*, p. 221). Les concepts grammaticaux, ce sont les verbes, les adjectifs, les noms, les pronoms, les temps verbaux ; ils sont — avec les tropes (métaphore, métonymie, synecdoque dont il sera question au chapitre 4) — des procédés poétiques essentiels : « Tout retour, susceptible d'attirer l'attention, d'un même concept grammatical devient un procédé efficace. (...) Insistons sur le caractère convaincant de ces procédés ; tout lecteur tant soit peu sensible (...) perçoit d'instinct l'effet poétique et la charge sémantique de ces dispositifs grammaticaux, « sans le moindre recours à une analyse réfléchie », et bien souvent le poète lui-même, à cet égard, est dans la même situation qu'un tel lecteur » (*id.*, pp. 225-226). Ces citations de Jakobson nous mettent sur la piste d'une approche possible du sonnet de Louise Labé : dans quelle mesure les procédés grammaticaux sont-ils producteurs d'effets de sens ?

A) L'antithèse comme figure génératrice

L'opposition *plaisir/douleur* est d'emblée lisible sous l'antithèse hyperbolique initiale : « *je vis/je meurs* ». Cette figure binaire se développe tout au long du poème de manière progressive. Notons par A(P/D) la formule antithétique (A) *plaisir* (P) *VS douleur* (D) et par un entier l'espace

e occupé par la figure (4 et 6 pour des hémistiches, 10 pour un
ɔ.) :

1 : A1 (P/D) = 4 / A2(P/D) = 6
2 : A3 (P = 4/D = 6)
3 : A4 (P = (4) 3/D = 3)
4 : A5 (P = 4/D = 6)
5 : A6 (P = 6/D = 4)
6 : A7 (P = 4/D = 6)
)7 : A8 (P = 4/D = 6)
)8 : A9 (P = 6/D = 4)
)9 : ... ...
ˡ0 : A10 (D = 10/...
ˡ1 : ... P = 10)
ˡ2 : A11 (P = 10 ...
13 : + 10/ ...
14 : D = 10).

Ainsi se dessine une architecture fondée sur l'expansion : la première
antithèse (A1) occupe 4 positions métriques, la seconde (A2) 6 positions,
de A3 à A9 l'antithèse s'étend à un vers entier, la dixième (A10) couvre
deux vers et la dernière (A11) recouvre tout le dernier tercet.

Dans notre schématisation de la figure, nous avons symbolisé par une
barre oblique la connexion entre les deux pôles sémantiques (qu'on aurait
aussi pu noter plus abstraitement en utilisant l'opposition /euphorie/
VS/dysphorie/). En fait, le relevé des formes de surface de ce lien est
linguistiquement beaucoup plus varié : à la parataxe initiale (« je vis je
meurs ») répondent des connecteurs binaires types comme et (A2, A4, A6,
A8, A9), « et en » (A7), « et quand » (A10) ou « puis quand » (A1), gérondif comme « en endurant » (A3), participe comme « entremesles » (A5). À
ces signifiés grammaticaux, il faut ajouter des signifiés lexicaux comme
« tout à un coup » (A6) et « tout en un coup » (A9).

B) Le vers (09) hors structure

À la jonction entre quatrains et tercets, ce vers s'ouvre par un connecteur
syntaxique fort : « Ainsi ». Moins que d'une comparaison, il s'agit ici
d'une synthèse du comportement du sujet, portée par l'adverbe « incons-
tamment ». Dans ce vers hors figure, l'antithèse continue ainsi de fonctionner en actualisant la perturbation et en posant l'agent et le patient de
cette perturbation. L'agent apparu au premier vers de l'ensemble T1 + T2
ouvre aussi le dernier par le pronom anaphorique « il ». La grammaire, par

la figure de l'anaphore, unit ainsi l'ensemble T1 + T2. Le même encadrement apparaît dans la succession des deux antithèses des tercets :

(A10 D /   P) + (A11   P   / D)
(vers 10/v. 11 + (vers 12-13/v. 14)

Le *plaisir* se trouve encadré par la *douleur* (rimes masculines des vers 10 : « douleur » et 14 : « malheur »). Au dernier vers, l'agent « amour » transforme définitivement le statut de JE : la souffrance n'est plus seulement subie mais infligée.

C) Les pronoms : un couple inégal

La multiplicité de l'emploi du JE dans le poème, et plus généralement des marques de première personne (8 occurrences de *me, mon, ma*) permet, sans risque d'erreur, de classer le sonnet dans le genre lyrique. Le seul autre indice personnel qui lui fasse écho est IL qui réfère à Amour. Mais il faut remarquer que ce JE, sujet de verbes pleins sémantiquement (*vis, meurs, brûle, noye, larmoye, endure, seiche, verdoye, pense* (*sans y penser*), *me trouve, croy*) n'est jamais le sujet d'un procès actif : la seule tentative de se poser en agent (« je pense », v. 10) est immédiatement neutralisée au vers suivant (« sans y penser »). Les seuls verbes signifiant un procès actif (*s'en va, meyne, remet*) sont le fait d'un autre agent que JE (*mon bien, Amour, il*). L'opposition privilégiée des pronoms JE/IL est manifeste en raison de la position métrique qu'ils occupent : JE à l'initiale du premier vers, IL à l'initiale du dernier. Ainsi une seconde opposition vient doubler l'opposition qui divise le JE (*vis/meurs*) : celle qui met face à face JE et IL, le passif et l'actif. L'examen des mots placés à la rime donne un argument de plus pour affirmer la réalité de cette opposition.

D) *À la rime : jeu binaire de catégories et symétries*

Deux classes sont représentées, dans une succession qu'il semble difficile d'attribuer au hasard :

01 *noye* (V)	05 *larmoye* (V)	10 *douleur* (N)
02 *froidure* (N)	06 *endure* (V)	11 *peine* (N)
03 *dure* (V)	07 *dure* (V)	12 *certaine* (N) [35]
04 *joye* (N)	08 *verdoye* (V)	13 *heur* (N)
	09 *meyne* (V)	14 *malheur* (N)

35. Nous classons l'adjectif *certaine* dans la catégorie nominale comme il est légitime dans le sentiment métalinguistique d'alors qui oppose le « nom substantif » au « nom adjectif ».

Il nous faut, ici encore, suivre attentivement Jakobson : « Quoique la rime repose par définition sur la récurrence régulière de phonèmes ou de groupes de phonèmes équivalents, ce serait commettre une simplification abusive que de traiter la rime simplement du point de vue du son. La rime implique nécessairement une relation sémantique entre les unités qu'elle lie » (*Essais de linguistique générale I*, p. 233). Ici la succession des mots grammaticaux à la rime est porteuse de sens. L'opposition morphologique *Verbe* VS *Nom*, alternée dans les quatre premiers vers, se développe ensuite en deux séquences successives identiques : 5 *Verbes* VS 5 *Noms* ; par là, est signifiée la métaphore grammaticale la plus puissante du texte : l'opposition entre procès et objet d'un procès (patient), entre agir et subir.

Cette rapide analyse du sonnet de Louise Labé est évidemment loin d'être exhaustive : l'analyse phonique n'a pas été abordée, les jeux de symétries lexicales incarnant l'antithèse non plus, ni les quelques figures (hyperbole *vis/meurs*, *brûle/noye* ; métaphore *seiche/verdoye*). Mais justement, *un poème se prête à de multiples parcours et, d'un point de vue didactique, il faut savoir privilégier l'un ou l'autre selon les objectifs du moment*. Ici, c'est à dessein que nous avons choisi l'entrée grammaticale dans le poème ; elle montre que l'opposition *plaisir/douleur* n'est pas portée seulement par des jeux de symétries lexicales qui sautent aux yeux, mais par des figures grammaticales qui « surimposent du sens à la matière lexicale ».

2.4. Le remplacement de la forme fixe par d'autres réglages textuels

La poésie moderne ne respectant guère les contraintes liées au genre et à la matrice d'une quelconque forme fixe, les effets de poésie liés aux corrélations proviennent nécessairement d'autres lieux textuels et il est indispensable de dépasser le cas particulier du sonnet. Nous verrons que la disparition des rapports d'équivalence entre formes occupant des positions semblables liées au genre se traduit par un renforcement des rapports entre éléments syntaxiquement comparables et entre formes semblables du point de vue du son et/ou du sens.

Afin de procéder de façon didactique, nous examinerons des textes qui s'émancipent de plus en plus nettement du moule canonique de la forme fixe. Par une mise en observation progressive, nous voulons induire une double pratique. Pratique du texte comme lieu de travail du langage mais aussi pratique s'appuyant sur les données les plus codées et les plus facilement repérables, si elles sont l'objet d'un apprentissage systématique ; pratique aussi du poème comme produit d'une histoire des formes. Poser que le poème, lieu d'un extrême travail de la langue, est un type de mise en mot-mise en texte, c'est poser qu'il y a des modes de signifier et que chaque époque et surtout chaque poème a le sien. Le présent développement ne peut qu'esquisser une approche qui consiste-rait à redonner leur historicité au blanc, au mètre, à la rime, *etc.* dans le but de rendre lisible le poème, de quelqu'époque qu'il nous vienne, et le poème contemporain surtout qui résulte d'une histoire et qui s'écrit tou-jours avec et contre une tradition. Tel est le but indirect de tout cet ouvrage, bien au-delà du développement avant tout méthodique-métho-dologique qui suit.

2.4.1.   Les enjambements dans « Le dormeur du Val » (Rimbaud) [36]

L'intérêt de ce texte (presque trop connu) de Rimbaud réside pour nous dans le fait que si le moule visuel du sonnet est parfaitement respecté, les rimes (Féminines/masculines pourtant classiquement alternées) des deux quatrains diffèrent (AbAb, CdCd, EEf, GGf). Si les limites de strophes correspondent bien à des limites de phrases (ponctuation forte du point à la rime des vers 04, 08, 11 et 14), de nombreuses limites de phrases découpent les vers. En fait, si ce sonnet « boîte » en dépit de sa forme canonique, c'est moins pour la rime des quatrains que pour ses nombreux enjambements. De plus, d'un point de vue purement métrique, le lecteur hésite sur certains vers en raison de l'éternel problème de l'élision ou du décompte des e dits « muets » : le vers 05 oscille entre l'alexandrin et le décasyllabe si l'on ne marque pas la finale de « jeune » / ʒœnə / et de « ouverte » / uvɛrtə / en tenant bien compte de la consonne à l'ouverture du mot suivant (ainsi, la chute du e muet dans « ouvert(e) » introduirait une suite interdite par la loi des trois consonnes). Le vers 11 est impair si l'on ne marque pas son rythme ternaire quadrupédique : *na/tu/re // ber/ce/le // chau/de/ment // il/a/froid//*. Ces exemples de réajustement poétique permettent de poser la question importante, abor-dée plus haut, du *double réglage propre au poème : les ENJAMBEMENTS* des vers 02-03 « des haillons/D'argent », 03-04 et 06-07 (qui rejettent le verbe en début de vers suivant), 13-14 (avec le rejet de « Tranquille »), *mettent tous en évidence le décalage entre les deux modes d'organisation du discours poétique.*

---

36. On se reportera au texte cité page 15 plutôt qu'à celui de la page 14, étrangement ponctué parfois.

Dès lors, du sens résulte de ces effets de mise en relief, du sens lié à l'intensification des rapports phoniques. Le plus spectaculaire est assurément le rapport créé au dernier vers entre les deux /il/ de la suite « Tranquille. Il... » Sans développer cette analyse qui sera faite au chapitre 3 (pages 114-115), notons aussi l'effet singulier des vers 09-10 qui placent un connecteur comparatif à la rime. De ce fait, le mot à la rime « somme » est entièrement contenu phoniquement dans les deux signes du surjet précédent :

09 ... Souriant **comme**
10 ... ...   **somme.**

Les deux mots à la rime du distique central (nettement encadré par trois quatrains aux rimes différentes) désignent le caractère métaphorique du « somme » : il *semble dormir.* De la même façon, la mise en relief de « D'argent » (vers 03) et « Dort » (vers 07) induit un rapport de matière : argent et or, qui modifie « Dort » en *d'or.* Encore une fois, c'est sur le sommeil que portent les transformations, induisant ainsi une autre lecture, présente dans le titre même du poème : « dormeur » = dor(t)/meur(t).

Nous ne multiplierons pas les observations formelles qui confirment le rôle actif de la forme fixe, relevons seulement :
• la répétition « Souriant... Sourirait » qui accentue l'homogénéité déjà relevée des vers 09 et 10.
• Le changement de sujet (passage de la nature à l'homme) de Q1 à Q2 qui explique la non reprise en Q2 des rimes de Q1.
• L'étonnante similitude du premier (01) et du dernier vers (08) des quatrains :

01 C'est un trou de verdure où chante une rivière
08 Pâle dans son lit vert où la lumière pleut.

Le parallélisme syntaxique et métrique des seconds hémistiches accentue la mise en rapport des débuts de vers et non seulement de « verdure » et de « vert », mais surtout de « trou » et de « lit ». Ce rapprochement désigne explicitement le caractère mortel (*tombe*) de la localisation du soldat.
• Rapprochement renforcé par le dernier vers du poème où *trou* désigne nettement la blessure mortelle.

Il est évident ici que le sonnet reste un cadre strict, générateur de parallélismes et mettant en relief certains signes. Mais il est évident aussi que cette forme subit d'intenses *tensions* et que le mètre a bien du mal à rester dans les limites du vers visuel (alexandrin). Le travail de l'enjambement et les réajustements poétiques des vers 05 et 11, par exemple, mettent en évidence la spécificité prosodique du discours poétique. Le lecteur est appelé à porter toute son attention sur les réglages formels liés à la forme canonique du texte, mais aussi à la syntaxe travaillée par le mètre, aux données phoniques et sémantiques de surface.

Avec les exemples suivants, en revanche, les réglages dominants se déplacent plus nettement.

2.4.2. « Les Colchiques » d'Apollinaire : un sonnet fantôme

Pour comprendre d'un seul regard l'importance de tout ce qui a été dit plus haut de la disposition spatiale du texte poétique, il suffit de comparer le poème bien connu d'*Alcools* à sa redisposition en un sonnet classique (même non ponctué).

Les Colchiques

Le pré est vénéneux mais joli en automne
Les vaches y paissant
Lentement s'empoisonnent
Le colchique couleur de cerne et de lilas
Y fleurit tes yeux sont comme cette fleur-là
Violâtres comme leur cerne et comme cet automne
Et ma vie pour tes yeux lentement s'empoisonne

Les enfants de l'école viennent avec fracas
Vêtus de hoquetons et jouant de l'harmonica
Ils cueillent les colchiques qui sont comme des mères
Filles de leurs filles et sont couleur de tes paupières
Qui battent comme les fleurs battent au vent dément

Le gardien du troupeau chante tout doucement
Tandis que lentes et meuglant les vaches abandonnent
Pour toujours ce grand pré mal fleuri par l'automne

Le pré et vénéneux mais joli en automne
Les vaches y paissant lentement s'empoisonnent
Le colchique couleur de cerne et de lilas
Y fleurit tes yeux sont comme cette fleur-là

Violâtres comme leur cerne et comme cet automne
Et ma vie pour tes yeux lentement s'empoisonne
Les enfants de l'école viennent avec fracas
Vêtus de hoquetons et jouant de l'harmonica

Ils cueillent les colchiques qui sont comme des mères
Filles de leurs filles et sont couleur de tes paupières
Qui battent comme les fleurs battent au vent dément

Le gardien du troupeau chante tout doucement
Tandis que lentes et meuglant les vaches abandonnent
Pour toujours ce grand pré mal fleuri par l'automne.

Sans parler de l'effacement de la ponctuation qui joue un rôle spécifique, c'est la création d'autres blancs typographiques et la désarticulation de l'alexandrin du second vers qui rendent invisible et proprement illisible le sonnet. Mon choix de disposer ainsi, l'une à côté de l'autre, la forme visible et la forme fantôme, volontairement travestie et déréglée, n'a qu'une portée didactique. Je ne suis pas vraiment d'accord avec Michel Deguy, lorsque, dans son étude de ce poème, il choisit de le redistribuer en sonnet [37]. Même si cette idée repose sur une bonne intention ; même

---

37. « Encore une lecture des *Colchiques* », *Poétique* 20, 1974. Parmi les nombreux commentaires de ce poème, il faut lire celui de J.-C. COQUET : « Sémantique du discours poétique » dans *Littérature* N° 6, 1972 (repris pages 115-130 de *Sémiotique littéraire*, Mame, 1973) et celui de J. BELLEMIN-NOËL : « Petit supplément

si elle permet assurément de s'interroger sur un travail d'écriture caractéristique d'une période historique de la poésie française, il faudrait surtout comparer les éditions de 1907 et de 1911 avec celle d'*Alcools* (1913). On verrait ainsi que les vers 02 et 03 ne formaient bien à l'origine qu'un alexandrin et que, de plus, la ponctuation n'a été supprimée que sur les épreuves d'*Alcools.*

Le poème est donné sous une forme et non sous une autre ; le sonnet sous-jacent ne nous intéresse donc que comme *souvenir d'une forme transformée* dont il ne reste que le tercet final (T2). Le rythme de l'alexandrin souffre lui aussi de *déformes* multiples (vers 09, 11, 14 de 13 ou de 14 syllabes) auxquelles il faut ajouter un travail considérable des rimes qui ne se plient pas ici au bel agencement canonique. Même si nous partons de la forme du quatrain, la succession devient la suivante :

(rimes) A (d') A, b b, A A, b' b', C C, d d, A A
(vers) 1 2 3 4 5 6 7 8 9 10 11 12 13 14 15

Sont respectées : l'alternance de rimes féminines (A & C) et de rimes masculines (b & d), mais la succession de rimes plates et surtout la reprise finale du couple initial (A) ruinent la construction classique des rimes du sonnet. La disposition nouvelle engendre quant à elle tout un jeu de va-et-vient de strophe à strophe : I est encadré par la rime féminine (A) rigoureusement reprise, I et III se répondent par la rime A, mais le vers 02 (I) est aussi l'écho anticipé des rimes nasales /ɑ̃/ de 12 (II) et de 15 (III). Les rimes masculines (b) de I et de II se répondent aussi. La figure du croisement et de l'encadrement semble bien dominer dès cette première lecture aussi simple qu'indispensable pour montrer à quel point le sonnet est dé-structuré.

Émerge aussi nettement ici une définition de la poéticité que nous partageons avec Anne-Marie Pelletier (*Fonctions poétiques*, pp. 70-71) :

> « *On définira la poéticité comme l'èffet produit par la sortie hors du stéréotype. (...) Comme l'effet de tension non résolue entre un modèle hantant avec plus ou moins d'insistance le texte et l'émergence d'une possibilité de dire autre chose ou autrement ; figure de l'altérité proposée par le texte qui joue de son identité, déplace sa norme et ce faisant la désigne, ouvre à partir de là sur une logique autre* »

Nous verrons plus loin (4.4.) comment la poéticité surgit du cliché retravaillé — du détail (local) des mots du poème —, retenons ici un travail global de la forme poétique contre une forme-norme qui le hante et qu'il

---

aux lectures des *Colchiques* », dans *Poétique* 33, 1978. Dans un bon dossier de la Radio Télévision Scolaire, deux études (l'une traditionnelle et l'autre structurale) sont menées par R. Ricatte et par D. Grojnowski (OFRATEME, Français 2, 1973-1974, pp. 24-30).

déconstruit. L'allusion au sonnet fantôme est la marque d'un travail du corpus littéraire, de l'héritage poétique, la marque d'une *écriture*, d'une *désorganisation de la forme antérieure* selon une formule de Jakobson (au sujet du vers chez Pouchkine, page 12 des *Questions de poétique*).

La question essentielle est bien, dès lors, la suivante : qu'est-ce que la disposition définitive de ce poème tend à mettre en relief ? Se poser cette question, c'est porter l'attention sur la spécificité structurelle d'une mise en page-mise en texte qui n'est, précisément, pas celle du sonnet. C'est tenter de comprendre le pourquoi des trois blancs introduits : premier blanc qui a scindé l'alexandrin des premières éditions en deux hexasyllabes et qui donne ici deux vers nettement plus courts que les autres ; second blanc qui coupe en deux le potentiel second quatrain (après le vers 07, ici) et dernier blanc, enfin, qui isole un « tercet » (vers 13-14-15). Afin de suppléer à la disparition de la forme codée, il est nécessaire de porter notre attention sur les informations redondantes. Si nous soulignons les éléments répétés (en caractères romains), une autre structure textuelle globale devient *visible* :

01 *Le* pré *est vénéneux mais joli en* automne
02 Les vaches y *paissant*
03 Lentement s'empoisonnent
04 Le colchique couleur de cerne et *de lilas*
05 Y *fleurit* tes yeux sont comme *cette* fleur-*là*
06 *Violâtres* comme *leur* cerne et comme *cet* automne
07 *Et ma vie pour* tes yeux lentement s'empoisonne

08 *Les enfants de l'école viennent avec fracas*
09 *Vêtus de hoquetons et jouant de l'harmonica*
10 *Ils cueillent* les colchiques *qui* sont comme *des mères*
11 Filles *de leurs* filles *et* sont couleur de *tes paupières*
12 *Qui* battent comme *les* fleurs battent *au vent dément*

13 *Le gardien du troupeau chante tout doucement*
14 *Tandis que lentes et meuglant* les vaches *abandonnent*
15 *Pour toujours ce grand* pré *mal fleuri par l'*automne

Trois structures se dégagent :
a) *Vers sans réitération du moindre mot (08-09 et 13) ;*
b) *Vers à faible reprise : un (02 et 14) à deux lexèmes (01, 03 et 15) ;*
c) *Vers à forte réitération : trois lexèmes au moins, plus les morphèmes libres (04, 05, 06, 07, 10, 11 et 12).*

Les vers sans répétition (structure a) se trouvent précisément en relief en début de seconde et de troisième strophe. Ajoutons tout de suite qu'il s'agit aussi, avec les vers 10 et 11, de vers dérangeants pour les commentateurs [38]. Cette mise en relief essentielle contraste avec le grand nombre de reprises (structure c) des vers 03 [39] à 07 et 10 à 12. Ceci met en relief le « tercet » T1, inséré entre les vers de la structure a ; en fait, cet argument en faveur de la redistribution du texte en sonnet est aussitôt contredit par le fait que la reprise de la structure b en début et en fin de poème, selon une symétrie parfaite, désarticule le second « tercet ». Les renvois de structure à structure s'opèrent de 01-02 à 15-14 (b), de 08-09 à 13 (a) et de 03-07 à 10-12 (c). Entre les éléments de la structure à faible redondance, mais à position textuelle forte, et ceux de la structure c à forte redondance, les renvois sont multiples. Le signe « automne », en relief à la rime des vers 01, 06 et 15, appartient même à b et à c.

Que la coupure de l'alexandrin en deux hexamètres (vers 02 et 03) produise localement des effets de type allongement du participe présent et mise en relief de l'adverbe « lentement » n'est pas niable, mais pourtant tout à fait secondaire par rapport à la mise en relief du statut double du vers 03 : faiblement itératif (en raison de sa longueur), il appartient à la structure b et donc au parallélisme des vers 01-02 // 14-15 (« lentement » est d'ailleurs diffracté dans « *lente*s et *meuglant* »), mais, par ses lexèmes réitérés, il entre en parallélisme avec le vers 07, ce qui renforce l'homogénéité d'un bloc 03-07 ouvert et fermé par une reprise lexicale avec modification du nombre (pluriel à singulier).

À ces effets de croisements multiples encadrés par une circularité rigoureuse, répond bien la structure formelle dégagée qui efface définitivement le sonnet fantôme : b - c - a - c - a - b. Cette circularité et ces croisements semblent fournir l'information essentielle et même la clé du noyau textuel si étrange des vers 10 et 11 : ces colchiques « qui sont comme des mères / Filles de leurs filles ». Je renvoie aux études citées en note pour les commentaires les plus ingénieux. Retenons uniquement les explications conformes à ce que nous venons de dégager. En résumé : le travestissement d'une forme, la circularité et le croisement systématique.

Du travestissement, M. Deguy fait la figure clé du poème : « toi, femme, tu es représentée au poème par le colchique, au masculin (mais c'est *une* fleur, et le pluriel, au vers 9, recouvre la différence sexuelle des fleurs, comme il fait pour *les* enfants) ; et moi, homme, sujet implicite, ne suis représenté au poème que par le féminin *ma vie* » (p. 457). C'est assurément ce qu'on est tenté de voir dans le fait qu'Apollinaire a traduit au

---

38. Dans son article, J.-C. Coquet cite avec malice, entre autres, Marie-Jeanne Durry qui préfère ignorer le gardien du troupeau du vers 13 et ne voir qu'anecdote dans « l'irruption bruyante des écoliers »...

39. Le vers 03 étant entièrement repris bascule, de ce fait, de la structure b à la structure c.

féminin la définition portée à l'entrée *Colchique* du dictionnaire : « Qui porte des fruits au printemps, ce qui lui a valu le nom de *filius ante patrem* ». J. Bellemin-Noël va plus loin encore dans cette direction en insistant sur l'idée de parthénogénèse négatrice de la différence des sexes et de la procréation. Il a raison d'insister sur le fait qu'on voit se dessiner dans l'accroc sémantique central l'existence d'un autre discours, inconscient : « la dénégation et le déni de la castration : originelle et phallique » (p. 69).

La faille textuelle est indiquée par un connecteur essentiel : « SONT COMME » présent au vers 10, mais aussi aux vers 05 (et 06) et 11-12. Nous devons, dès lors, examiner toutes ces structures comparatives binaires. Aux vers 04-05 et 06, on voit que si l'on peut écrire : « tes yeux sont comme cette fleur-là » (05), c'est que le colchique est « couleur de cerne » (04), « comme leur cerne » (06). Ainsi le comparant est-il aussi bien comparé et le comparé comparant. « Échange de place autour du pivot *comme*, qui ressort seul. Colchique — cerne (yeux) — fleur » (M. Deguy, p. 455).

De la même façon, la structure comparative qui suit la faille des vers 10-11 apparaît comme un « battement » autour du pivot comparatif :

11 ... tes paupières
12 ... qui *battent* COMME les fleurs *battent*.

« Cette dernière comparaison explicite vient confirmer littéralement la substituabilité des deux côtés du comme : ce qui importe c'est l'oscillation autour du comme, le battement... de la comparaison » (*id.*).

La disposition choisie par Apollinaire (avec la création de trois strophes par les blancs typographiques) aboutit surtout à un tissage textuel par tout un jeu d'anaphores et de coréférences. Les deux premières strophes comportent chacune deux ensembles successifs (4 vers + 3 vers, 3 vers + 2 vers). Les quatre premiers vers renvoient à une troisième personne délocutive mise en relief en tête de vers : *le* pré, *les* vaches, *le* colchique ; les trois vers suivants comportent un indice de l'allocutaire TU : « tes yeux » (05 et 07) et du locuteur : « ma vie » (07) tandis que le démonstratif « *cette* fleur-là » (05) renvoie anaphoriquement aux colchiques du vers 04 et « leur » aux yeux du vers 05. « *Cet* automne » renvoie certes anaphoriquement au mot à la rime du premier vers, mais il semble surtout indiquer un repérage déictique fonctionnant avec JE (ma vie) et TU (tes yeux).

La seconde strophe est aussi construite autour de trois vers (08 à 10) référant au monde (« Les enfants ... ils ... les colchiques ... qui ») et de deux vers impliquant l'allocutaire (« tes paupières ... qui... », 11 et 12).

L'effacement de JE se confirme dans la troisième strophe où toute trace de TU disparaît aussi. Le démonstratif « *Ce* grand pré » (15) fonctionne anaphoriquement par rapport au premier vers et pas du tout dans un fléchage déictique. Le fléchage initial (« Le pré ») voit donc son effet référentiel s'effacer progressivement au profit de renvois (con)textuels multiples.

Sans insister plus sur ce texte, retenons surtout le jeu de la structure globale et la portée didactique d'un apprentissage centré sur la VI-LISIBILITÉ du texte. Apprendre à LIRE-VOIR tout poème comme un espace (re)distribuant les formes verbales *sans vouloir d'abord « comprendre »*, telle est la condition même d'accès au rythme de la langue du poème : à sa signifiance. En partant ainsi du texte comme *forme qui fait sens*, on entre dans sa dynamique propre. Du sonnet de Rimbaud à ce poème d'*Alcools*, on comprend que, pour nous, lire c'est accepter de se laisser porter par les décalages textuels, par les effets de tension entre vers et syntaxe, entre typographie et signification première des signes de la langue. Il faut apprendre à chercher partout la *signifiance* et pas seulement dans le sens des mots : dans un blanc, dans un enjambement (c'est-à-dire, plus largement, un intervalle entre des mots), dans des structures ou des signes récurrents.

2.4.3. Un texte sans strophes : « Monde » d'André Breton (I)

Soit donc ce premier poème de *Signe ascendant* dont l'étude sera prolongée au chapitre 4 (section 4.2.2.) :

MONDE

Dans le salon de madame des Ricochets
Les miroirs sont en grains de rosée pressés
La console est faite d'un bras dans du lierre
Et le tapis meurt comme les vagues
Dans le salon de madame des Ricochets
Le thé de lune est servi dans des œufs d'engoulevent
Les rideaux amorcent la fonte des neiges
Et le piano en perspective perdue sombre d'un seul bloc dans la nacre
Dans le salon de madame des Ricochets
Des lampes basses en dessous de feuilles de tremble
Lutinent la cheminée en écailles de pangolin
Quand madame des Ricochets sonne
Les portes se fendent pour livrer passage aux servantes en escarpolette

La masse typographique ne rend visible aucune structure globale. Plusieurs entrées semblent possibles dont une entrée sémique, à partir du titre, que nous exploiterons plus loin. Pour le moment, appuyons-nous, comme pour lire *les Colchiques*, sur les répétitions [40].

L'irrégularité des vers et, cette fois, l'absence de tout blanc typographique introducteur de strophe, nous mettent dans l'obligation de ne tenir compte que de la répétition, aux vers 01, 05, 09, du même énoncé : « Dans le salon de madame des Ricochets ». Le vers 12 apparaît comme une reprise partielle de ces trois vers très légèrement modifiés :

12 : *Quand madame des Ricochets sonne*

Les redondances dessinent ainsi une structure : 4 vers + 4 vers + 3 vers + 2 vers. Soient deux « quatrains », un « tercet » et un « distique » final.

Chaque fois que ce texte a été travaillé par des étudiants ou par leurs élèves, le réflexe de lecture a été le même : on dirait un sonnet, mais le dernier vers manque. Bien sûr, une telle remarque tombe sous le coup d'une critique du type de celle de B. de Cornulier qui « met (...) en doute les analyses où on baptise du nom strictement métrique de *distiques*, *tercets*, *quatrains*, etc., des groupes de 2, 3, 4 vers, etc., qui ne sont pas regroupés selon des principes strictement métriques. (...) C'est cette confusion, systématiquement illustrée par Jakobson, qui fait voir aux analystes modernes des quatrains, des sizains, des huitains, et pourquoi pas, un jour, des rondeaux et sonnets dans des scènes en vers isométriques à rimes plates chez Racine ! » (1981, note 18, p. 129). Il faut certainement rester très attentif et éviter un dérapage incohérent, mais la reconnaissance de regroupements de vers fait partie de la lecture du poème comme tout structuré. La célèbre réplique d'Andromaque à Pyrrhus (Acte I, scène 4, vers 297-310) que je cite au chapitre 5 (page 172), gagne à être examinée à la lumière du moule rhétorique que constitue le sonnet, même s'il est impensable, en effet, de dire que « c'est un sonnet ». La question qui se pose dans le cas de « Monde » est la même : gagnons-nous quelque chose à LIRE-VOIR ce poème comme un « sonnet » lui aussi transformé ?

La forme des regroupements de vers est dictée par la répétition de « *madame des Ricochets* ». La singularité même de ce nom propre incite le lecteur à porter son attention sur les positions de ce signe *Ricochets*. Dès lors, la structure précédente se matérialise ainsi :

vers *01* 02 03 04 *05* 06 07 08 *09* 10 11 *12* 13

---

40. Sur un autre texte de ce recueil de Breton, il faut lire un très bon article de M. DEGUY : « Du *Signe ascendant* au *Sphinx vertébral* », Poétique n° 34, 1978.

Le nom propre, figure de la structure, apparaît autant de fois qu'il y a de rebonds-strophes et l'interprétation à partir de la figure remplace celle qui passe par le rappel du sonnet. Ce qui domine c'est l'extermination progressive du mouvement :

$$1 + 3 \text{ } vers \rightarrow 1 + 3 \text{ } vers \rightarrow 1 + 2 \text{ } vers \rightarrow 1 + 1 \text{ } vers \rightarrow 0$$

Suggérer ici le souvenir du sonnet pour juste marquer que *le dernier vers a coulé*, ne fait que renforcer une analyse qui doit, avant tout, se porter sur le rapport du signifiant clé à la signifiance. À la lecture étroitement mimétique du vers répété succède une lecture nouvelle, attentive au signifiant « Ricochet », mais aussi à d'autres jeux du signifiant induits par l'image globale du texte :

Dans (le) (sa)lon de (madame) des Ricochets
DANS   L'ONDE   DES RICOCHETS.

Le mouvement des deux premières strophes s'achève de façon significative par deux plongées (deux fins de rebonds) :

04 : le tapis MEURT comme *les vagues*
08 : le piano (...) SOMBRE d'un seul bloc... *nacre*

Nous verrons plus loin (chapitre 4.2.2.) que ce texte repose sur une autre répartition spatiale des signes, retenons seulement, pour le moment, à quel point chaque texte programme sa propre lecture selon un ordre autre que référentiel-mimétique. Pour lire une telle signifiance qui engage tout le poème à la fois et fait du texte l'unité de sens poétique, il faut entrer dans le jeu des *déplacements des significations* apparentes (celles de la « représentation » surtout).

Afin de poursuivre la mise en place méthodologique qui est la nôtre, observons pour finir un texte qui ne s'apparente ni de près ni de loin au moindre sonnet, un type de texte qu'on n'aborde guère dans un essai consacré au texte poétique, un texte qui n'a plus ni strophes ni vers.

2.4.4.   Un exemple de prose poétique : une page des « Nourritures Terrestres »

Vers la fin du livre septième des *Nourritures terrestres* de Gide, un fragment intitulé « Touggourt » paraît bien individualisé entre ce titre et un blanc typographique très net :

Touggourt

Arabes campés sur la place ; feux qui s'allument ; fumées presque invisibles dans le soir.
— Caravanes ! — Caravanes venues le soir ; caravanes parties le matin ; caravanes horriblement lasses, ivres de mirages, et maintenant désespérées ! Caravanes ! que ne puis-je partir avec vous, caravanes !

Il y en avait qui partaient vers l'Orient, chercher le santal et les perles, les gâteaux au miel de Bagdad, les ivoires, les broderies.

Il y en avait qui partaient vers le Sud chercher l'ambre et le musc, la poudre d'or et les plumes d'autruches.

Il y en avait vers l'Occident, qui partaient le soir, et qui se perdaient dans l'éblouissement dernier du soleil.

J'ai vu revenir les caravanes harassées ; les chameaux s'agenouillaient sur les places ; on déchargeait enfin leur fardeau. C'était des ballots en toile épaisse et on ne savait pas ce qu'il pouvait y avoir dedans. D'autres chameaux portaient des femmes, cachées dans une sorte de palanquin. D'autres portaient le matériel des tentes et on déployait cela pour le soir. — O fatigues splendides, immenses, dans l'incommensurable désert ! — Des feux s'allument sur les places pour le repos du soir [41].

Ce type de page de prose poétique n'est guère pris en compte [42] par l'analyse textuelle contemporaine, elle nous place pourtant devant une obligation : celle de nous demander à quel type de signifiance peut être soumis un texte dépourvu de matrice conventionnelle. Comme le souligne M. Riffaterre, face à ce genre de texte, les analystes se préoccupent surtout de retrouver dans la prose des traits phoniques et rythmiques propres au vers. Convenons, avec l'auteur de *Sémiotique de la poésie*, que la spécificité d'une page comme celle que nous avons choisie réside ailleurs.

À la lecture, on éprouve un sentiment d'unité et de densité formelle. Répétitions — voire incantations — font clairement ressortir le mot « caravanes » et ressentir un rythme : cette page paraît visiblement réglée par des procédures « superficielles » comparables à celles qui régissent l'ordre du texte poétique. Ces réglages interfèrent avec une autre caractéristique de cette page : son apparence narrative et descriptive à la fois. Notre tâche sémio-linguistique est donc claire : il convient d'identifier les composantes textuelles productrices de l'effet de densité-unité formelle.

Ce que nous avons déjà dit de la signifiance s'applique admirablement ici : au fur et à mesure que sa lecture progresse, le lecteur découvre des équivalences en dépit de l'absence de moule conventionnel. En l'absence de vers, d'autres composantes textuelles jouent un rôle comparable et assurent, dans la ligne de prose, une continuité formelle similaire.

La première donnée mise en relief est assurément le signe soumis, dès le second paragraphe, à une répétition presque incantatoire. « Caravanes »

---

41. Pléiade page 237 ; d'autres éditions, dont celle du *Livre de poche* (n° 1258 page 147) proposent en fin de texte « repas du soir » au lieu de « repos du soir ».
42. On ne peut manquer de renvoyer aux travaux de M. Riffaterre : aux deux derniers chapitres de *La production du texte* : « Surdéterminations dans le poème en prose » I : Julien Gracq et II : F. Ponge, et au dernier chapitre de *Sémiotique de la poésie* : « Sémiotique textuelle ».

est répété six fois et trois fois surdéterminé par un point d'exclamation. Il est évident que, d'un point de vue sémique, ce signe déclenche une isotopie [43] du voyage et de l'étirement lent dans l'espace. Assurément inscrit dans la mimétique référentielle du mot-titre, *caravanes* déclenche des stéréotypes : désert, mirages, orient, chameaux, fardeaux, palanquins, etc. que le texte actualise. D'un point de vue phonique, ce signifiant s'articule autour de la même voyelle trois fois répétée et il s'achève sur la chute d'un e « muet » : /ka/Ra/van/. Cette double articulation sémique et phonique assure, en fait, une surdétermination du texte tout entier. Les images (stéréotypes d'un Orient pour voyageurs occidentaux) s'inscrivent dans un rythme ternaire sensible dès le premier paragraphe :

> *Arabes campés sur la place* (1) ; *feux qui s'allument* (2) ; *fumées presque invisibles dans le soir* (3).

La ponctuation isole les trois signes clés qui, dépourvus de déterminant, se trouvent décontextualisés par rapport au titre pour produire un effet plus propre à l'effet de poésie. « Arabes », « feux » et « fumées », soumis chacun à une expansion purement qualificative (et non pas fonctionnelle-narrative), essentiellement descriptive, qui annule tout effet de récit comme l'absence de connexions syntaxiques efface les liens logiques, n'entrent plus que dans une détermination rétrograde du type : pas de fumée(s) sans feu(x) et pas de « feux qui s'allument » sans agents pour les allumer.

À cette première structure rythmique triadique (et non pas métrique au sens d'une prose qui serait faite de vers dissimulés dans le continu), s'ajoute un encadrement du texte entier responsable de l'effet de totalité ressenti dès la première lecture. Au premier paragraphe :

> (a) *Arabes campés sur les places* ; (b) *feux qui s'allument* ; (c) *fumées presque invisibles dans le soir.*

répond la dernière phrase :

> (b') *Des feux s'allument* (a') *sur les places,* (c') *pour le repos du soir.*

Soit le passage d'une structure parataxique à une structure syntaxique répétant certains signes en les articulant :

$$SN + V + \text{SPrépositionnel (lieu)} + SP \text{ (but)}$$
$$(b') \qquad\qquad (a') \qquad\qquad\qquad (c')$$

L'adjonction de « POUR le repos » permet l'articulation prédicative de ce qui n'était initialement que juxtaposé. Outre cette adjonction, il faut signaler la généralisation : *sur la place* → *sur les places* et l'effacement des *« arabes campés »* ; seule une logique implicite établit un lien entre le *repos* et les acteurs.

---

43. Sur cette notion, voir plus loin chapitre 4.

La question, du point de vue de la signifiance, devient : comment passe-t-on du premier paragraphe à la dernière phrase ? comment la « tresse verbale » [44] prend-elle en charge la progression de cette description-narration ?

La première réponse dérive de notre première observation : le signe redondant « caravanes » suit immédiatement le premier paragraphe et il s'étale sur l'ensemble des énoncés intermédiaires (substitut comme « en » aux paragraphes 3, 4 et 5, reprise du signe lui-même et dévidement de ses composantes (tout — parties) au paragraphe 6).

À cette première tresse s'en ajoute une autre, plus proche des procédés relevés dans le poème à forme fixe et ici entièrement déterminée par le rythme ternaire-triadique du mot matrice « ca/ra/vanes » : des parallélismes rigoureux permettent d'isoler un noyau central de trois paragraphes :

§ 3 : *Il y en avait qui partaient vers l'ORIENT...*
§ 4 : *Il y en avait qui partaient vers le SUD...*
§ 5 : *Il y en avait, vers l'OCCIDENT, qui partaient...*

Entre les bornes initiale et finale et ces trois paragraphes centraux, deux ensembles textuels apparaissent, indexés, comme chacun des autres ensembles, par une reprise lexicale : « LE SOIR » ; soient les cinq ensembles suivants, structurés par des parallélismes syntaxiques et surtout des reprises lexicales, par autant de rapports tabulaires d'équivalence entre différents points de la représentation superficielle :

(A) §1 : *... le soir ...*
(B) §2 : *... le soir ...*
(C) §3, §4, §5 : *... le soir ...*
(D) §6 : *... le soir ...*
(E) §6 (dernière phrase) : *... du soir.*

Le parallélisme (A)//(E) a déjà été examiné ; entre (B) et (D), le sujet de l'énonciation (présent uniquement en ce lieu de nette transformation de l'énoncé) subit lui-même une transformation. Il passe de l'expression d'un désir : « que ne puis-je PARTIR avec vous, caravanes ! » (B) au simple constat : « J'ai vu REVENIR les caravanes harassées » (D). À ceci s'ajoute le passage corrélatif des caravanes du VOUS au ELLES, c'est-à-dire d'un pôle d'allocutaire au *départ* (B) à un pôle de non-personne délocutive à l'*arrivée* (D).

La cohésion de chaque unité textuelle réside moins dans sa cohérence logico-sémantique que dans ses contraintes rythmiques ternaires (triadiques pour chaque ensemble, mais à raison de trois triades en (A) + (E)

---

44. Expression heureuse de Jakobson page 16 des *Questions de poétique*.

et de trois fois trois triades en (B), en (C) et en (D)). Sur cette question du rythme de la prose, outre Claudel pour qui le rythme préexistait à la phrase, outre Céline et sa « petite musique », personne n'a été aussi net que Claude Simon :

> Je dirais qu'il est impossible d'écrire si on n'est pas dans un certain tempo (...). L'on est souvent amené *uniquement par les nécessités (je dirais même : les exigences) musicales de la phrase*, à rejeter un mot que l'on croyait juste, ou, au contraire, à rajouter un mot qui, *alors*, s'avère *juste* !... Une phrase qui n'est pas « bien balancée » (que le rythme soit long ou court, heurté ou sinueux, peu importe) est, *ipso facto, sur le plan du sens,* vide, creuse.

Claude Simon cite Flaubert qui écrit, dans une lettre à George Sand : « ... pourquoi y a-t-il un rapport nécessaire entre le mot juste et le mot musical ? (...) La loi des nombres gouverne donc les sentiments et les images ?... » C'est bien une telle question qu'il faut se poser ici, à l'aide :

1) de la ponctuation qui traduit plus un rythme qu'une syntaxe (les déterminants sont presque systématiquement effacés) ;
2) des expansions syntaxiques ;
3) des répétitions systématiques.

Pour rendre LISIBLE-VISIBLE un tel rythme, il suffit de disposer ainsi le texte en faisant apparaître les différents parallélismes :

(A)
1. Arabes campés sur la place ;
2. feux qui s'allument ;
3. fumées presque invisibles dans **le soir.**

(B)
1. CARAVANES ! 1'. *caravanes* venues **le soir** ;
     2'. *caravanes* parties le matin ;
     3'. *caravanes* 1''. horriblement lasses,
        2''. ivres de mirages,
        3''. et maintenant désespérées !
2. CARAVANES !
3. que ne puis-je *partir* avec vous, CARAVANES !

(C)
1. IL Y EN AVAIT QUI PARTAIENT
 VERS *L'ORIENT* chercher 1'. le santal et les perles,
        2'. les gâteaux au miel de Bagdad,
        3'. les ivoires, les broderies.
2. IL Y EN AVAIT QUI PARTAIENT
 VERS *LE SUD* chercher 1''. l'ambre et le musc,
        2''. la poudre d'or
        3''. et les plumes d'autruches.
3. IL Y EN AVAIT QUI PARTAIENT **le soir**
 VERS L'OCCIDENT
 ET QUI SE PERDAIENT dans l'éblouissement dernier du soleil.

(D)
1. 1'. j'ai vu *revenir* les *caravanes* harassées ;
   2'. les CHAMEAUX s'agenouillaient sur les places ;
   3'. on déchargeait enfin leur fardeau.
      1''. C'étaient des ballots en toile épaisse
      2''. et on ne savait pas
      3''. ce qu'il pouvait y avoir dedans.
2. D'AUTRES CHAMEAUX portaient des femmes cachées dans une sorte de palanquin.
3. D'AUTRES portaient le matériel des tentes et on déchargeait cela pour **le soir**.

Soient trois triades dont deux à l'intérieur de la première, comme en (B) et en (C). Comme à la fin de (B), une structure exclamative impliquant le sujet de l'énonciation assure le passage de (D) à (E) :

(E)
— O *fatigues* 1. splendides,
              2. immenses,
              3. dans l'incommensurable désert !
1'. Des feux s'allument
2'. sur les places,
3'. pour le *repos* du **soir**.

En fait, cette structure textuelle réglée globalement par une matrice rythmique triadique apparaît comme l'expansion rythmique du mot générateur « ca/ra/van(es) » :

TEXTE
(A) *1 triade*
    (B) *3 triades*
    (C) *3 triades*
    (D) *3 triades*
(E) *2 triades*

Si une sorte de vague structure narrative quinaire demeure, c'est uniquement comme un moule producteur de parallélismes et non d'un récit. En (B), le programme narratif apparaît pour être immédiatement nié : « que ne puis-je partir avec vous ! ». Le sujet ne fait qu'assister à un départ (B) et à un retour (D) entre lesquels se déroule, à la troisième personne et au rythme de la tresse verbale, un voyage de rêve (C). Telle est la médiation entre (A) parataxique et (E) syntaxiquement structuré. Le temps ne se transforme guère de (A) à (E) et il n'est pas possible de parler de structure chronologique. Un moule (départ → retour) demeure, mais vidé de sa dynamique chrono-logique pour un procès dominé par des parallélismes de surface et surtout un rythme. Il est évident qu'on se trouve ici en plein poème, loin du souvenir de voyage (biographique, anecdotique), dans une écriture qui, sans abolir la syntaxe et malgré le sens référentiel (descriptif-mimétique), produit des effets de sens supplémentaires : le rythme métamorphose le narratif et le descriptif. Inutile de dire que la distinction *prose* VS *poésie* perd ici toute pertinence et que l'on peut ranger ce texte dans le même *type textuel* que les poèmes précédents.

Entre le début et la fin du « Dormeur du val » comme entre le début et la fin de cette page des *Nourritures terrestres*, il s'est passé quelque chose : la structure narrative s'est diluée dans la description elle-même emportée et entièrement (re)structurée par ce que Jakobson désigne par le terme de « tresse verbale » et que le chapitre suivant va nous permettre de préciser. Alors que dans le poème en vers la matrice métrique est conditionnée par le moule textuel conventionnel, dans la page de prose poétique (et dans le poème en prose plus largement encore), une forme, spécifique chaque fois, se substitue à la forme préfabriquée. M. Riffaterre la localise dans une matrice génératrice de tout le texte, on a vu que le mot « caravanes » joue ce rôle, déplaçant la mimésis directe d'une scène stéréotypée avec son décor oriental [45].

Insistons, pour conclure, sur un fait essentiel dans le cadre de notre hypothèse théorique : à la différence aussi bien de Vaugelas dans ses *Remarques sur la langue françoise* (1647) que de Henri Bremond dans *Les Deux Musiques de la prose* (Le Divan, 1924), nous n'avons pas à rechercher des « vers » dans une page de prose. Ainsi, le texte de Gide n'est pas traversé par une mesure (toute locale) qui serait celle du vers, mais par un rythme au pouvoir de structuration plus textuel (global). Ce qui importe, et que nous allons à présent développer, c'est le jeu des parallélismes, la création d'équivalences déterminantes pour dire que cette page appartient au même type textuel (rhétorique-poétique) que les poèmes précédemment étudiés.

---

45. Pour une analyse complémentaire, mais plus résolument inscrite dans la perspective d'une linguistique textuelle, je renvoie à mon étude d'un poème de Rimbaud (« *Phrases* ou texte ? »), à paraître dans le n° 2 des *Cahiers du Département des Langues et des Sciences du Langage* de l'Université de Lausanne (1986).

3 Au-delà de la fonction poétique : le poème et la langue

Toute la langue, ajustée à la métrique, y recouvrant ses coupes vitales, s'évade, selon une libre disjonction aux mille éléments simples ; et (...) pas sans similitude avec la multiplicité des cris d'une orchestration, qui reste verbale.

MALLARMÉ, *Crise de Vers.*

(...) La linéarité que F. de Saussure tient pour constituante de la chaîne du discours, conformément à son émission par une seule voix et à l'horizontale où elle s'inscrit dans notre écriture, si elle est nécessaire en effet, n'est pas suffisante. (...)

Il suffit d'écouter la poésie, ce qui sans doute était le cas de F. de Saussure, pour que s'y fasse entendre une polyphonie et que tout discours s'avère s'aligner sur les plusieurs portées d'une partition.

Nulle chaîne signifiante en effet qui ne soutienne comme appendu à la ponctuation de chacune de ses unités tout ce qui s'articule de contextes attestés, à la verticale, si l'on peut dire, de ce point.

LACAN,
L'instance de la lettre dans l'inconscient.

3.1. La fonction poétique-autotélique

3.1.1. « Introduction à la poésie française » selon Claire Bretécher

Dans une double page de *Salade de saison* (Dargaud, collection 16-22, 1978, pp. 36-37), Claire Bretécher met en scène un échange qui permet d'expliciter très simplement la notion d'*autotélicité* :

— « Que sont mes amis devenus
  Que j'avais de si près tenus
  Et tant aimés ?... »
— Tes copains, tous des hippies et des bons-à-rien ! Je t'ai déjà dit que je ne veux pas les voir sous mon toit !
— « ... mais où sont les neiges d'antan ?... »
— Tu n'as qu'à ranger tes affaires !
— « Je m'en allais les poings dans mes poches crevées... »
— Ça fait propre !
  Si tu as un accident tu auras l'air de quoi ?...
  Espèce de sans-soin !
— « ... le petit chat est mort !... »
— et en plus tu n'as pas de cœur !

On ne peut guère mieux expliquer la fonction des vers dans le texte poétique lui-même (les poèmes de Rutebeuf, de Villon ou de Rimbaud et la pièce de Molière). En réintroduisant les énoncés poétiques à fonction autotélique (c'est-à-dire interne au système du texte et mettant en avant la matérialité des signes) dans une situation de conversation, la vieille dame les fait signifier hors de leur (con)texte d'origine ; elle leur donne une fonction et une force pragmatique nouvelles ; elle leur confère un sens entièrement situationnel. Ainsi réinsérés dans un échange, les énoncés poétiques perdent leur spécificité de discours (littéraires) fonctionnant selon des lois autres que celles de la mimésis et de l'interaction.

La vieille dame répond à des énoncés interrogatifs pourtant non tournés vers une réponse : elle réfère « Mais où sont les neiges d'antan ? » non au texte de Villon, mais à la situation présente, elle en fait une question à laquelle elle réplique : « Tu n'as qu'à ranger tes affaires » (sous-entendu : si tu rangeais mieux tes affaires, tu saurais *où* elles *sont*) ; elle commente systématiquement les énoncés comme des énoncés référentiels liés à la situation d'énonciation. Percevant la force illocutoire (valeur dans l'échange) redonnée à sa parole (au départ autotélique), le jeune homme utilise alors la réplique célèbre de l'*École des femmes* à des fins perlocutoires évidentes : produire un *effet* sur celle qui s'est constituée en interlocutrice et qui a refusé, de ce fait, l'autotélicité du verbe poétique.

Il ne faut pas négliger la portée didactique d'un tel exemple : *la poésie doit être définie dans sa spécificité fonctionnelle*. C'est précisément à cet objectif que correspondent les travaux de Roman Jakobson, dans la ligne d'une proposition de Mallarmé qui définit admirablement le concept d'autotélicité dans *Crise de vers* :

> Le vers qui de plusieurs vocables refait un mot total, neuf, étranger à la langue et comme incantatoire, achève cet isolement de la parole : niant, d'un trait souverain, le hasard demeuré aux termes malgré l'artifice de leur retrempe alternée en le sens et la sonorité, et vous cause cette surprise de n'avoir ouï jamais tel fragment ordinaire d'élocution, en même temps que la réminiscence de l'objet nommé baigne dans une neuve atmosphère.

3.1.2. Linguistique et poétique

Les travaux de Jakobson [1] connaissent depuis vingt ans un succès mérité ; selon une expression de Barthes : « Jakobson a fait un très beau cadeau à la littérature : il lui a donné la linguistique ». Cadeau empoisonné diront certains, cadeau déterminant de toute façon, à condition

---

1. Pour bien comprendre les recherches et hypothèses de Jakobson, il faut lire un très beau texte de J.-C. MILNER : « A Roman Jakobson, ou le bonheur par la symétrie », pages 329-337 d'*Ordres et raisons de langue* (Seuil, 1982). Voir aussi les pages 302-314 des *Mimologiques* de G. GENETTE (Seuil, 1976).

toutefois d'être attentif aux limites du savoir proprement linguistique sur la langue et singulièrement sur celle de la poésie.

Il ne faut pas oublier que dans la désormais célèbre dernière phrase des *Essais de linguistique générale* :

> *Chacun de nous ici, cependant, a définitivement compris qu'un linguiste sourd à la fonction poétique comme un spécialiste de la littérature indifférent aux problèmes et ignorant des méthodes linguistiques sont d'ores et déjà, l'un et l'autre, de flagrants anachronismes* (p. 248).

Jakobson qualifie de « flagrants anachronismes » autant le spécialiste de littérature inattentif aux recherches linguistiques que le linguiste indifférent à la fonction poétique (c'est-à-dire, plus largement, au travail de l'écriture). Au début du chapitre 7 du second tome des *Essais de linguistique générale* (Minuit 1973), après avoir cité Braque [2] et Picasso, Jakobson écrit nettement que :

> Les travaux de Klebnikov, un explorateur de la création poétique aux talents variés, ont ouvert une vaste perspective sur les mystères intérieurs du langage. Sa recherche « des infinitésimaux du mot poétique », ses jeux paronomastiques avec des paires minimales ou, comme il avait l'habitude de le dire lui-même, avec « la déclinaison interne de mots » (...) annonçait « la saisie intuitive d'une entité inconnue », l'articulation des « unités phonologiques ultimes », comme on les nommera deux décennies plus tard » (p. 133).

Dans la ligne du Cercle de Moscou, fondé en 1915 et qui s'occupait surtout de poétique, Jakobson doit à la poésie de Klebnikov « le sujet de (sa) première « confrontation » avec l'analyse du langage dans ses moyens et fonctions » :

> Le langage poétique, délaissé par les néogrammairiens mais qui présente les aspects linguistiques les plus évidemment délibérés, orientés et intégrés, était un domaine qui appelait un nouveau type d'analyse et surtout exigeait de nous l'étude du jeu réciproque entre le son et le sens (...).
>
> C'est sur la poésie que furent testés les premiers concepts phonologiques.

D'un point de vue historique, il est important de préciser que c'est dans son essai de 1921 sur Klebnikov que Jakobson suggère que la texture phonique « ne s'occupe pas des sons mais des phonèmes, c'est-à-dire de représentations acoustiques capables d'être associées à des représentations sémantiques ». La lecture des *Dialogues* de Jakobson avec Krystyna Pomorska (Flammarion, 1980) confirme bien tout ceci :

> Les premières communications de notre cercle furent consacrées à la langue poétique. (...) Devant un matériau linguistique neuf, nous nous sentions beaucoup moins liés par les modèles méthodologiques reçus qui pesaient

---

2. « Je ne crois pas aux choses, je ne crois qu'à leurs relations », cité page 133.

encore lourdement sur nous. Enfin, c'est dans la poétique que les rapports vitaux des parties avec le tout s'imposaient avec le plus d'évidence (page 16).

J'ai été amené à faire intervenir des données de la linguistique dans l'analyse phonique de la texture poétique chez Klebnikov. Et par ailleurs, la nouvelle lumière que l'œuvre originale de ce poète jetait sur les sons m'a conduit involontairement à remettre en question la conception traditionnelle du matériau phonique dans la linguistique, à la soumettre à une révision fondamentale (page 25).

Faut-il rappeler ici que c'est dans son livre sur le vers tchèque (1923) que Jakobson emploie pour la première fois le terme de « phonologie » dans le sens de la problématique d'un traitement scientifique du lien inaliénable et réciproque entre le son et le sens ? De plus, la première des célèbres *Six leçons sur le son et le sens* [3] commence par la glose du refrain mélancolique (« nevermore ») du *Corbeau* (*The Raven*) d'Edgar Poe [4]. En d'autres termes, insistons sur le mouvement qui va autant de l'écriture poétique vers la linguistique que de la linguistique vers l'écriture poétique. La linguistique ne peut être simplement *appliquée* (ici à la poésie), dans la mesure où, d'une part, l'écriture excède toujours la langue qu'elle travaille, dans la mesure où, d'autre part, la linguistique est loin d'avoir tout dit de la langue en général. Comme nous le notions au chapitre 1, nous retenons de la linguistique un certain esprit de démarche méthodique qui nous semble didactiquement utile, sans illusions ni volonté de « tout dire » de la poésie.

3.1.3.   Fonction poétique et principe d'équivalence

Le thème de l'autotélicité du langage poétique vient des futuristes russes à travers la notion de « mot autonome » de Klebnikov. Notons toutefois que les formalistes russes ne passent pas de l'idée d'autotélisme à celle d'autonomie de l'art comme on a pu abusivement le leur reprocher [5].

---

3. Minuit, 1976. Il s'agit des leçons professées à l'École libre des hautes études de New York en 1942-1943.
4. Analyse prolongée pages 239-240 du tome I des *Essais de linguistique générale* et surtout pages 205-217 des *Questions de poétique* : « Le langage en action ».
5. « Qu'est-ce que la poésie ? », pages 113-126 des *Questions de poétique* : « Ni Tynianov, ni Mukarovsky, ni Chklovski, ni moi, nous ne prêchons que l'art se suffit à lui-même ; nous montrons au contraire que l'art est une partie de l'édifice social, une composante en corrélation avec les autres, une composante variable, car la sphère de l'art et son rapport aux autres secteurs de la structure sociale se modifient sans cesse dialectiquement » (p. 123). Dans un article de 1921, il précise : « La théorie du langage poétique ne pourra se développer que si on traite la poésie comme un fait social » (p. 13).

Pour définir la fonction poétique, nous partirons de définitions successives :

DÉFINITION 1.

« La visée du message en tant que tel, l'accent mis sur le message pour son propre compte, est ce qui caractérise la fonction poétique du langage. » (*Essais de linguistique générale* 1, p. 218).

Notons dès à présent que Jakobson insiste sur le fait que la fonction poétique n'est que la fonction dominante de l'art du langage et que, dans d'autres types de discours, elle joue un rôle subsidiaire. Traitant d'une fonction qui met ainsi en évidence « le côté palpable des signes », la linguistique ne peut se limiter au seul domaine de la poésie comme on le verra plus loin. Retenons que l'autotélicité de la fonction poétique « n'est qu'une composante d'une structure complexe, mais une composante qui transforme nécessairement les autres éléments et détermine avec eux le comportement de l'ensemble » (*Questions*, p. 124).

DÉFINITION 2.

Autre formulation dans un texte de 1933-1934 : « Mais comment la poéticité se manifeste-t-elle ? En ceci, que le mot est ressenti comme mot et non comme simple substitut de l'objet nommé ni comme explosion d'émotion. En ceci, que les mots et leur syntaxe, leur signification, leur forme externe et interne ne sont pas des indices indifférents de la réalité, mais possèdent leur propre poids et leur propre valeur. » (*Questions*, p. 124).

La première partie de cette définition nous renvoie aux dogmes dont nous parlions au chapitre 1 (page 16). La poéticité remet en cause le *dogme de la représentation* (du monde) puisque « le mot est ressenti comme mot et non comme simple substitut de l'objet nommé ». Elle remet aussi en question le *dogme de l'expression* (du moi) dans la mesure où « le mot est ressenti comme mot et non (...) comme explosion d'émotion ». En allant plus loin sur ce dernier point, il faudrait montrer combien « la langue travaille celui qui la travaille », « combien elle le transforme lui aussi » (Claude Simon) [6]. En ce sens, on peut parler d'une mise en évidence du « côté palpable des signes » : *le mot est ressenti comme signe,*

---

6. « Le roman se fait, je le fais et *il me fait* » dit encore C. Simon qui cite Picasso : « Je n'ai jamais fait le tableau que je voulais faire » et Raoul Dufy : « Il faut savoir abandonner le tableau que l'on voulait faire au profit de celui qui se fait ». Entretien avec C. Simon, *La Nouvelle Critique* n° 105, 1977, p. 41.

signifiant et signifié tout à la fois, signifiant graphique et/ou phonique tout aussi bien [7].

La suite de cette seconde définition correspond parfaitement à la poétique de quelqu'un comme Francis Ponge. Dans ses *Entretiens avec Philippe Sollers* (Seuil/Gallimard 1970), Ponge explique avoir trouvé dans le *Littré* : « *Un autre monde*, celui des vocables, des mots, mots français bien sûr, un monde aussi *réel* pour moi, aussi faisant partie du monde extérieur, du monde sensible, aussi *physique* pour moi que la nature » (p. 46). Et il poursuit :

> « Très souvent, j'ai affirmé que rien ne pouvait être fait de bon, en matière d'écriture, comme aussi bien en matière de peinture ou de musique, enfin en tout autre *art* de ce genre, si la sensibilité au mode d'expression choisi (en l'espèce, pour les écrivains, la langue, les mots) n'était au moins égale à la sensibilité au monde extérieur. (...) Il ne s'agit pas de « rendre », de « représenter » le monde physique, si vous voulez, mais de *présenter* dans le monde verbal quelque chose d'homologue, étant bien entendu qu'on ne peut faire quelque chose de bon, dans le monde verbal, que si l'on est sensible à ce monde verbal » (pp. 47-48).

Idée reprise plus loin : « le langage, les mots sont aussi un monde extérieur, et je suis sensible (...) à la réalité, à l'évidence, à l'épaisseur de ce monde verbal, au moins autant qu'à celui des objets du monde physique » (p. 169). Dès lors, le travail de l'écriture consiste à chercher à « obtenir justement une sorte d'épaisseur de chaque vocable, à l'intérieur du texte. Un texte ainsi composé est naturellement susceptible de plusieurs niveaux de signification » (p. 170).

Il faut préciser quel critère linguistique de la fonction poétique se trouve au centre de la thèse de Jakobson :

DÉFINITION 3.

> « La fonction poétique projette le principe d'équivalence de l'axe de la sélection sur l'axe de la combinaison. L'équivalence est promue au rang de procédé constitutif de la séquence » (*Essais I*, page 220).

Jakobson explique que si le métalangage fait lui aussi un « usage séquentiel d'unités équivalentes », il en fait un usage fondamentalement différent. La combinaison d'expressions synonymes en une phrase équationnelle du type « la jument est la femelle du cheval » correspond à une

---

7. « Chaque mot en suscite (ou en commande) plusieurs autres, non seulement par la force des images qu'il attire à lui comme un aimant, mais parfois aussi par sa seule morphologie, de simples assonances qui, de même que les nécessités formelles de la syntaxe, du rythme et de la composition, se révèlent souvent aussi fécondes que ses multiples significations » *Orion aveugle*, C. Simon, Skira, Genève, 1970.

utilisation de la séquence en vue de construire une équation, tandis qu'*en poésie l'équation sert à construire la séquence.*

C'est ce que démontre rapidement Nicole Gueunier au sujet d'un vers de *Phèdre* :

« Tout m'afflige et me nuit et conspire à me nuire »

Sont ici projetés sur l'axe syntagmatique du vers-énoncé :

1) Un paradigme prosodique : *quatre accents découpent les 12 syllabes de l'alexandrin en 4 groupes de 3 syllabes.*

2) Des paradigmes grammaticaux : *les accents portent tous sur des verbes ; trois sur quatre sont précédés du pronom personnel « me » (rôle de* patient *par rapport au prédicat) ; chaque unité métrique est introduite par un morphème : « et... et... à... », le premier groupe étant, quant à lui, introduit par le quantificateur absolu « tout » en position d'argument-agent des prédicats.*

3) Un paradigme lexico-sémantique : *les verbes appartiennent tous au lexique de l'agression. Parallélismes renforcés par la reprise du même verbe au milieu et en fin de vers : « me nuit »//« me nuire ».*

Tel est le principe de l'analyse linguistique « par niveaux » qu'à la suite de Jakobson et de ses disciples, nous allons appliquer ci-dessous. D'un point de vue didactique, il s'agit de rendre l'analyse méthodique et surtout attentive. À condition d'être conçue comme un moyen de provoquer une lecture-découverte, une lecture active, une telle démarche n'est pas destinée à enfermer le poème dans un modèle, mais bien à jouer avec le modèle comme moyen et non comme but, comme moyen de construire du sens et la textualité même du poème, comme moyen d'entrer dans la *signifiance.*

Les travaux de Nicolas Ruwet [8] vont dans le sens d'une précision de la dernière définition. Il reformule ainsi le principe de Jakobson :

DÉFINITION 4.

« Les textes poétiques se caractérisent par l'établissement, codifié ou non, de rapports d'équivalence entre différents points de la séquence du discours, rapports qui sont définis aux niveaux de représentation « superficiels » de la séquence » (1975, page 316).

---

8. Voir surtout « Parallélismes et déviations en poésie », 1975. Sur la question du parallélisme, outre les propositions de Jakobson, il faut lire le texte d'Hopkins traduit dans le numéro 35 de *Littérature* (Larousse 1979) : « De l'origine de la beauté » ; voir aussi la synthèse de J. Molino : « Sur le parallélisme morpho-syntaxique » (*Langue Française* n° 49, 1981) ; enfin, pour une critique vigoureuse de ce point de vue jakobsonnien jugé par trop spatialiste, voir la position de M. Shapiro : « Deux paralogismes de la poésie » (*Poétique* n° 28, 1976).

Assurément, le propre du principe d'équivalence en poésie réside dans l'introduction d'une double structuration. Au principe d'organisation habituel de tout discours : observation des règles de cohésion grammaticale (aux niveaux phonique, morphologique, syntaxique, sémantique), respect d'une cohérence sémantique, référentielle, pragmatique des énoncés, vient se superposer le principe d'équivalence, introducteur de multiples parallélismes. En d'autres termes, *la textualité* (cohésion et cohérence locales comme globales) *du poème apparaît comme le résultat d'une soumission à deux types différents d'organisation* :

— soumission aux principes sémantico-pragmatiques,
— soumission au principe du parallélisme [9].

Comme le précise N. Ruwet dans son important article de 1975, le fait que

« le principe du parallélisme « superficiel » se superpose en poésie aux principes sémantico-pragmatiques d'organisation du discours »

aboutit parfois à une substitution (et non une simple superposition) des parallélismes aux autres principes. Cette substitution peut être à la source des « écarts » et autres « déviations » caractéristiques du discours poétique. N. Ruwet précise ailleurs (1981, p. 6) que les structures phonétique et phonologique, « matériaux de la métrique », sont beaucoup plus indépendantes de la sémantique et de la pragmatique que les structures syntaxiques. De plus, « la métrique permet, plus que le parallélisme syntaxique, un libre jeu entre le contenu sémantique au sens stricte du terme et les effets de sens dus aux rapports d'équivalence ».

En ce point de l'analyse et compte tenu des exemples cités par Jakobson lui-même, on est en droit de se demander si des slogans comme « I like Ike » (*Essais I*, p. 219) ou ceux qu'on examinera plus loin ou même un graffiti du type « ma peur se fera haine en vos cités trop grandes » (étudié plus loin au chapitre 5, section 5.1.2.) sont « poétiques » de la même manière que la première strophe des « Chats ». Le principe d'équivalence intervient visiblement dans le fonctionnement de certains slogans publici-

---

9. « Si ce qui fait d'une séquence de phrases un texte ou un discours suivi relève surtout de la sémantique et de la pragmatique (des phrases successives sont liées par des rapports anaphoriques de divers types, et partagent certaines implications), les niveaux linguistiques où le principe d'équivalence se manifeste de la manière la plus évidente sont des niveaux « superficiels » (phonétique, phonologique, morphologique, syntaxique « de surface ») » (1981, p. 6). Insistant sur le principe d'équivalence, N. Ruwet voit dans le principe d'équivalence le plus général des universaux poétiques : « De même que la linguistique générale s'intéresse de près aux universaux du langage, aux traits nécessairement présents dans toutes les langues, la linguistique a une contribution à apporter à l'étude des universaux poétiques » (p. 7).

taires ou politiques pourtant nettement tournés vers un objectif hétérotélique : susciter une adhésion (vote ou achat) par l'intermédiaire d'une mise en forme graphique, phonique, métrique du texte de surface. Nous verrons que l'on peut probablement dire que de tels énoncés sont « poétiques » au sens où il existe un *type textuel rhétorique-poétique*, mais qu'*il ne faut pas confondre les réglages liés au type textuel avec l'effet (discursif) de « poésie »*.

3.1.4. L'exemple du premier quatrain des *Chats* de Baudelaire

> Les amoureux fervents et les savants austères
> Aiment également, dans leur mûre saison,
> Les chats puissants et doux, orgueil de la maison,
> Qui comme eux sont frileux et comme eux sédentaires.

Cette strophe-phrase repose explicitement sur une base binaire d'équivalences : « également », « comme eux », « comme eux ». Afin de montrer ce que peut être une analyse linguistique, examinons cette strophe niveau par niveau. Pour une analyse de tout le poème, nous renvoyons à l'admirable recueil des études de ce texte : *« les Chats » de Baudelaire*, de M. Delcroix et W. Geerts (1980, PUF). Nous nous limitons ici à une strophe-phrase pour des raisons didactiques : il semble plus utile de multiplier les exemples étudiés plutôt que de n'en prendre qu'un (ce qui sera fait seulement en fin de volume, au chapitre 6).

3.1.4.1. *Les niveaux syntaxique et prosodique*

Cette strophe (quatrain d'un sonnet) est une phrase complexe. Chaque vers présente une unité forte : le premier vers développe un syntagme nominal (SN1) double, le second le verbe (V) et un syntagme prépositionnel (SP), le troisième un syntagme nominal objet (SN2), le dernier une expansion relative double (Q. Phrase).

D'un point de vue métrique, chaque hémistiche possède une unité syntagmatique :

vers 1 : *6* Déterminant + Substantif (agent) + Adjectif
+ *6* (ET) Déterminant + Substantif (agent) + Adjectif

vers 2 : *6* Verbe + Modificateur
+ *6* Préposition + Déterminant + Adjectif + Substantif

vers 3 : *6* Déterminant + Substantif (patient) + Adjectif *et* Adjectif
+ *6* Expansion déterminative du substantif patient (objet)

vers 4 : *6* (QUI) comparative attributive
+ *6* (ET) comparative attributive

En conclusion : Il n'y a pas ici de décalage entre les niveaux métrique-strophique et syntaxique ; les coupures de la césure de l'alexandrin classique correspondent aux frontières syntaxiques majeures. Ce parallélisme renforce la symétrie métrique et « l'accent mis sur le message pour son propre compte », conformément à la définition donnée plus haut.

3.1.4.2. *Le niveau des classes morphologiques*

Les parallélismes phoniques induits par les rimes embrassées (A + b + b + A) se trouvent renforcés par une similitude des classes de mots à la rime :

$$\left[\begin{array}{l} \text{A [-tɛʀ], rime féminine} = \text{ADJECTIF} \\ \left[\begin{array}{l} \text{b [-ɛzɔ̃], rime masculine} = \text{SUBSTANTIF} \\ \text{b [-ɛzɔ̃], rime masculine} = \text{SUBSTANTIF} \end{array}\right] \\ \text{A [-tɛʀ], rime féminine} = \text{ADJECTIF} \end{array}\right]$$

Les adjectifs apparaissent en grand nombre (7) et en des positions métriques fortes : césure (vers 1, 3 et 4) et rime (vers 1 et 4) sans parler de l'adverbe à la césure du second vers et surtout des deux adjectifs substantivés du premier vers. L'observation de ces parallélismes, accentués par les connecteurs additifs (ET) des vers 1, 3 et 4, induit un rapport privilégié (confirmé au niveau syntactico-sémantique) entre le premier et le dernier vers du quatrain :

vers 1 : (amoureux) *fervents*/(savants) *austères*
vers 4 :   *frileux*   /   *sédentaires*

La comparaison (« comme eux ») est, elle aussi, soutenue (effet de parallélisme) au *niveau phonique* :

[ʀ] + [ɸ] d'*amoureux* + [f] + [ʀ] de *fervents*

engendrent littéralement *frileux* : [fʀ(il) ɸ] ;

[s] + [ɑ̃] de *savants* + [s] + [tɛʀ] d'*austères*

engendrent *sédentaires* : [s(ed) ɑ̃tɛʀ].

3.1.4.3. *Le niveau lexico-sémantique*

Les cinq substantifs du quatrain remplissent des rôles (arguments) définis par rapport aux prédicats :

Arguments :

Agents : « amoureux » et « savants » [+ animé, + humain]
Patients : « chats » [+ animés, − humains]
Temps (métaphorique) : « saison » (mûre)
Lieu (Loc) : « maison ».

82

Il est intéressant de remarquer la localisation à la rime (b) des substantifs marquant le lieu et le temps. Un tel parallélisme phonique et métrique renforce le lien qu'entretiennent ces indications et les acteurs (agents-patients). De ces derniers, Jakobson et Lévi-Strauss écrivent ceci dans leur célèbre analyse :

> Les deux sujets de la proposition initiale du sonnet ont un seul prédicat et un seul objet ; c'est ainsi que 1) *les amoureux fervents et les savants austères* finissent 2) *dans leur mûre saison*, par trouver leur identité dans un être intermédiaire, l'animal qui englobe les traits antinomiques de deux conditions, humaines mais opposées. Les deux catégories humaines s'opposent comme : sensuel/intellectuel, et la médiation se fait par les chats. Dès lors, le rôle de sujet est implicitement assumé par les chats, qui sont à la fois savants et amoureux.

Ceci nous renvoie à l'examen des adjectifs (substantivés ou non) du premier vers qui dessinent une double opposition (entre guillemets la notation sémantique de surface et entre barres le sème primitif sous-jacent) :

/sensualité/ VS /intellectualité/
« amoureux »   « savants »

/chaleur/ VS /froideur/
« fervents »   « austères »

Les adjectifs de ce premier quatrain, qui déterminent les acteurs, prennent place dans une structure élémentaire de la signification (un carré sémiotique) [10] :

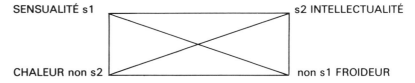

SENSUALITÉ s1 ——————— s2 INTELLECTUALITÉ

CHALEUR non s2 ——————— non s1 FROIDEUR

• *relation de contrariété* : une présupposition réciproque unit les oppositions primitives s1 (sensualité) VS s2 (intellectualité) et non s1 (froideur) VS non s2 (chaleur).

• *relation de contradiction* : s1 (sensualité) VS non s1 (froideur) et s2 (intellectualité) VS non s2 (chaleur).

• *relation d'implication ou de complémentarité* : non s1 (froideur)-s2 (intellectualité) = le substantif « savants » et s1 (sensualité) — non s2 (chaleur) = « amoureux » (substantif).

Les *« chats »* (patients) assurent la médiation entre ces termes et il faut donc placer leurs deux adjectifs (épithètes) et ceux qui sont issus des

10. Sur le carré sémiotique ou structure élémentaire de la signification, on peut lire *Structures élémentaires de la signification*, sous la direction de F. Nef, éd. Complexe, Bruxelles, 1976.

comparaisons (attributs) : la relation de complémentarité s1-non s2 correspond aux sèmes de l'adjectif « puissants » ; la même relation s2-non s1 aux sèmes de l'adjectif « doux » ; la contrariété non s1 VS non s2 correspond bien à l'adjectif « frileux » ; quant à la relation s1 VS s2, qui correspond à un même enfermement dans la chambre ou le cabinet de travail, elle renvoie à l'adjectif « sédentaires ».

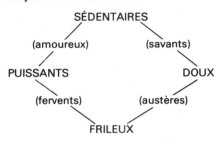

On le voit, l'analyse sémantique superficielle et le micro-univers sémantique (carré sémiotique) de la strophe confirment la médiation, par les chats, des pôles contraires de l'humain.

3.1.4.4. *Le niveau phonique*

Entre les trois substantifs clés, un parallélisme est induit tant par le jeu (morpho-syntaxique) de la détermination (fléchage par l'article défini « les ») que par les rapports phoniques :

le	(z)	a	(muʁɸ)
le	(s)	a	(vɑ̃)
le	(š)	a	

Les « chats » opèrent la médiation phonique entre les « amoureux » et les « savants », conformément au principe généralisé d'un parallélisme interne au vers 1, puis médiatisé au vers 3 ; parallélisme annoncé par le vers 2 et confirmé par le vers 4 d'un point de vue sémantique de surface (comparaison).

Entre les adjectifs, les parallélismes phoniques sont multiples et viennent renforcer l'homogénéité de la classe morphologique :

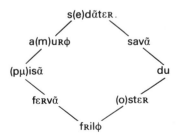

On est frappé par le faible nombre de phonèmes (signalés entre parenthèses) qui ne sont pas insérés dans des parallélismes [11].

Cette première étude permet de voir l'esprit d'une analyse un peu systématique du texte poétique. Il reste pourtant à développer de façon rigoureuse une étude plus large de la fonction poétique dans d'autres discours et dans la langue en général.

3.2.   Au-delà de la fonction poétique : l'exemple du discours publicitaire

Le moindre slogan publicitaire présente une organisation rythmique, des récurrences phoniques et des parallélismes (sans parler des figures) qui l'apparentent à des vers. Les campagnes, aussi bien des P.T.T. (novembre 1981) que de la prévention routière, ont donné, par exemple, ces slogans :

(1) Un petit coup de fil rend la vie plus facile
(2) Le meilleur conducteur, c'est celui qui arrive.

Ce genre de « vers » de douze syllabes (6 + 6), saturé non seulement d'allitérations, mais de paronomases [12] phoniques et de parallélismes, se rencontre dans la publicité. Deux exemples entre des centaines possibles (sur d'autres bases métriques éventuellement) :

(3) Kanterbrau est si bonne
Qu'on ne peut s'en passer.
(4) On tire à boulets rouges sur tous les prix qui bougent

(*Publicité Conforama*, Europe 1, le 9 janvier 1981).

D'un point de vue pédagogique-didactique, il est indispensable d'étudier attentivement le statut de la fonction poétique-autotélique dans des discours différents du domaine, trop immédiatement littéraire et culturel, de la poésie. Jakobson le note clairement : « traitant de la fonction poétique, la linguistique ne peut se limiter au domaine de la poésie. (...) L'étude linguistique de la fonction poétique doit outrepasser les limites de la poésie, et, d'autre part, l'analyse linguistique de la poésie ne peut se limiter à la fonction poétique » (1963, pp. 218-219). Bien que la position de Jakobson soit claire, ses propositions ont pu introduire une certaine équivoque : « Où est la différence entre *I like Ike* et de la poésie ? », se

---

11. Sans développer plus avant cette étude de la densité d'une strophe, nous la prolongerons plus loin : en 3.3.2.
12. Sous le nom générique de « paronomase », convenons de désigner les effets d'allitération et de rime interne étendus à plus d'un phonème par mot ou à des ensembles de phonèmes (en miroir, en chiasme, etc.).

demandait Henri Meschonnic page 29 de *Pour la poétique*. Idée présente chez la plupart des théoriciens, chez K. Stierle par exemple : « Ce n'est qu'en prenant en compte la surface du texte que des slogans du type *« I like Ike »* et des poèmes lyriques apparaissent poétiques de la même façon. La « poéticité », qui réduit slogans publicitaires et poèmes lyriques à un même dénominateur, est une catégorie vide, qui a encore besoin d'une définition fonctionnelle positive pour manifester la différence fonctionnelle en face d'une concordance de procédés formels » (1977, p. 423).

L'idée de départ de Jakobson est la suivante :

> Toute tentative de réduire la sphère de la fonction poétique à la poésie, ou de confiner la poésie à la fonction poétique, n'aboutirait qu'à une simplification excessive et trompeuse. La fonction poétique n'est pas la seule fonction de l'art du langage, elle en est seulement la fonction dominante, déterminante, cependant que dans les autres activités verbales elle ne joue qu'un rôle subsidiaire, accessoire (1963, p. 218).

Dans les secteurs d'application pragmatique du langage que l'on désigne sous le nom de *propagande* (publicitaire comme politique), Jakobson pose que l'organisation formelle du message linguistique joue un rôle de renforcement : « Le rôle secondaire de la fonction poétique renforce le poids et l'efficacité de cette formule électorale » (p. 219), écrit-il du célèbre slogan électoral américain déjà cité.

En fait, le vers et le slogan utilisent les mêmes ressources de la langue à des fins pragmatiques différentes et ils mettent en jeu des pactes de lecture spécifiques, entièrement liés à leur rhétorique pratique. Les thèses de Jakobson doivent être déplacées et reformulées dans la perspective non plus des « fonctions du langage », mais d'une hypothèse résolument textuelle. Par rapport aux types narratif, descriptif, argumentatif, explicatif, injonctif et conversationnel, nous posons qu'il existe un type textuel que nous n'appellerons pas « poétique » afin d'éviter les connotations du terme, mais « rhétorique » [13]. Ce *type textuel « rhétorique »* recouvre aussi bien le slogan (publicitaire ou politique), la maxime, le dicton, le poème et la prose poétique (plus haut 2.4.4.) que l'argot, les titres et le graffiti (plus loin 5.1.2. surtout). Les analyses qui suivent (3.2.1. et 3.2.2.) cerneront certaines caractéristiques du *type textuel « rhétorique »*, inséparables du fonctionnement de la langue en général (3.3.) et inséparables de l'objet principal du présent essai : le poème, manifestation discursive singulière d'un type textuel (comme la para-

---

13. Cette idée est en germe dans les travaux des chercheurs liégeois du groupe MU. On lira surtout l'excellent article de J.-M. KLINKENBERG : *La lecture du poème : du rhétorique à l'idéologique*, (Actes du Colloque d'Automne, Université d'Ottawa, 1976).

bole et le récit publicitaire, par exemple, manifestent l'existence du type narratif) que, faute d'un meilleur terme, j'appelle « rhétorique » ou « rhétorique-poétique ».

3.2.1. Type textuel « rhétorique » et argumentation publicitaire

Soit le texte suivant, trouvé sur un pot de miel :

TOUTES LES VERTUS SONT DANS LES FLEURS
TOUTES LES FLEURS SONT DANS LE MIEL
LE MIEL
TRUBERT

(Les deux premières lignes en caractères noirs et les deux suivantes en gros caractères rouges, la typographie adoptant la forme même du produit : large en haut et plus étroit en bas).

N'offrant, d'un point de vue sémantique, aucune résistance apparente, un tel texte mérite pourtant une lecture attentive. Au *type discursif* bien défini (discours publicitaire caractérisé par sa transparence et par l'introduction du nom propre « TRUBERT » comme marque du produit), il faut ajouter le *type textuel*, argumentatif, lui aussi caractéristique. Conforme à la définition avancée par J.-B. Grize (1981), ce texte présente une *composante explicative* faite de raisonnements (ici un syllogisme), et une *composante séductrice*, faite d'éclairages (évocation de valeurs auxquelles le destinataire de l'argumentation pourra être sensible, valeurs qu'un certain conformisme social permet généralement de réduire à un assez petit nombre). Pour envisager quelle est la rhétorique pratique d'un tel texte, nous procéderons à une analyse par niveaux de structuration en insistant successivement sur *le texte, la (les) phrase(s), le mètre et la phonie.*

3.2.1.1. *Le niveau textuel*

Cet énoncé publicitaire pourrait constituer une excellente introduction à l'analyse de l'argumentation. D'une part, il est rare de pouvoir travailler sur un syllogisme qui ne soit pas produit comme un exemple de grammaire pour les besoins de la démonstration. D'autre part, le syllogisme présente l'intérêt de représenter la forme la plus concentrée de la composante explicative-logique de l'argumentation. L'opération de transfert sur la conclusion de l'adhésion accordée aux prémisses, qui caractérise l'argumentation [14], apparaît dans toute sa nudité logique.

14. Selon C. PERELMAN (*L'empire rhétorique*, Vrin, 1977, p. 35). — Voir aussi J.-M. ADAM : « Votez Mir Rose, Achetez Giscard. Analyses pragmatiques », *Pratiques* n° 30, 1981, pp. 91-98 surtout.

À première lecture et spontanément, qu'il connaisse ou non la notion de « syllogisme », le lecteur reconstruit (à l'aide du chiasme), la *conclusion* absente :

> *Toutes les vertus sont dans le miel.*

Il passe aussi, en raison du contexte publicitaire, du général (« le miel ») au particulier (« ... le miel Trubert »). Les parallélismes syntaxiques dont nous parlerons plus bas garantissent· la production d'un énoncé syntaxiquement et lexicalement conforme à l'orientation des deux *prémisses*. Rappelons qu'un syllogisme combine deux propositions simples (de la forme sujet + prédicat), induisant une proposition à deux termes (la conclusion) construite à partir des deux « termes » de la *prémisse majeure* et de la *prémisse mineure* reliés par le « moyen terme » (exclu, lui, de la conclusion). Soit le schéma :

> *prémisse majeure* : $A = B$
> *prémisse mineure* :   (*or*) $B = C$ (où B = moyen terme)
> *conclusion* :   (*donc*) $A = C$

La combinaison des prémisses agit bien comme une contrainte textuelle pour la production de la phrase de *conclusion*. L'absence d'une telle *conclusion* s'explique ici par le simple fait que la pragmatique argumentative amène le lecteur à entrer lui-même dans le jeu (logique) de la production du sens. À ce niveau de l'analyse, retenons surtout que le raisonnement syllogistique assure la cohésion-cohérence de l'enchaînement des phrases P1 + P2 et la production d'un énoncé implicite P3. Ajoutons nettement aussi que l'effacement de la *conclusion* A = C confirme un aspect essentiel des discours naturels : rarement « complet » au sens idéal des textes étudiés par les logiciens, un discours naturel dépasse la forme idéale et close, ici du syllogisme. L'application pure et simple du schéma (A = B, or B = C, donc A = C) ne donnerait qu'un texte trop redondant aux allures de mauvais rabâchage. L'effacement et le sous-entendu sont la règle des textes authentiques, la complétude ne constituant qu'une norme illusoire et formelle.

3.2.1.2. *Le niveau syntaxique*

Les deux phrases sont construites sur le même modèle :

SN1 (Dét + N) + SV (V + SN prépositionnel (prép + SN2 (dét. + N))).

Seuls changent les substantifs (notés A, B et C pour simplifier) : le *moyen terme* B du SN2 de la première phrase passe en position sujet (SN1) de la seconde, tandis qu'apparaît un troisième substantif (C). Le parallélisme syntaxique des prémisses P1-P2 induit la construction de la conclusion P3 sur le même moule, avec seule variation des substantifs (N) : A de P1 est repris en position SN1 de P2 et C en position SN2. Cet effet de thématisation (« effet figural » chez certains auteurs) est fréquent dans la construction des syllogismes. Lorsque la structure phrastique du syllogisme est du type B-A, (or) C-B, la conclusion est généralement de la forme (donc) C-A, chaque terme conservant son rôle : C = thème-sujet, A = rhème-« commentaire ».

La figure du chiasme, induite par le passage du moyen terme de la position SN2 de P1 à SN1 de P2, est donc redoublée par un effet de thématisation qui détermine la place des termes (A et C). Ajoutons que les déterminants (les) et surtout les quantificateurs (toutes les) jouent un rôle important dans l'orientation du discours. Le quantificateur absolu *toutes* glisse de A (P1, prémisse majeure) à P3 (SN1 de la conclusion), tandis que le moyen terme est modifié de P1 « les fleurs » à P2 « toutes les fleurs ». Il n'est pas évident que « toutes les fleurs » représente une classe plus étendue que « les fleurs ». De la même façon, de « le miel », terme C de la prémisse mineure P2, à « le miel (trubert) » de la conclusion P3, on assiste à un glissement et à l'introduction d'un fléchage qui accentue l'effet de référenciation forte : orienter le discours vers la référence au produit (la marque-nom propre).

Il reste, d'un point de vue toujours syntaxique, à nous poser une question essentielle : la grammaire de phrase isole P1, P2 et P3, elle nous permet, certes, de rendre compte de l'importance des positions des unités dans les parallélismes, mais tout ceci reste statique. L'intérêt d'un point de vue non plus local, mais global (textuel) sur la phrase apparaît bien nettement ici. Nous n'avons pas la place de détailler ce qu'à la suite des linguistes pragois, on entend par *progression thématique* et *dynamisme communicatif* [15]. Cette théorie permet avant tout de rendre compte à la fois de la cohésion (thématisation, effets de reprises) et de la progression des textes. Dans ce qu'on appelle la *perspective fonctionnelle de la phrase*, la structure phrastique de base (sujet-prédicat) détermine un certain nombre de places et organise l'information et la communication. Les places de début (thème = Th), milieu (transition = Tr) et fin de phrase (Rhème = Rh) possèdent, en raison d'une orientation des énoncés « vers la droite », un degré différent de *dynamisme communicatif* (du plus bas degré du thème au plus haut degré pour le Rhème). L'enchaînement P1 + P2 correspond à un effet de *cohésion* (Thématisation en P2 du Rhème

---

15. Lire à ce sujet ma note du n° 13 de *Pratiques* (1977) et les travaux de B. COMBETTES : *Pour une grammaire textuelle, la progression thématique*, A. De Boeck-Duculot, Bruxelles-Paris-Gembloux, 1983.

de P1 : le moyen terme B) et à une *progression* (introduction en position rhématique de C) :

P1 : Toutes les vertus → sont → dans les fleurs
      Th1 (A)   tr   Rh1 (B)
                                        ↓
P2 :   Toutes les fleurs → sont → dans le miel
                           Th2 (B)   tr   Rh2 (C)

À cette progression linéaire, la conclusion (P3) du syllogisme peut mettre fin dans la mesure où elle ne fait (ferait) que reprendre des énoncés (Th1-A et Rh2-C) déjà donnés :

P3 : Th1-A (de P1) + tr + Rh2-C (de P2).

Dans ces conditions, le Rh de P3 ne ferait pas du tout avancer la communication et contredirait l'hypothèse théorique de la dynamique communicative. En fait, le document (le pot de miel lui-même) ne comporte, en très grosses lettres rouges et à la place de la conclusion attendue-P3, que la mention « LE MIEL TRUBERT ». Ceci est lié au dynamisme communicatif inhérent à tout discours réel (le discours naturel s'oppose bien à la redondance informativement faible du syllogisme d'école du logicien). La seule mention de « LE MIEL », c'est-à-dire du Rh2-C de P2 ne ferait pas progresser le texte [16] alors que l'ajout du nom propre apporte un élément informatif non seulement nouveau, mais place cet élément en relief en toute fin d'énoncé. C'est dire que tout le texte progresse vers le nom propre, rhème de P3 (entre crochets, l'énoncé sous-entendu) :

P3 : [Toutes les vertus → sont → dans] LE MIEL TRUBERT
      Th1-A   tr   Rh2-C   Rh3

Le fléchage par le déterminant (« le ») produit bien une référenciation forte, correspondant à la dynamique communicative. Il reste à voir si les autres niveaux d'analyse confirment ce que la syntaxe globale induit et à poser la question du « sens » du nom propre « Trubert » dans ce texte.

3.2.1.3. **Le niveau métrique-phonique**

Le rapport Thème (« toutes les » A/B)-Prédicat (tr + Rh B et C) est renforcé par une mesure syllabique :

P1 : /tut/ /le/ /vɛʀ/ /ty/ // /sɔ̃/ /dɑ̃/ /le/ /flɸʀ/
       - 4 -   +   - 4 -

---

16. On ne peut guère envisager ce cas que dans le cadre d'une campagne destinée à relancer globalement la consommation du miel.

P2 : /tut/ /le/ /flɸʀ/   //   /sɔ̃/ /dɑ̃/ /l(ə)mjɛl/
     -3-   +   -3- (4)

La mesure métrique (4) de la prémisse majeure (A) se retrouve justement dans l'énoncé qui remplace la conclusion prévue :

/lə/ /mjɛl/ /tʀy/ /bɛʀ/ = 4

Il faut surtout noter ici la rigueur des parallélismes et des couplages du texte produit :

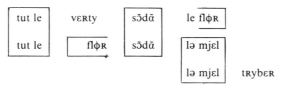

Seuls groupes phoniques non systématiquement repris /vɛʀty/ et /tʀybɛʀ/ sont dans une relation de paronomase surprenante :

(le)   v   (ɛʀ)   ty
         tʀy   b   (ɛʀ)

Les consonnes restantes /v/ et /b/ sont phonétiquement si proches (labiales, sonores respectivement labio dentale fricative et bi-labiale occlusive) qu'on peut les rapprocher et voir, de ce fait, dans le nom propre « TRUBERT » l'anagramme phonique de « VERTUS ».

Syntaxe, mètre et phonie induisent ainsi une sémantisation du nom propre de la marque du produit. Le discours publicitaire fonctionne de telle sorte qu'il construit (donne à lire-construire) le sens connotatif du désignateur rigide [17] constitué par le nom propre de la marque. La syntaxe, la rhétorique argumentative du syllogisme, les parallélismes et la paronomase *font le sens du nom propre* du « miel Trubert » : contenir en son nom propre même « toutes les vertus » de « toutes les fleurs ». Ainsi se trouve textuellement résolu un manque de sens : le fait que, comme marque sociale [18], un nom propre, en lui-même, ne signifie pas. J.S. Mill peut dire qu'*en soi* un nom propre dénote sans connoter, on a vu qu'*en texte, en discours*, un nom propre peut prendre un sens supplémentaire à la simple marque conventionnelle d'identification sociale. Telle est, du moins, la fonction essentielle d'un discours publicitaire (et peut-être de la propagande en général).

17. Cette notion de « désignateur rigide » est avancée par S. Kripke (1972).
18. « Ce qu'on entend ordinairement par nom propre est une marque conventionnelle d'identification sociale telle qu'elle puisse désigner constamment et de manière unique un individu unique » E. BENVENISTE, *Problèmes de linguistique générale II*, Gallimard, 1974, p. 200.

Ce texte démontre admirablement le caractère mixte de tout discours réel. Parallélismes, couplages et paronomases, qui manifestent le *type textuel rhétorique*, viennent renforcer les effets du syllogisme, vestige déterminant du *type argumentatif*, pour donner à ce discours publicitaire une force pragmatique propre (sa rhétorique pratique singulière). Bien au-delà de la fonction poétique, la problématique textuelle permet d'entrer de plein pied dans les formes et fonctions des discours. Pour approfondir, considérons un autre exemple.

3.2.2. Le slogan publicitaire comme type textuel rhétorique-poétique
« menu sans fard d'une future star »

Les langages de la publicité exploitent la part de plaisir liée au travail de la langue et à la découverte, par le lecteur, de ce travail de/dans la langue. Concrètement, ceci implique des considérations phoniques, métriques, syntaxiques, lexicales attentives. Ceci implique aussi une volonté pédagogique-didactique : apprendre à procéder à une analyse (découverte et construction) progressive et méthodique.

Pour des raisons d'extension de l'analyse, nous renonçons à une étude pourtant essentielle du message linguistique dans l'espace iconique de l'affiche. Il est évident que les aspects icôniques de la lettre (typographie, blancs, etc., comme on l'a vu au chapitre précédent) jouent un rôle important dans la lisibilité de tels énoncés. La part (typo)-graphique de la fonction poétique prend ici tout son sens pragmatique : l'espace devient un constituant du sens du discours.

3.2.2.1. Le niveau syntactico-sémantique (local)

Dans une publicité d'*Actuel* (janvier 1981), sur les murs du métro parisien comme en affichage Quai de la Rapée, le texte était ainsi typographié :

MENU-SANS FARD
D'UNE FUTURE
STAR

Le même trait d'union apparaît dans les variantes « Menu-grosse faim/d'un petit/coquin », « Menu-tonique/d'un sportif/dynamique » et « Menu-léger/d'une femme d'affaire ». Ceci induit assurément un effet syntaxique dans la mesure où les deux syntagmes en expansion n'interviennent pas au même niveau de détermination dans le circuit du sens :

Ces réseaux de déterminations emboîtées les unes dans les autres produisent un ensemble de relations entremêlées qui engendrent l'effet global de *référenciation* à travers la métonymie-synecdoque :

MENU ﹛ partie de / se trouve chez ﹜ Mc DONALD

Par effet de *référenciation*, nous entendons la question complexe du rapport des mots (ici le slogan et les mots qui le composent syntaxiquement) et des choses (la chaîne de restaurants, d'une part, les notions de menu, fard, star, d'autre part). Comprendre, par l'examen des relations syntaxiques, comment le sens et la référenciation se construisent est important. Laissant de côté la relation de détermination qui lie « future » à « star » et celle qui produit un ensemble relié par un trait d'union : « menu-sans fard » (entité comparable à « menu-léger » et à « menu-tonique » dans les variantes), nous centrons l'analyse sur le rôle de la préposition DE.

Une *opération de repérage* intervient d'abord. À ce niveau, DE confère au nom qu'il introduit (star (future)) la valeur de terme origine ou *repère* par rapport à « menu » qui reçoit, de ce fait, la valeur de *repéré*. On part bien ici de « star (future) » pour repérer « menu » (métonymie de Mc Donald). On a donc une double opération de repérage : par la figure (métonymie : menu → Mc Donald), d'une part, par l'orientation (repère → repéré), d'autre part. Ce repérage du domaine notionnel défini (menu-Mc Donald) à partir de « star » a lieu par rapport à une propriété différentielle. Comme le note A. Culioli : « Cette forme de relation de repérage permet aussi de comprendre que lorsqu'un terme sert de repère par rapport à un autre, il doit avoir des propriétés particulières concernant sa définition, sa détermination. (...) Le repère ne doit pas être indéterminé »[19]. En publicité, bien sûr, ce repère *ne peut pas être indéterminé* : il s'agit ici des connotations du substantif « star »[20].

---

19. *Recherches en linguistique. Théorie des opérations énonciatives*, séminaire 1975-1976, Paris VII, DRL, page 112.
20. Sur la mythologie des stars, au lieu de développer ici les connotations potentielles, nous renvoyons au livre d'E. MORIN : *Les stars* (Seuil, 1972, collection Points n° 34).

À cette *orientation*, le relateur DE ajoute le sens relationnel lié à sa caractéristique référentielle [21] : indiquer qu'il faut construire une relation régressive entre les deux éléments nominaux en repérant le premier (« menu ») par rapport au second (« star »). N2 (« star ») joue, d'un point de vue sémantico-syntaxique, le rôle de *déterminant* et N1 (menu-Mc Donald) celui de *déterminé*.

Aux relations qui, au niveau prédicatif, déterminent une orientation référentielle (ordre inter-notionnel reliant « menu » à « star », ici), les repérages liés à la situation énonciative viennent ajouter leurs propres réseaux de circulation du sens. Dans le cas présent, une hésitation référentielle intervient : quelle est la « future star » en question ? S'agit-il d'une relation métonymique avec la photo représentant (en plus des aliments) une jeune femme ? S'agit-il d'une métaphore reliant (effet iconique de contiguïté) les mots « future star » à la signature « Mc Donnald's » présente, elle aussi, sur l'affiche ?

Le problème de la détermination de « UNE » est ici exemplaire : à la différence d'un *fléchage* [22] du type *une star* (extraction) → *cette star* (fléchage), l'énoncé ne propose qu'une opération d'*extraction* [22] sans fléchage autre que la double contiguïté : du composant linguistique « star » et du composant iconique (photographie d'une jeune femme) : une « future star » (extraction) = cette jeune femme (fléchage à construire par le regard) ; contiguïté du même composant linguistique « star » et du composant linguistique (et iconique) de la signature McDonald's : une « future star » (extraction) = « McDonald's » (fléchage à construire ici encore).

En l'absence d'une opération de fléchage explicite, la détermination référentielle reste potentiellement double : UNE (« future star ») peut renvoyer soit à la jeune femme (future étoile du star-système), soit à la chaîne de restaurants (McDonald comme future star de la restauration moderne). La série « d'un petit coquin » et surtout « d'un sportif dynamique » et « d'une femme d'affaire » semble réduire nettement l'ambiguïté référentielle dans le sens d'un rapport entre N2 (star, coquin, sportif, femme d'affaire) et la composante iconique chargée, dès lors, d'assurer — en quelque sorte — l'opération de fléchage et de détermination.

Cette dernière lecture garantit plus sûrement l'identification et l'implication du lecteur-futur consommateur : aller chez McDonald, c'est adopter le mode de vie d'une (future) star. Soit la promesse d'un gain symbolique (d'une valeur d'échange surajoutée à la marchandise).

---

21. I. TAMBA-MECZ, 1981, page 126.
22. Voir A. CULIOLI : *Notes sur détermination et quantification : définition des opérations d'extraction et de fléchage*, DRL, Paris VII, 1975.

3.3.2.2. Le niveau métrique

L'articulation des groupes syntaxiques du *déterminé* et du *déterminant* autour du relateur DE :

(Déterminé) MENU-SANS FARD
(Déterminant) D'UNE FUTURE STAR

est entièrement confirmée par le niveau métrique :

(Déterminé) 2/2 syllabes : /mə/ /ny/ /sɑ̃/ /faʀ/
(Déterminant) 4 syllabes : /dyn/ /fy/ /tyʀ/ /staʀ/

Le rapport entre la rime et le sens, dont parle Jakobson, est ici évident : le thème du maquillage (« fard ») absent (« sans ») et de la beauté (« star ») unit les mots à la « rime ». Selon Jakobson, « ce serait commettre une simplification abusive que de traiter la rime simplement du point de vue du son. La rime implique nécessairement une relation sémantique entre les unités qu'elle lie » (1963, p. 233).

La rime n'est assurément pas ici le seul lieu des rapports phoniques. La texture sonore du slogan s'appuie sur les parallélismes binaires.

3.2.2.3. Le niveau phonique

Les paronomases peuvent être ainsi mises en évidence (je note entre parenthèses les phonèmes non couplés) :

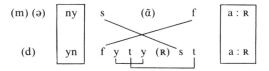

Les parallélismes (*menu*//*d'une*, *fard*//*star*) et les chiasmes (/ny/ X /yn/, /s + f/ X /f + s/) mettent en rapport les deux modificateurs (« *sans* » et « *future* ») avec leurs substantifs (modifiés). Ceci renforce la cohésion des deux groupes syntaxiques.

Ajoutons que les phonèmes à l'initiale des deux ensembles syntaxiques et métriques correspondent aux initiales de la chaîne de restaurants en question :

/m/ = Mc & /d/ = Donald's.

3.2.2.4. Le niveau sémantique global

L'hésitation syntaxique notée plus haut (autour du relateur DE) comme la signification exacte du syntagme « sans fard » sont littéralement emportées par le jeu de la texture phonique et par les connotations. Les valorisations du produit (« sans fard » = connotation d'honnêteté, de transparence) et du consommateur (« future star » par identification) produisent autour de la signature (« McDonald's ») une sorte d'aura de connotations euphoriques (transparence et gloire potentielle). Cette euphorie du signifié connoté s'appuie sur une euphorie de la symétrie verbale (phonique, métrique-rythmique).

3.2.2.5. Conclusion

La « fonction poétique » ne peut être réduite au seul rôle de renforcement du message. Au lieu de la soumettre à la fonction communicative du discours, il semble nécessaire de lui redonner sa place dans la compétence discursive des sujets parlants. Le rythme (mètres et paronomases) qui affleure dans le slogan (comme dans les dictons, les comptines et les vers) est probablement une composante de la langue en général (lire à ce sujet L.-J. Calvet 1975 et 1979). Un énoncé comme celui qu'on vient d'étudier, passé au filtre de la paronomase et des couplages binaires (du mètre — syllabique — et des phonèmes), prouve que les produits des pratiques discursives ne peuvent pas être envisagés du seul point de vue d'une linguistique du signe, du code, du système. Le produit discursif que nous venons d'étudier n'est pas réductible à une signification communicative immédiatement et étroitement codée. En passant de la langue aux pratiques discursives (ici celle du slogan, plus loin celles de la maxime, du proverbe, etc.), nous sommes amenés à constater le rôle essentiel de la « fonction poétique » *étendue aux plans du rythme et de la paronomase*. La compétence linguistique générale et la compétence rythmique-paronomastique interfèrent pour produire du sens au-delà des limites proprement « linguistiques » (syntaxe, morphologie, lexique). Dépassant la définition de J. Molino et J. Tamine : « La poésie est l'application d'une organisation métrico-rythmique sur l'organisation linguistique » (1982, p. 8) ; « la poésie doit (...) se comprendre comme l'application du mètre sur le langage : autonomie du signifiant et parallélisme ne sont que des aspects et des résultats, parmi d'autres, de cette application » (p. 86), nous dirons, d'une part, que la « fonction poétique », identifiée par Jakobson, est probablement *plus qu'une des six fonctions du langage : une manifestation de la part rythmique et pulsionnelle de la langue* ; nous dirons, d'autre part, que l'application d'une organisation métrico-rythmique sur l'organisation linguistique excède largement le domaine de la seule « poésie ». Un double exemple pour conclure :

En titrant « SOMOZA BAZOUKÉ », le 18 septembre 1980, le journal *Libération* dit à la fois la même chose et plus que son confrère du groupe du *Figaro* titrant : « L'EX-DICTATEUR SOMOZA EN EXIL, ASSASSINÉ AU BAZOUKA ».

En traçant à la bombe de peinture, sur un mur de l'Université de Rouen :

HA ÇA
I.R.A.
les troupes
anglaises
on les
AURA

des mains anonymes ont su utiliser toutes les ressources de la langue et de ce que nous désignons comme *un type textuel spécifique* : *le type rhétorique-poétique.*

3.3. Entre le vers et la langue : « Lalangue » de Lacan

> Lalangue sert à de tout autres choses qu'à la communication. C'est ce que l'expérience de l'inconscient nous a montré, en tant qu'il est fait de lalangue, cette lalangue dont vous savez que je l'écris en un seul mot, pour désigner ce qui est notre affaire à chacun, lalangue dite maternelle, et pas pour rien dite ainsi.
>
> LACAN, *Séminaire XX*, Seuil, 1975, p. 126.

> (...) *lalangue*, autrement dit, ce par quoi, d'un seul et même mouvement, il y a de la langue (ou des êtres qualifiables de parlants, ce qui revient au même) et il y a de l'inconscient.
>
> J.-C. MILNER, *L'Amour de la langue*, p. 26.

> Lalangue ne cesse pas de s'exercer dans la langue et d'en défaire l'ensemble. La linguistique, ayant pour objet un tout, subit la loi du tout : elle doit le parcourir comme tel, vouée à l'exhaustivité quant à son extension et à la consistance quant à son intention. Mais du même coup, elle a à connaître des points où le pas-tout imprime sa marque, et introduit son étrangeté inquiétante dans les chaînes de régularité.
>
> J.-C. MILNER, *ibid.*, p. 118.

3.3.1. Le principe du parallélisme, clé du type textuel rhétorique-poétique : l'exemple de quelques formes simples

En posant en préalable à cette réflexion :

• *que le principe du parallélisme (Jakobson puis Ruwet) résulte de l'application d'une organisation métrico-rythmique sur les structures de la langue ;*
• *que le type textuel rhétorique et, plus largement, la langue du poème révèlent, en fait, le fonctionnement métrico-rythmique du discours en général,*

98

nous voulons dire que la poésie ne se dilue pas, au-delà du poème, dans tous les discours, mais que l'attention au type textuel rhétorique permet de comprendre que le rythme est « une organisation (disposition, configuration) du discours. Et comme le discours n'est pas séparable de son sens, le rythme est inséparable du sens de ce discours. Le rythme est organisation du sens dans le discours » (H. Meschonnic, 1982, p. 70, reprenant ici Benveniste 1966, pp. 327-335). Le propos est alors clair, il s'agit de voir que le plan métrico-rythmique n'est pas un niveau à part et que « le sens se fait dans et par tous les éléments du discours » (ib.).

On pourrait facilement multiplier les exemples de slogans, de dictons, de proverbes, de maximes réglés par une loi métrico-rythmique génératrice de parallélismes phoniques :

(5) Sans feu ni lieu. Sans foi ni loi.
(6) Cadeau Kodak.
(7) À la Sainte Luce/les jours grandissent/du saut d'une puce.
(8) Ciel pommelé/femme fardée//sont de courte durée.
(9) On n'est jamais si heureux ni si malheureux qu'on s'imagine

(La Rochefoucauld).

Du miroir presque total (6) au parallélisme parfait (5), en passant par les dictons (7) et (8) réglés par des structures rythmiques (4 + 4 + 4 & 6+6) rigoureuses, les formes simples nous ramènent à la poésie dont, comme l'écrit L.-J. Calvet, « nous savons qu'elle n'est écrite, lorsqu'elle l'est, que par accident historique. C'est dans l'oralité, sous la pression de la compétence rythmique, que naît et vit la poésie, les règles métriques n'étant que la traduction et l'adaptation écrites de cette production orale, générée par le rythme du corps (dans la danse, la marche), par la voix, par l'inconscient, etc. » [23] On pense immédiatement à ce que dit le poète Maïakovski (contemporain des premiers travaux de Jakobson) :

> Je marche en gesticulant, en mugissant — il n'y a encore presque pas de mots — je raccourcis le pas pour ne pas gêner ce mugissement ou bien je mugis plus rapidement, à la cadence de mes pas. Ainsi se rabote et prend forme le rythme, base de toute chose poétique et qui passe à travers elle comme une rumeur. Graduellement, on commence à tirer de cette rumeur des mots isolés. D'où vient ce rythme-rumeur fondamental, on ne le sait. C'est pour moi toute répétition en moi d'un son, d'un bruit, d'un balancement, ou même, à tout prendre, la répétition de chaque phénomène que je marque par le son (*Comment faire des vers*).

---

23. *Langue, corps, société*, Payot, 1979, p. 79. Sur cette question de la poésie et de l'oralité, je renvoie au livre de Paul ZUMTHOR : *Introduction à la poésie orale*, Seuil, coll. Poétique, 1983. Voir aussi *La vive voix*, d'Ivan Fónagy, Payot, 1983.

On le voit, il faut ici suivre H. Meschonnic et son admirable *Critique du rythme* et renoncer à définir le rythme comme une régularité métrique formelle, extérieure au sens. À sa suite, posons que le rythme est une structure fondamentale du sens et des sujets.

Les exemples (5) et (6) semblent régis par l'application du mètre sur la langue et surtout le *principe du parallélisme* qui en découle :

(5)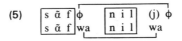

(6)   k a d o k ɔ d a k

On peut dire que le mètre et l'équivalence sont ici promus au rang de *procédés constitutifs de la séquence* ; ce qui nous permet de compléter la définition 3 proposée plus haut (page 78). Le principe du parallélisme ne se contente pas de se superposer aux principes syntactico-sémantiques, il se substitue à la structure de phrase pour produire du sens aussi efficacement et plus librement. La structure phrastique des exemples (7), (8) et (9) est, elle, travaillée par la métrique et le principe du parallélisme généralisé. En (7) comme en (8), la mesure prosodique renforce les effets syntaxiques en isolant plus nettement les unités :

(7) À la sainte Luce
Les jours grandissent
Du saut d'une puce

Plus nettement encore, le premier « hémistiche » du « vers-dicton » (8) repose sur un parallélisme du thème par rapport au prédicat commun :

(8) { Ciel pomm'lé   /3/ } sont de courte durée /6/
     { femme fardée   /3/ }

On comprend que Jakobson déclare à K. Pomorska que « La thématique du parallélisme est inépuisable, et je crois qu'il n'y a pas eu de question qui m'ait autant passionné tout au long de ma carrière scientifique » [24].

24. *Dialogues* (Flammarion, 1980), page 100. Voir aussi les pages 99-108 et 234-279 de *Questions de poétique*.

Arrêtons-nous un instant sur l'exemple (9) d'une maxime de La Roche-foucauld. Une base rythmique (quatre fois quatre syllabes) la structure en quatre unités métriques :

(a) ɔ/ nɛ / ʒa / mɛ   (on n'est jamais)
(b) si / ɸ / ʀɸ / ni   (si heureux ni)
(c) si / mal / ɸ / ʀɸ   (si malheureux)
(d) kɔ̃ / si / ma / ʒin   (qu'on s'imagine)

Un premier couplage unit les paires intérieures *b-c* et extérieures *a-d*. Aux reprises terme à terme de *b-c* (*si* et *heureux*), *a* et *d* ajoutent des effets plus divers :

Dans son essai sur La Rochefoucauld [25], Barthes a insisté sur l'affinité entre le vers et la maxime : « De même que le vers est essentiellement un langage *mesuré*, de même les temps forts d'une maxime sont prisonniers d'un nombre ». À cette valeur proprement *métrique* [26] — dont on a vu plus haut qu'elle réglait aussi nombre d'autres énoncés — la maxime ajoute la dimension d'un *parallélisme* constitutif : « Toute maxime tend évidemment, selon le canon de l'art classique, à l'antithèse, c'est-à-dire à la symétrie ; ce sont donc les mètres pairs (il s'agit toujours de mètres « sémantiques ») qui saturent le plus naturellement la maxime » (page 72).

Barthes insiste encore très nettement sur ce « caractère obstinément duel de la structure » (p. 73) que relève aussi A.-J. Greimas au sujet de la forme du proverbe et du dicton [27]. L'analyse de Greimas ajoute à la *structure binaire* la *formulation archaïsante* et le choix du *présent anhistorique*, le tout concourant à fixer et à renforcer le figement du temps. Ceci est assurément lié à l'affinité du vers, de la maxime et du dicton. Rappe-lons l'étymologie suggestive qui oppose le mot PROSE (*oratio prosa* ⟨ *prorsa* ⟨ *proversa*, « discours qui va de l'avant ») au mot VERS (« *versus* » = « retour »).

Sans développer davantage, il faut bien voir que le parallélisme ainsi généralisé — et issu, selon moi de la dimension métrico-rythmique de la langue — « active inévitablement tous les niveaux de la langue » (Jakob-son, 1973, p. 271) : structures grammaticales et sémantiques comme

---

25. « Réflexions ou Sentences et Maximes », Seuil 1972, collection Points n° 35.
26. L'étymologie est claire : ce qui est métrique est soumis au nombre.
27. *Du sens*, Seuil, 1970, pages 309-314.

phonologiques. Pour les traits distinctifs du niveau proprement phonologique, un exemple suffira :

Un chasseur sachant chasser doit savoir chasser sans son chien.

Le jeu linguistique, exercice phonétique centré sur les deux fricatives sourdes /š/ et /s/, met en évidence la valeur du trait distinctif *palatal* (pour /š/) et *dental* (pour /s/). Mais ce jeu se trouve renforcé par les parallélismes, paronomases et autres couplages systématiques :

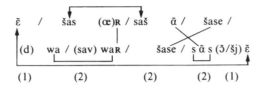

Hémistiches couplés, vers couplés sous forme de distiques caractérisent nombre de formes simples : *slogans*, *dictons*, *maximes*, *aphorismes* ou *sentences* se ressemblent par une même recherche d'« armature symétrique » et par, surtout, une même façon de dire le sens en insistant sur la matérialité du mode de signifier : « le sens n'est plus le signifié. Il n'y a plus de signifié. Il n'y a que des signifiants, participes présents du verbe signifier » (H. Meschonnic, 1982, p. 70). Rythmés, serrés par des rapports multiples, de tels énoncés mettent en évidence une *« sémantique prosodique »* [28] bien proche de celle de la poésie. Comme le note toutefois H. Meschonnic, de tels discours ont surtout un sens et une fonction situationnels [29] et ni le poème ni le proverbe ne se laissent définir comme de simples énoncés : « Et comme la définition a toujours été l'application d'une linguistique de l'énoncé, la poésie et le proverbe ont toujours échappé à la définition. (...) Ils sont des activités de langage qui contestent exemplairement la linguistique de l'énoncé, la logique de la définition et de l'identité » (page 426). Ils manifestent pourtant, selon moi, l'existence du *type textuel rhétorique*.

On le voit, avec la fonction poétique-autotélique et le principe du parallélisme, il nous reste un admirable outil de description de la densité de certains types de textes, mais pas de véritable définition de « la poésie ». Insistons sur la nécessité de ne pas nous laisser tenter par une poétique restreinte, aplatissante et clôturante. Il est tentant de ne retenir des propositions précédentes que la promesse d'une grille de lecture qui dispenserait du

---

28. H. MESCHONNIC dans son admirable étude : « Les proverbes, actes de discours » du n° 163 de la *Revue des Sciences Humaines*, Université de Lille III, 1976.
29. « Le proverbe, comme en cela le poème, est une activité de langage, un acte de discours dont le référent est l'énonciateur *et* le ré-énonciateur dans leur rapport à une situation » (page 426).

risque afférant à toute lecture véritable. C'est pourtant bien à un tel risque que Saussure a été confronté lorsqu'il s'est mis à noircir une centaine de cahiers, dans le temps même où il professait — mais n'écrivait pas — le célèbre Cours de linguistique générale.

3.3.2. Sur les traces de l'autre Saussure : retour sur le premier vers des « Chats »

3.3.2.1. Les principes de la paire et de l'ana(para)gramme

En ce point de la réflexion, il est indispensable de laisser une interrogation prendre le pas sur une méthode d'analyse textuelle. Si la littérature — et singulièrement la poésie — a toujours fasciné les linguistes (R.-L. Wagner et Pierre Guiraud, Jakobson, Ruwet, Mounin autant que Saussure), c'est que la science s'édifie sur le refus de penser ce qui l'excède [30]. Apparaît, dès lors, ce que J.-C. Milner nomme un « point de cessation ». À l'inverse de la linguistique, la poésie peut être considérée comme s'écrivant en un lieu et une position qui consiste à « ne pas ignorer le point de cessation, d'inlassablement y faire retour, de ne jamais consentir à le tenir pour rien » (Milner page 38).

Un tel point — qu'on peut, avec Milner, appeler POINT DE POÉSIE — ne peut qu'être ignoré (ou réduit) par la linguistique, comme par la grammaire, pour qu'elles existent en tant que telles : « Dans lalangue, qu'il travaille, il arrive qu'un sujet imprime une marque et fraie une voie où s'écrit un impossible à écrire » (Milner, p. 39). L'entreprise jakobsonnienne, pour importante et dynamisante qu'elle soit, n'échappe pas à l'analyse de Milner : « le rapport de la linguistique à lalangue est nécessairement un rapport subtil au pas-tout. Sans doute, le réel auquel elle a affaire, elle ne le saisit qu'à partir du tout » (p. 116).

Des *Cahiers d'anagrammes* de Saussure, il a déjà été question dans le chapitre 2 de *Linguistique et discours littéraire* et de multiples commentaires ont été écrits depuis [31]. Retenons que Saussure a d'abord été

---

30. Assurément admirable entre tous, Pierre Guiraud, décédé récemment, a su être à la fois linguiste et toujours penseur de ce « point de cessation » en écrivant : *Le jargon de Villon ou le Gai Savoir de la Coquille* (Gallimard 1968), *Le Testament de Villon ou le Gai Savoir de la Basoche* (Gallimard 1970), mais aussi un *Dictionnaire érotique* et une *Sémiologie de la sexualité* (Payot).

31. Larousse, coll. L, 1975, pages 42-58. Voir aussi *Parcours de Freud* de J.-M. REY (Galilée 1974, pp. 57-110), *L'échange symbolique et la mort* de J. BAUDRILLARD (Gallimard 1976, pp. 285-321), *L'amour de la langue* de MILNER, pp. 85-97 et *Les Mots sous les mots* (Gallimard 1971) publication, par Starobinski, de quelques textes de Saussure.

attentif à la « préoccupation phonique » généralisée qui caractérise le vers saturnien. Dans les quelques pages publiées par Jean Starobinski, on suit aisément les étapes de la découverte saussurienne d'une double préoccupation phonique :

• *Préoccupation phonique « interne et libre » ou loi de couplaison (PRINCIPE DE LA PAIRE)* : l'emploi de toute voyelle et de toute consonne est réglé par « une correspondance de tous les éléments se traduisant par une exacte « couplaison », c'est-à-dire répétition en nombre pair ». Dans une lettre du 14 juillet 1906, Saussure énonce la loi suivante : « La chose va si loin que s'il y a un résidu quelconque, (...) on le voit reparaître *au vers suivant* comme nouveau résidu correspondant au trop plein précédent ».

• *Préoccupation phonique « externe » ou « paraphrase phonique d'un mot ou d'un nom quelconque » (PRINCIPE DE L'ANAGRAMME)* : « Depuis les plus anciens monuments saturniens jusqu'à la poésie latine qu'on faisait en 1815 ou 1820, il n'y a jamais eu d'autre manière d'écrire des vers latins que de paraphraser chaque nom propre sous les formes réglées de l'hypogramme (...). La prose littéraire est placée sous le même régime dans l'antiquité ». Saussure écrit nettement encore, convaincu qu'il est de l'intentionnalité du principe, « La méthode habituelle du poète consistait à décomposer préalablement le mot-thème, et à s'inspirer de ses syllabes pour les idées qu'il allait choisir. C'est sur les morceaux de l'anagramme, pris comme cadre et comme base, qu'on commençait le travail de composition ».

Citant les *Cahiers d'anagrammes* de Saussure, Jakobson écrit : « La poésie « analyse la substance phonique des mots soit pour en faire des séries acoustiques, soit pour en faire des séries significatives lorsqu'on allude à un certain nom », ou « mot anagrammisé » selon le terme saussurien » (1973, p. 200). Et il ajoute surtout : « L'anagramme poétique franchit les deux « lois fondamentales du mot humain » proclamées par Saussure, celle du lien codifié entre le signifiant et son signifié, et celle de la linéarité du signifiant ». Le chemin est ainsi nettement tracé pour une autre lecture/écoute du poème en général.

3.3.2.2. Le premier vers des « Chats » [32]

Afin de mesurer la proposition saussurienne, appliquons-la très attentivement à un exemple simple : le premier vers des *Chats* dont il a été question plus haut :

LES AMOUREUX FERVENTS ET LES SAVANTS AUSTÈRES

---

32. Reprise partielle d'un article paru dans le numéro 37 (1979) de la revue *Poétique* (Seuil).

L'accumulation de phonèmes et de groupes phoniques paronomastiques travaille les parallélismes dégagés plus haut. Une simple superposition de ces données aboutit au schéma suivant :

Hexamètre SN1 : [lɛ] [z] [a]muʁø f [ɛʁ] [vɑ̃]

Hexamètre SN1' : e [lɛ] (s) [a][vɑ̃] [z] o (s) t [ɛʁ]

Classes morpho-syntaxiques : I II III

Les adjectifs substantivés (classe II) sont associés par le phonème commun /a/ (commun aussi au titre : *les chats*) ; les adjectifs déterminatifs (classe III) par le groupe /ɛʁ/ ; enfin les déterminants (classe I) sont identiques. Entre les quatre « adjectifs », les répétitions de phonèmes viennent accentuer les rapports déjà analysés.

Les adjectifs substantivés d'un hexamètre sont mis en rapport avec les adjectifs (déterminatifs) de l'autre hexamètre par la fricative sonore de liaison /z/ et par la paronomase /vɑ̃/, selon la structure en chiasme suivante :

	initiale, classe II	finale, classe III
Premier hexamètre	/z/	/vɑ̃/
Second hexamètre	/vɑ̃/	/z/
	finale, classe II	initiale, classe III

D'un point de vue phonétique-phonologique, le chiasme est renforcé ici par la similitude des consonnes fricatives sonores (/v/ et /z/), la première perçue généralement comme plutôt grave, la seconde comme très aiguë. Du point de vue morphologique, ce chiasme phonique unit les quatre « adjectifs » du vers ; comme les paronomases précédentes, il joue donc un rôle structurant, de « surface », qui franchit les limites des unités linguistiques proprement morpho-syntaxiques et lexicales. Il est nécessaire d'examiner très précisément comment ce vers de Baudelaire obéit, à la fois, au principe interne de couplaison et au principe externe anagrammatique.

● **PRINCIPE DE LA PAIRE OU COUPLAISON :**
Un décompte des phonèmes aboutit à ceci :

2/l + ɛ/, 2/z/, 2/a/, 2/ɛ + ʁ/, 2/v + ɑ̃/, 2/s/

Restent : 1/e/, 1/f/, 1/o/, 1/t/, 1/m + u + ʁ + φ/.

Soient neuf phonèmes couplés (= 18) pour huit restes, c'est-à-dire plus des deux tiers (chiffre avancé par Saussure). De plus, si, comme Saussure le propose, nous examinons le devenir de ces restes dans le vers suivant, nous voyons que /muʀɸ/ est redoublé dans /myʀə/ (« leur *mûre* saison ») avec pour seule différence le passage de la voyelle très fermée postérieure (orale labialisée) /u/ au même type de voyelle orale labialisée, avec une aperture tout aussi petite, mais palatale antérieure : /y/ ; la différence entre les orales labialisées antérieures /ɸ/ et /ə/ est peu pertinente quant à elle. Les restes /t/ et /e/ sont repris dans les restes impairs de /ɛmətegaləmã/ (« aiment également »). Reste un doublet acoustique : les deux voyelles fermées /o/ (voyelle postérieure) et /ɸ/ (antérieure). Soit un principe de réduction des restes *vers zéro* [33] qui fait de la répétition moins une accumulation allitérative qu'une « annulation cyclique des termes deux à deux », une « extermination par le cycle du redoublement », selon l'hypothèse intéressante de J. Baudrillard [34].

Si nous prêtons une attention rigoureuse [35] à l'univers consonnantique du vers, nous trouvons alors, par hexamètre et par classe morpho-syntaxique :

```
l -z- m ʀ / f ʀ v / /
l / s v -z- s t ʀ
(I)   (II)    (III)
```

— *une consonne* liquide sonore /l/ pour la classe des déterminants (I) ;
— *deux consonnes* : une occlusive nasale et une liquide sonore /m/ + /ʀ/ et deux fricatives, l'une sourde et l'autre sonore : /s/ + /v/, pour la classe des adjectifs substantivés (II). Soient les quatre types de traits consonantiques : / + nasale/ (m), / + liquide/ (ʀ), / + sonore/ (v), / + sourde / (s).
— *trois consonnes* : une fricative sourde, une liquide sonore et une fricative sonore (/f/ + /ʀ/ + /v/), soient deux fricatives, l'une sourde /f/ et l'autre sonore /v/, encadrant la liquide /ʀ/ ; une fricative sourde /s/, une occlusive sourde /t/ et la liquide sonore /ʀ/, pour la classe des adjectifs (III).

La fricative sonore /z/ assure la transition entre les classes I et II dans le premier hexamètre, entre les classes II et III, dans le second. Mais surtout, la somme de ces consonnes (14) est un multiple de deux, ce qui donne les paires suivantes : 6 fricatives, 4 sonores : 2/v/ et 2/z/ et 3 sourdes : 2/s/ et 1/f/ ; 5 liquides : 2/l/ et 3/ʀ/ ; enfin une nasale sonore /m/ et une occlusive sourde /t/. Soit un reste de 4 consonnes (2 + 2) : une

---

33. « Les voyelles se couplent toujours exactement, ET DOIVENT TOUJOURS DONNER COMME RESTE : ZÉRO », écrit Saussure.
34. *L'échange symbolique et la mort*, page 290.
35. Pour des matériaux précis sur le décodage sonore du poème, il faut se reporter, par exemple, aux pages 117-139 du livre de D. DELAS et J. FILLIOLET : *Linguistique et poétique*.

occlusive /t/, une fricative /f/, une nasale /m/ et une liquide vibrante /ʀ/ ; retenons que les quatre types de consonnes sont ici précisément représentées.

ÉLÉMENTS POUR LE (DÉ)CODAGE SONORE

— VOYELLES :   antérieures non-labialisées (i, e, ɛ, a)
postérieures (u, o, ɔ, ɑ)
antérieures labialisées (y, φ, œ)
nasales (ɛ̃, ɑ̃, ɔ̃, œ̃)
le /e/ muet est très proche de /φ/.

— CONSONNES : occlusives sourdes (p, t, k)
sonores (b, d, g)
fricatives sourdes (f, s, š)
sonores (v, z, ʒ)
nasalles sonores (m, n, ŋ)
liquides latérale (l)
vibrante (ʀ)
semi-consonnes (j, w, ɥ)

On peut tenter d'apprécier la dominante plus ou moins vocalique d'un texte en mesurant la quantité de bruit introduit par la masse sonore consonantique (voir Delas et Filliolet, p. 134) :

Degré 1 : /w/, /ɥ/ /j/ (voyelles sans tenue)
Degré 2 : /ʀ/, /l/ (bandes harmoniques plus faibles que celles des voyelles et plus intenses que celles des nasales de degré 3)
Degré 3 : /m/, /n/, /ŋ/ (seulement des harmoniques, pas de bruit)
Degré 4 : /b/, /d/, /g/ (bruits brefs couverts par la vibration de quelques harmoniques graves)
Degré 5 : /v/, /z/, /ʒ/ (bruits de friction couverts par un son harmonique complexe)
Degré 6 : /p/, /t/, /k/ (bruits brefs mais inharmoniques)
Degré 7 : /f/, /s/, /š/ (bruits les plus inharmoniques).

En simplifiant, ceci permet de noter que l'alexandrin des *Chats* se décompose comme suit :

Classe morphologique :	(I)	(II)	(III)
Degré :	2	(5) 3-2	7-2-5
	2	7-5 (5)	7-6-2

Ce qui renforce le rapprochement de « fervents » et de « austères » placés à la rime intérieure (césure) et finale de vers, d'une part, l'opposition des deux types humains « amoureux » et « savants », d'autre part.

● **PRINCIPE DE L'ANAGRAMMATISATION** : D'un point de vue anagrammatique, si nous observons les mots mis en relief en raison de leur position métrique codée (à la césure et à la rime), nous constatons que la finale (césure /vɑ̃/) du premier hexamètre est reprise dans le second et la finale du second hexamètre (rime/ɛʀ/) est quant à elle reprise dans le premier hexamètre. Ceci a pour conséquence (au niveau des adjectifs déterminatifs ainsi mis en relief) l'apparition d'un reste correspondant aux restes relevés lors de la couplaison :

$$f(ɛR) (vɑ̃) + ost (ɛR) = /fost/,$$

soit FAUST, *le savant amoureux* par excellence, souvenir disséminé de cette MARGUERITE étrangement présente, elle, deux poèmes avant les *Chats*, dans le dernier tercet de *Sonnet d'automne* :

> *Crime horreur et folie — O pâle marguerite !*
> *Comme moi n'es-tu pas un soleil automnal,*
> *O ma si blanche, ô ma si froide Marguerite ?*

Le « soleil automnal » est pris entre le pôle chaleur de « fervents » et le pôle froideur d'« austères », pôle renforcé par l'adjectif choisi pour Marguerite : « froide » (et « blanche » aussi). Du docteur mythique, savant magicien, le texte actualise la thématique : on trouve non seulement les quatre éléments

« amoureux » « fervents » : $Ø + f \quad = fØ = FEU$

$ɛRvɑ̃ = ɛR = AIR \quad (vɑ̃ \quad = vent)$

« austères » : $ɔ \quad = EAU$

$tɛR \quad = TERRE$

Nettement inscrit dans /sa(v)ɑ̃/ phoniquement et surtout graphiquement : SA(v)ANT(s) = SATAN, Méphistophélès est aussi présent métonymiquement dans le signifié de « fervents » (/chaleur/ du feu infernal) et dans le signifiant phonique : fɛʀ(v)ɑ̃ = ɑ̃fɛʀ, cet ENFER actualisé au vers 7 du poème dans « l'Erèbe » (partie la plus obscure des enfers). Les restes consonantiques du premier vers : $|1/m/ + 1/f/ + 1/t/(+1/ʀ/)$

composent ce $\dfrac{\text{Méphistophélès}}{/m//f//t//f/}$ présent dans l'ensemble du premier vers

$$\underline{\text{Les amoureux fervents et les savants austères}}$$
$$/m/ \quad /f/ \quad /e/ \quad /1ɛ/ \quad /s/ \quad /ost/$$

Les restes consonantiques composent aussi les noms du docteur *Faust* (/f/+/t/) et de *Marguerite* (/m/+/ʀ/+/t/).

Un tel fonctionnement déconstruit la linéarité du signe linguistique. Les phonèmes se mettent à porter des lexèmes et des sèmes nouveaux, ils disloquent les signes dans lesquels ils apparaissent et dessinent un réseau de valeurs sémantiques qui travaillent le vers (le texte) manifesté. Si, dans un texte, comme l'écrit J. Kristeva, « les sons du langage sont plus que des phonèmes » (1974, p. 222), c'est qu'ils redisposent le sens.

3.3.2.3. Pour essayer de conclure : la portée de cet exemple

> Soit cette isolation pure et simple du Mot inaltérable, soit cette copulation de plusieurs Mots dont le sens demeure discernable ; tout, jusqu'à disparition même du sens ne laissant que vestiges abstraits et nuls acceptés par la pensée, n'est qu'alliage de vie et de mort et double moyen factice et naturel.
>
> MALLARMÉ, *Les Mots anglais.*

La couplaison paraît, en ce premier vers des *Chats*, beaucoup plus systématique que Jakobson et Lévi-Strauss ne l'affirmaient en localisant le trait réitératif dans les paires symétriques de termes coordonnés par la même conjonction *et* dans les six premiers vers ; c'est-à-dire en limitant le binarisme au plan syntaxique et aux rimes. La systématisation du principe du parallélisme [36] comme production de sens au niveau textuel le plus superficiel débouche sur une constatation théorique : « La répétition et la redistribution des potentialités phoniques et sémantiques propres à la langue produisent de nouvelles structures de signification » (J. Kristeva 1974, p. 221). C'est ce que note Mallarmé dans sa correspondance, en date du 5 décembre 1866 :

> *Le hasard n'entame pas un vers, c'est la grande chose. Nous avons, plusieurs, atteint cela, et je crois que, les lignes si parfaitement délimitées, ce à quoi nous devons viser surtout est que, dans le poème, les mots — qui sont déjà assez eux pour ne plus recevoir d'impression du dehors — se reflètent les uns les autres jusqu'à paraître ne plus avoir leur couleur propre, mais n'être que les transitions d'une gamme.*

On ne peut pas demeurer dans un jeu qui ferait de la poésie un simple chiffre, une clé, et, sur ce point, la réflexion menée par Jean Baudrillard est importante : « Pas de « devinette », pas de terme secret, pas de butée de sens. Le poétique détruit tout frayage vers un terme final, toute référence, toute clé » (1976, p. 302). La poésie rompt avec l'opération de représentation par les signes (le dogme de la représentation, encore une fois). Déconstruction du signe (dans sa linéarité) et de la représentation, elle volatilise le nom (Faust, Méphistophélès comme Marguerite), l'extermine dans une dispersion qui rend possible la circulation intense du sens comme (jouis-)sens — pour reprendre un jeu de mot de Lacan. Rendre le langage et la lecture à la jouissance par la consumation poétique du

---

36. L'œuvre de Raymond Roussel, obsédée par la répétition, le dédoublement et *la Doublure*, donne toute sa mesure à l'hypothèse Saussurienne de la couplaison. Lire à ce sujet *Comment j'ai écrit certains de mes livres* (J. J. Pauvert, 1963).

matériel phonique et de l'ensemble des catégories linguistiques, telle est probablement la leçon de Mallarmé qui donne aux *Cahiers d'anagrammes* saussuriens une autre portée : « La jouissance, dans tous les cas, est à la mesure du détour, du retardement, de la perte de l'énoncé (...). *Elle est infinie dans le texte poétique*, parce qu'aucun chiffre n'est ici retrouvable, aucun déchiffrage possible, jamais de signifié qui mette fin au cycle » (J. Baudrillard, p. 302). Cette déclaration est tout à fait fidèle à l'expérience mallarméenne de l'écriture, à ce « savoir de terreur et de jouissance, mais insupportable, que l'*écriture* lui avait révélé » [37]. On peut dire la même chose du Saussure des *Cahiers* et l'on voit qu'il faut absolument pousser la thèse jakobsonnienne [38] très au-delà de la notion de fonction poétique-autotélique du langage afin de dire, avec Baudrillard, que, dans le poétique « le langage revient sur lui-même pour s'abolir. Il n'est pas « centré » sur lui-même, il se décentre de lui-même. Il défait tout le procès de constructivité logique du message » (page 313). Aucun des quatre adjectifs du premier vers des *Chats* n'est en lui-même « poétique », ni leur synthèse-articulation ; c'est en quelque sorte volatilisés les uns dans les autres par les jeux de couplaisons phoniques et par les anagrammes qu'il le deviennent. La jouissance provient probablement de la perte de l'univocité des items lexicaux dont les unités se sont dispersées, volatilisées. Les signes se scindent et, de leur ruine, surgissent d'autres signes. Mallarmé écrit nettement à ce sujet :

> — *Les mots, d'eux-mêmes, s'exaltent en mainte facette reconnue la plus rare ou valant pour l'esprit, centre de suspens vibratoire ; qui les perçoit indépendamment de la suite ordinaire, projetés, en parois de grotte, tant que dure leur mobilité ou principe, étant ce qui ne se dit pas du discours : prompts tous, avant extinction, à une réciprocité de feux distante ou présentée de biais comme contingence. (Le mystère dans les lettres.)*

L'intérêt de l'exemple du premier vers des *Chats* tient au fait que les contraintes rythmiques, phoniques qui apparaissent ne viennent même pas suppléer (ce qui pourrait être le cas dans un poème plus hermétique) une quelconque défaillance ou oscillation des règles syntaxiques, et pourtant la signification, le syntagme, et même le signe, sont littéralement pulvérisés. Les contraintes grammaticales sont déconstruites par des contraintes d'ordre rythmique (ici fort classiques). Avec J. Kristeva, « on peut concevoir maintenant le rythme non seulement comme une métrique classique de versification, mais comme une propriété immanente au fonctionnement du langage » (1974, p. 215). En conclusion, disons qu'à leur manière les hypothèses de Saussure et de Jakobson

---

37. *La Tour de Babil*, de Michel Pierssens, Minuit, 1976, p. 27.
38. Ce que Jakobson entreprend lui-même dans un article des *Questions de poétique* : « Structures linguistiques subliminales en poésie ».

remettent non seulement en cause la théorie du signe, mais toute linguistique qui exclut la parole-écriture et « lalangue » du champ de ses investigations. Si les « anagrammes » et surtout le principe de couplaison n'ont rien d'illusoire, c'est qu'ils touchent à un réel de la langue : *l'homophonie*, « condition du lapsus et du mot d'esprit » selon Milner, (p. 91). Au lieu de reverser l'anagramme et la couplaison au rang des bons outils de maîtrise de « lalangue », il faut insister sur ce qui a été dit plus haut de la jouissance, des irruptions, des déplacements, des dérangements de la structure et du sens, des traces d'une hétérogénéité que Julia Kristeva a tenté de théoriser en distinguant deux ordres de la signifiance. Cette distinction nous semble utile pour penser une partie de ce qu'indiquent Saussure, Mallarmé, Baudrillard ou les disciples de Lacan.

3.3.3. Le « sémiotique » et le « symbolique » selon Julia Kristeva

> « Pour mieux observer comment le langage poétique est travaillé, il faut donc risquer de quitter les limites de l'observation linguistique » [39].

Certaines hypothèses avancées dans *La Révolution du langage poétique* et dans *Polylogue* (Seuil, 1977) permettent de poser avec clarté la question qui nous occupe. Pour J. Kristeva, l'exercice du langage est lié à deux modalités inséparables, constitutives du procès de la signifiance. Ses études de Mallarmé, Lautréamont, Bataille, Artaud, comme de la genèse du langage enfantin, de Céline, du langage psychotique et du discours des analysants [40], confirment l'idée de codage différent d'un même procès qui dispose divers aspects d'une même langue : deux modalités signifiantes sont séparées diachroniquement (dans l'apprentissage du langage par l'enfant) et synchroniquement (dans la structure des énoncés et les pratiques discursives des sujets) par l'apparition de la syntaxe et, plus largement, d'un procès prédicatif. À ce qu'elle propose de nommer le « SÉMIOTIQUE » — « tributaire de la pulsionnalité et des processus primaires » — correspond la fonction pré-syntaxique de l'*intonation* et du *rythme*, de la pulsion : « il remonte aux archaïsmes du corps sémiotique qui, avant de se reconnaître comme identique dans un miroir et, par conséquent, comme signifiant, est dans une dépendance vis-à-vis de la

---

39. J. KRISTEVA : « La fonction prédicative et le sujet parlant », dans l'hommage collectif à Benveniste publié au Seuil, en 1975, *Langue, discours, société*. « Le sens et l'hétérogène. A propos du statut du sujet », DRLAV, n° 30, 1984.
40. *Histoires d'amour*, Denoël, 1983.

mère. Pulsionnels, maternels, ces processus sémiotiques préparent l'entrée du futur parlant dans le sens et la signification (dans le symbolique) » (1977, p. 161). À la phase « négative » du rejet pulsionnel et de l'éclatement de toute frontière, de toute unité, succède le « SYMBOLIQUE » auquel correspond la synthèse logico-prédicative, le surgissement des contraintes syntaxiques : phrases, séquences, frontières. Le « symbolique » est « assimilable aux processus secondaires, à la synthèse prédicative et au jugement », écrit-elle dans un autre article. J. Kristeva décèle dans la poésie la présence d'un hétérogène au sens que l'on peut aussi écouter dans les premières écholalies des enfants, rythmes et intonations antérieurs aux premiers phonèmes, morphènes, lexèmes et phrases, bien sûr.

C'est bien cet hétérogène « sémiotique », producteur d'effets musicaux et de non-sens que nous poursuivons dans ce chapitre. Dans les pratiques artistiques, le « sémiotique » — condition du « symbolique » — se révèle être aussi son destructeur. Toutes les « déviations » liées, on l'a vu, au principe du parallélisme, toutes les déformations de la chaîne signifiante, la « musique dans les lettres » dont parlent Saussure, Mallarmé, Verlaine, Claudel aussi bien que Claude Simon ou Maïakovski, disent bien cet hétérogène : « Tout en étant articulée, précise, organisée, et tout en obéissant à des contraintes et à des règles (comme celle, surtout, de la *répétition* qui articule les unités d'un rythme ou d'une intonation), la modalité de la signifiance dont il s'agit n'est pas celle du sens ou de la signification » (1977, pp. 158-159).

On pourrait citer de nombreux exemples et voir, dans l'*art poétique* de Verlaine, l'émergence du procès « sémiotique » dans le « symbolique ». Qu'on songe à la « chanson grise » de *Jadis et naguère*, au célèbre :

> ... de la musique avant toute chose,
> Et pour cela préfère l'Impair...
> Prends l'éloquence et tords-lui son cou !...

Je ne prendrai qu'un exemple, celui d'Artaud. Il pose pour « seule loi » une énergie poétique qui va du silence étranglé à la peinture précipitée d'un spasme. Dans ses étonnantes *Lettres sur le langage* (des 15-9-1931, 28-9 et 9-11-1932 ainsi que du 28-5-1933), il parle de substituer au langage articulé (« symbolique ») un langage différent de nature et dont les possibilités expressives *équivaudront au langage des mots, mais dont la source sera prise en un point encore plus enfoui et plus reculé de la pensée.* Par cette expérience « sémiotique », il s'agit, ni plus ni moins, de *refaire poétiquement le trajet qui a abouti à la création du langage*, de révéler *les rapports inclus et fixés dans les stratifications de la syllabe humaine, et que celle-ci en se refermant sur eux a tués.* En posant en principe que les mots ne veulent et ne peuvent pas tout dire et que *par nature et à cause de leur caractère déterminé, fixé une fois pour toutes, ils arrêtent et paralysent la pensée au lieu d'en permettre et d'en favoriser le développement,* Artaud trouve dans la parole une impasse et il revient au geste, au corps « sémiotique ». On comprend mieux ainsi sa dénonciation véhémente, dans le langage comme dans le théâtre occidental, d'une domination trop exclusive et trop étouffante du « sémiotique » par le « symbolique » : « À côté de la culture par mots il y a la culture par gestes. Il y a d'autres langages au monde que notre langage occidental qui a opté pour le dépouillement, pour le dessèchement des idées et où les idées nous sont présentées à l'état inerte sans ébranler au passage tout un système d'analogies naturelles comme dans les langages orientaux ». Le théâtre oriental a le mérite d'avoir su conserver aux mots une certaine *valeur expansive.* Le sens clair (« symbolique ») n'y est pas valorisé au point d'exténuer cette musique « sémiotique » de la parole qui parle directement de (et à) l'inconscient :

> *Que l'on en revienne si peu que ce soit aux sources respiratoires, plastiques, actives du langage, que l'on rattache les mots aux mouvements physiques qui leur ont donné naissance, et que le côté logique et discursif de la parole disparaisse sous son côté physique et affectif, c'est-à-dire que les mots au lieu d'être pris uniquement pour ce qu'ils veulent dire grammaticalement parlant soient entendus sous leur angle sonore, soient perçus comme des mouvements (...) ; et à côté de cela comme dans les toiles de certains vieux peintres les objets se mettent eux-mêmes à parler. La lumière au lieu de faire décor prend les apparences d'un véritable langage et les choses de la scène toutes bourdonnantes de signification s'ordonnent, montrent des figures.*

Dans le second manifeste sur le « théâtre de la cruauté », Artaud prolonge un tel dégagement du « sémiotique » sur fond de « symbolique » :

> *À côté de ce sens logique, les mots seront pris dans un sens incantatoire, vraiment magique — pour leur forme, leurs émanations sensibles, et non plus seulement pour leur sens.*

Dans « En finir avec les chefs-d'œuvre », on comprend qu'il soit question de la sonorisation du spectacle : *les sons, les bruits, les cris sont cherchés d'abord pour leur qualité vibratoire, ensuite pour ce qu'ils représentent* ; on comprend qu'il soit question de la lumière aussi : *la lumière d'une caverne verte ne met pas l'organisme dans les mêmes dispositions sensuelles que la lumière d'un jour de grand vent.* Ceci aboutit, dans le *Théâtre de la cruauté,* à la compression énergique du texte et à la notion de part active de l'émotion poétique obscure qui oblige à des signes concrets, à ce spectacle qui ne craint pas d'aller aussi loin qu'il faut dans l'exploration de notre sensibilité nerveuse, avec des rythmes, des sons, des mots, des résonances et des ramages.

Il faut relire en ce sens le débat d'Artaud avec Lewis Carroll (Tome IX des *Œuvres complètes,* chez Gallimard pages 169 et suivantes surtout).

Autour de la traduction de Jabberwocky, texte encore dominé par la syntaxe et les morphèmes (libres et liés) du code grammatical, c'est tout le débat du « symbolique » et du « sémiotique » qui se joue. Signalons un article excellent de Laurent Jenny dans le numéro 35 de la revue *Littérature* (Larousse 1979) : « Le souffle et le soleil » et retenons essentiellement de ce détour par la pensée d'Artaud que ce qui se joue dans la langue même du poème dépasse radicalement l'artifice et la recette. Tout ceci a trait à la jouissance, à une expérience absolue de l'écriture [41]. Après une telle ouverture, il est certainement nécessaire de prendre des exemples simples et classiques.

Soient donc le premier et le dernier vers du *Dormeur du val* dont il a déjà été question plus haut :

(vers 1)   C'est un trou de verdure où chante une rivière
(v. 14)   Tranquille. Il a deux trous rouges au côté droit.
        /tʀɑ̃/kil/il/a/dɸ/tʀu//ʀu/ʒə/zo/ko/te/dʀwa//

Le passage de la *nature* (cosmos) et de la *vie* à l'*humain* (anthropos) et à la *mort* est ici conforme à la polysémie potentielle du substantif du titre :

    « Le dormeur » = DOR(T) + MEUR(T).

Ceci nous engage bien dans un procès qui désarticule le signe linguistique (ici le substantif « dormeur »), dans un procès typiquement « sémiotique » et non pas narratif et « symbolique ». En fait, comme le souligne Jean Ricardou dans ses *Nouveaux problèmes du roman* (Seuil, 1978), le sonnet de Rimbaud est un texte à fondement descriptif. L'effet de surprise du dernier vers tient au choix d'un ordre discursif descriptif où un aspect essentiel de l'objet décrit est tu pendant 13 vers. Ce poème n'est pas un récit en dépit de la transformation opérée : le soldat ne passe pas de la *vie* à la *mort* au cours des événements rapportés par le texte ; toutefois, en cours de texte, il se passe quelque chose et l'on peut dire que le soldat est mort au cours du texte. Donc, d'une certaine façon, ce texte est un récit, mais, comme le note Ricardou, un récit « aberrant », « non racontable », un récit proprement « innénarrable ». C'est l'effet de suspense, comme surdétermination du poème par sa fin, qui confère à cette description son apparente narrativité. Entre « C'est un trou de verdure » et « Il a deux trous rouges au côté droit », la transformation a moins lieu au niveau chronologique (narratif-« symbolique ») que scriptural. On passe, en effet de « UN trOU ... OU... » (vers 1) à « UN soldat... bOUche OUverte » (vers 5) et surtout à « DEUX (un + un) trOUs rOUges »

---

41. Georges Perec termine ainsi *Espèces d'espaces* : « Écrire : essayer méticuleusement de retenir quelque chose, de faire survivre quelque chose : arracher quelques bribes précises au vide qui se creuse, laisser, quelque part, un sillon, une trace, une marque ou quelques signes ».

(vers 14). L'application du principe de couplaison aboutit en ce dernier vers à une véritable extermination des unités phoniques [42] deux à deux : 2/tʀ/, 2/k/, 2/il/, 2/a/, 2/d/, 2/u/, 2/ʀ/, 2/o/ et les très proches /ɸ/ et /ə/. Restent les sons /ɑ̃/, /ʒ/, /z/, /t/, /e/ et /w/. Le vers précédent permet de réduire trois restes : /ɑ̃/ se trouve dans le lexème « dans », /t/ et /w/ dans « poitrine ». Restent donc trois phonèmes, chiffre qui correspond de façon surprenante à l'ouverture et à la fermeture phoniques du vers : « tʀ... wa » = /tʀwa/ = TROIS.

On retrouve bien là le procès d'extermination, de consumation des termes dont il a été question plus haut. Le travail poétique de la matière phonique rejoint le plan thématique : *la mort*. C'est exactement le même procès que dans le dernier vers de *Demain dès l'aube* de Hugo. Après l'apparition du lexème « tombe » à la rime de l'avant dernier vers, on trouve le vers suivant :

Un bouquet de houx vert et de bruyère en fleur.

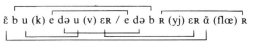

L'ensemble du poème apparaît comme un enfilage de motifs sonores : /vwa/ (« vois ») au vers 2, /vwa/ (« voir ») au vers 6 et /vwa/ (« voiles ») au vers 10 ; les groupes /aʀ/ et /ʀɛ/ au vers 2 (« partirai »), 5 (« marcherai »), 9 (« regarderai ») et 11 (« arriverai ») ; /vwa ty/ (« vois-tu »), au vers 2, engendre /twa/ (« toi ») au vers 4 et /vwaʀ/ au vers 6, /kʀwaze/ (« croisés ») au vers 7 ; /ʒə paʀtiʀɛ/ (« je partirai ») au vers 2 engendre /ʒiʀɛ paʀ/ (« j'irai par... ») ; enfin le « vers Harfleur » (/vɛʀ(aʀ)flɸʀ/) du vers 10 engendre les deux mots en relief à la césure et à la rime du dernier vers : /vɛʀ/ = « vert » et /flɸʀ/ = « fleur » ; etc.

Comme le poème reste un discours communicable (du moins dans les exemples choisis ci-dessus), les opérations « sémiotiques » restent inséparables de la fonction « symbolique » du langage ; *le « sémiotique » devient seulement la contrainte majeure, jusqu'à déborder parfois le signifié communicable*. Contraintes rythmiques, prosodiques, jeux de mots, nonsens, typographie jouent un rôle organisateur qui peut aller jusqu'aux « déviations » et aux ellipses syntaxiques non recouvrables dont parle

---

42. « Un phonème en tant qu'élément distinctif du sens appartient au langage comme symbolique ; mais ce même phonème, pris dans les répétitions rythmiques, intonationnelles, et ayant par là tendance à s'autonomiser du sens pour se maintenir dans une modalité sémiotique à proximité du corps pulsionnel, est une distinctivité sonore qui, donc, n'est plus un phonème et n'appartient plus au système symbolique » (J. Kristeva, 1977, p. 161).

S. R. Levin dans « L'analyse de la densité en poésie »[43] : la structure linguistique de certains poèmes « contient des effacements d'un type particulier (des effacements non récupérables) et (...) c'est précisément l'effet de ces effacements qui produit un sentiment et donc une réaction de densité ». Il est indispensable de ne pas réduire les effets de la dominance de la contrainte « sémiotique » à une simple attention portée sur le signifiant et le signe, ils sont indicateurs, plus profondément, d'un procès qui réactive le refoulé pulsionnel pour un *sujet* nécessairement *en procès*[44].

Au terme de ce parcours : du vers à *lalangue* en passant par le slogan, on mesure le déplacement des définitions de départ. Le poème comme le slogan manifestent la dimension « sémiotique » de *lalangue,* mais le poème est le seul à donner à l'hétérogénéité des deux types de logiques (« sémiotique » et « symbolique ») une profondeur que la psychanalyse a l'habitude de mesurer. En réunissant, d'une certaine façon, Saussure et Freud, Jakobson et Lacan (via Milner et Kristeva), nous ne voulons que donner une idée de l'ampleur du procès poétique de l'écriture et, corrélativement, de celui d'une lecture accordée à un tel objet de langage. Laissons J. Kristeva dessiner les grandes lignes d'une telle écoute. Elle parle d'un

> « souci de différencier dans le flux du discours, des *modalités d'articulations*, des *types de logiques*. Pourquoi ? Pour entendre, dans ce que ça dit, où ça souffre et où ça jouit. Et cela non seulement à partir des différentes *figures* ou *espaces* que peuvent tracer les signes assimilables à des signes linguistiques, mais aussi à partir d'*autres éléments*[45] (...) qui, tout en étant toujours déjà pris dans la trame du sens et de la signification, ne le sont pas à la manière des unités bifaces du signe saussurien et encore moins des catégories linguistico-logiques. C'est donc un autre statut des marques « signifiantes » que désigne la *chora-sémiotique* : hétérogène, mobile, dynamique. (...) Aucune primauté donc de ce « sémiotique », aucune place d'origine. Quand je l'entends dans les écholalies, intonations, ellipses irrécupérables, a-syntaxismes, a-logismes, dans tous ces écarts au discours codé,

---

43. *Foundations of Language* 7, 1971, pages 38-55 ; article cité dans le numéro 51 de *Langages*, Didier-Larousse, 1978.
44. « Chaque œuvre nouvelle est un sens nouveau, mais aussi un geste nouveau, et on ne saurait lire Louise Labé comme Arthur Rimbaud. (...) Or, comment lire *les Illuminations* sans s'interroger sur le geste rimbaldien ? Car « Rimbaud » n'est pas seulement un personnage de l'histoire littéraire, c'est aussi une « posture poétique », une proposition de sens, une expérimentation des pouvoirs de l'écriture (...). Lire, c'est donc rechercher dans les formes le sujet qui hante le texte, c'est dévoiler son activité dans la parole. Là se tient l'aventure poétique » (comme on le verra mieux au chapitre 5 consacré à l'énonciation) : Laurent JENNY, « Écrire à l'école : jeux et enjeux », *Le Français aujourd'hui* N° 51, 1980.
45. « Le sémiotique n'a pas d'unités discrètes signifiables, localisables », écrit J. Kristeva ailleurs.

mais aussi dans les gestes, les rires et les larmes, les passages à l'acte, il m'apparaît plutôt dans le *procès* signifiant comme la trace de la jouissance que le sujet se donne avec l'autre, à même le langage ou à travers lui, en se préservant des territoires perdus, immaîtrisables, débordants, échappés au tranchant de la synthèse prédicative et du jugement (...) ».

(*Revue Française de Psychanalyse*, « Il n'y a pas de maître à langage ».)

J.-C. Milner et J. Kristeva désignent avec une égale justesse ce « POINT DE POÉSIE » qui, plus que la « fonction poétique-autotélique », constitue bien l'objet du présent chapitre et de tout cet essai. Milner, comme J. Kristeva, oppose radicalement linguistique et poésie. Tandis que la science linguistique existe d'ignorer « lalangue » et, plus largement, le « sémiotique » dans la langue, la poésie apparaît comme « une position qui se définit de ne pas ignorer le point de cessation, d'inlassablement y faire retour, de ne jamais consentir à le tenir pour rien (...) », écrit J.-C. Milner, qui poursuit en ces termes :

> « L'acte de poésie consiste à transcrire dans lalangue même et par ses voies propres un point de cessation du manque à s'écrire. C'est en quoi la poésie a affaire à la vérité, puisque la vérité est, de structure, ce à quoi la langue manque, et à l'éthique, puisque le point de cessation, une fois cerné, commande d'être dit.
>
> Du reste tout le monde l'a toujours su et il est facile de reconnaître, dans la tradition critique, divers noms du point de cessation, qu'on pourrait aussi dire point de poésie : pour tel, c'est la mort, pour tel l'obscène, pour tel le sens plus pur, que l'on atteint en arrachant les mots au cercle de la réfé-rence ordinaire — ce qu'on désigne comme hermétisme. Pour tel enfin, Mallarmé ou Saussure, le point où cesse le manque, l'un en plus qui le comble, réside dans la phonie elle-même, qu'il s'agit alors de dépouiller de ce qu'elle a d'utile pour la communication, c'est-à-dire du distinctif : non plus le plus de pureté du sens, mais la facette multipliée de l'homophonie.
>
> L'étonnant, c'est que l'échec ne soit pas absolu et qu'un poète se recon-naisse à ceci qu'il parvienne effectivement, sinon à combler le manque, du moins à l'affecter. Dans lalangue, qu'il travaille, il arrive qu'un sujet imprime une marque et fraie une voie où s'écrit un impossible à écrire ». (*L'Amour de la langue*, pages 38-39).

Processus primaires, rythmes, intonations, pulsionnalité, ces opérations que J. Kristeva range dans le « sémiotique » pour les différencier des processus prédicatifs proprement « symboliques », constituent autant de désignations du *point de cessation-point de poésie* qu'elle préfère cerner autour de l'idée de retour de la négativité : « La syntaxe, comme assertion et cohésion identifiante, et la métalangue linguistique, qui la justifie, refoulent précisément ce retour de la négativité pulsionnelle dans l'ins-tance même de l'énonciation prédicative : le grammairien refoule la mort qui rythme l'énonciation et qui, sans détruire la finitude prédicative, la multiplie jusqu'à l'indéfini ; il fait métier de justifier la communication, la finitude, la position thétique, pour que la mort ne passe pas dans la langue, mais se réserve en deçà de la gorge » (1975, p. 259).

Parvenu à son terme, on cerne mieux à présent l'ambition de ce chapitre : donner quelques outils pour affronter quand même *la puissance du travail de la langue par l'écriture poétique, dessiner un parcours qui mène DE LA FONCTION POÉTIQUE-AUTOTÉLIQUE AU « POINT DE POÉSIE ». Parvenus à cette limite, il ne faut pas renoncer, bien au contraire, au propos méthodique et didactique. Les prochains chapitres structureront donc une approche sémio-linguistique dont on comprend mieux à présent en quoi elle développe l'opposition de M. Riffaterre entre lecture linéaire et référentielle (centrée sur la « signification normale » et proprement discursive) et lecture tabulaire, délinéarisée et débouchant sur la signifiance. Au terme de ce long chapitre essentiel au propos, posons nettement que : la lecture linéaire et référentielle s'inscrit dans l'ordre « symbolique » d'une langue de représentation et de communication codée tandis que la lecture tabulaire, poétique, qui délinéarise (on l'a bien vu plus haut) le signe et la syntaxe, permet d'entrer dans le procès « sémiotique » de la signifiance.*

4 Lire le poème : isotopies et figures

À ce niveau de la réflexion, il faut relire ce que nous avons dit plus haut (chapitre 1.2.) des enjeux de l'approche sémio-linguistique des poèmes. D'un point de vue didactique, la précision descriptive ne doit pas déboucher sur une poétique restreinte, sur un enfermement et un figement du poème. Ce qui, pour nous, doit dominer, c'est le caractère actif d'une lecture informée. Nous n'avons mis en place des procédures descriptives que pour rendre possible le plaisir sans cesse renouvelé de la découverte de corrélations. Apprendre à lire le travail de la matière verbale propre au type textuel rhétorique permet de situer le poème dans le cadre de plus vastes pratiques discursives. Le détour par le slogan, la maxime ou le dicton peut s'avérer pédagogiquement utile pour mettre en place des concepts et des procédures précises, mais ce qui compte, c'est que l'apprenant entre dans le travail de la langue.

D'un point de vue théorique, on a vu que nous n'avons assumé l'héritage de Jakobson qu'en le reformulant par une attention au type textuel rhétorique et au poème. Le présent chapitre poursuit ce mouvement en inscrivant le couple *métaphore/métonymie*, remis en vedette par Jakobson et ses successeurs, dans la perspective textuelle des isotopies. C'est donc bien, doublement, la même démarche qui se poursuit : *démarche théorique* centrée sur le poème comme (type de) texte et *démarche didactique* enrichie par la précision des outils descriptifs.

Les chapitres 2 et 3 ont été centrés sur l'examen de certains facteurs de textualité. L'accent a surtout été porté sur la saisie matérielle du poème dans sa dimension scripto-visuelle (importance du blanc, de la ligne du vers, de la strophe), sur les réajustements poétiques-prosodiques liés au(x) mètre(s), aux formes fixes et aussi, plus largement, aux parallélismes, couplages, paronomases, etc. Si nous avons bien défini l'approche sémio-linguistique comme une volonté de repérage et d'exploration de certains lieux textuels privilégiés, nous n'avons pas encore affronté les effets singuliers de la disponibilité polysémique du poème alors que c'est à ce niveau que s'ancrent les principales difficultés de lecture.

Se posent immédiatement la question des FIGURES (métaphore, métonymie, synecdoque, mais aussi antithèse, chiasme, oxymore, etc.) et du SENS dans le tissu poly-isotopique du poème. C'est à ces notions essentielles que ce chapitre est consacré : double entrée dans le poème par les isotopies et par les figures principales.

4.1. Dimension figurale et dimension (poly)isotopique du poème

Soient les énoncés suivants :

(1) Dans le salon de Madame des Ricochets, le thé de Chine est servi dans des tasses de porcelaine anglaise.

(2) « Dans le salon de madame des Ricochets
Le thé de lune est servi dans des œufs d'engoulevent » **(Breton)**

(3) « La charrue écorche la plaine » **(Théophile)**

La différence entre l'énoncé isotope (1) et l'énoncé surréaliste (2) réside assurément dans la non redondance sémantique des unités de (2). Par rapport au *salon*, au *thé* et aux *tasses*, des signes comme « lune » et « œufs d'engoulevent » apparaissent comme hétérogènes. Après le premier vers, facteur de mise en place d'un contexte référentiel de lecture, un énoncé comme « *le thé de...* » appelle un lieu (cas locatif) géographique du type *Chine* ou *Ceylan*, mais assurément pas un changement de planète ! C'est, du moins, ainsi que le lecteur utilise ses connaissances (linguistiques et encyclopédiques). Une procédure de récupération des signes ressentis comme hétérogènes peut inciter à considérer les « œufs d'engoulevent », en raison de leur forme et dans certaines conditions de préparation, comme susceptibles de faire office de réceptacle du thé qui reste, malgré tout, *de lune*. Un énoncé comme (2) permet de comprendre ce qu'est *l'isotopie du discours*. La lisibilité de (1) est assurée par l'homogénéité et la redondance de tout l'énoncé, celle de (2) et de (3) apparaît comme travaillée et perturbée par des signes hétérogènes au contexte référentiel (à ce que nous désignerons, chaque fois que le texte prendra appui sur un minimum de contexte descriptif-référentiel, par le terme *isotopie du contexte*). Insistons dès à présent sur le fait que les travaux actuels sur l'acte de lecture confirment le fait que lire c'est d'abord chercher à rendre l'énoncé lisible en récupérant les informations hétérogènes à la lumière du contexte ou en modifiant progressivement le contexte à la lumière des informations initialement ressenties comme hétérogènes. A priori, il faut absolument éviter de marginaliser la lecture de la poésie. Notre propos consiste, bien au contraire, à voir comment le poème (dé)règle la lecture, comment il exige d'être lu de façon singulière : d'une façon qu'il faut bien apprendre.

Pour préciser encore tout ceci, l'énoncé (3) se décompose aisément [1] en *terme induisant une référence* (« la charrue »), *terme co-référentiel* (« la plaine ») et *terme hétéro-référentiel* (« écorche »). La co-référentialité des signes « charrue » et « plaine » repose sur une relation de contiguïté (métonymique, on le verra plus loin) facile à établir entre eux. En revanche, le verbe vient rompre ce contexte isotope, produisant, au plan sémantique, un effet figural métaphorique :

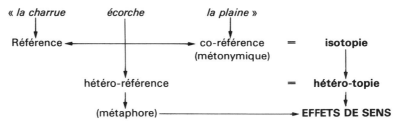

Le lecteur de (3) localise sans hésiter la métaphore dans le verbe qu'il identifie — en raison de ses connaissances encyclopédiques — comme hétérogène au contexte du labourage. En fait, il faut bien voir que l'effet métaphorique ne vient pas seulement du verbe lui-même. *L'effet figural vient de l'énoncé global. Chaque élément de la manifestation textuelle entre dans la production des effets de sens.* La sélection du classème / + animé/ pour désigner le siège de l'action de l'instrument « charrue » produit un transfert de sème / ± humain / qui métamorphose la plaine en corps (d'être humain ou d'animal). On comprend, même dans le cas d'un énoncé aussi arbitrairement et artificiellement isolé, que les effets de sens doivent être pensés dans le (con)texte où ils se développent (vers et poème) [2].

On a déjà dit que le propre du réajustement poétique, c'est d'opérer en surface des énoncés et sur toutes les composantes linguistiques. Afin de bien le voir, prenons l'exemple du second vers de « Zone » d'Apollinaire :

(4) Bergère ô tour Eiffel le troupeau des ponts bêle ce matin

1. Voir l'analyse de J.-L. GALAY : « Esquisse pour une théorie figurale du discours », *Poétique* N° 20 (Seuil, 1974).
2. « On ne peut en effet se borner à considérer l'allotopie, ou rupture d'isotopie, comme un fait strictement ponctuel : l'isotopie étant définie comme une propriété du discours, c'est sur ce plan qu'il faut envisager toutes les répercussions du phénomène » (p. 54 de *Rhétorique poétique*, Groupe MU, *op. cit.*).

D'un point de vue syntaxique et rythmique, le vers est scindé en deux ensembles. Une phrase syntaxiquement canonique tout d'abord : « le troupeau des ponts bêle ce matin » ; phrase articulée en deux ensembles métriques égaux : le syntagme nominal (SN) recouvrant cinq positions métriques et le syntagme verbal (SV) recouvrant cinq positions métriques aussi. On a affaire à une sorte de décasyllabe précédé d'un hexamètre : « Bergère / ô tour Eiffel ». Le changement de rythme (6/5/5) renforce la différence syntaxique : parataxe du premier hexamètre VS syntaxe du « décasyllabe ». C'est dans ce cadre syntaxique et rythmique que prend place l'effet métaphorique polyisotopique, lui-même travaillé par des opérations paragrammatiques. J. Peytard a raison d'écrire qu'ici : « le trope-métaphore s'organise sur le procédé banal du calembour : la tour n'est bergère que d'être sur la berge de la Seine. Et l'on sait le foisonnement dans le texte apollinarien des jeux de calembours : déplacements de formes du signifiant où l'écriture prend force » [3]. La polyisotopie peut être ainsi décrite :

$$Isotopie \, [+ \, anim\acute{e}] \rightarrow \frac{Berg\grave{e}re}{[+ \, humain]} \rightarrow \frac{troupeau \rightarrow b\^ele}{[- \, humain]}$$

$$Isotopie \, [- \, anim\acute{e}] \rightarrow \begin{matrix} Tour \, Eiffel \rightarrow ponts \, + \, ce \, matin \\ (Lieu) \qquad\qquad (Temps) \end{matrix}$$

Le déclenchement métaphorique s'appuie sur un jeu paragrammatique à l'intérieur de l'isotopie parisienne : la contiguïté métonymique :

$$Tour \, Eiffel \leftrightarrow \left\{ \begin{matrix} berges \, de \\ la \, Seine \end{matrix} \right\} \leftrightarrow ponts$$

déclenche le calembour, lui-même producteur de la métaphorisation : passage (recatégorisation sémique) de [− *animé*] à [+ *animé*, + *humain*]. Soit, pour la première partie du vers, une première chaîne productrice, renversée dans l'ordre de l'énoncé :

$$\begin{matrix} m\acute{e}tonymie \longrightarrow calembour \longrightarrow m\acute{e}taphore \\ \begin{matrix} Tour \\ Eiffel \end{matrix} \rightarrow \begin{matrix} berges \, de \\ la \, Seine \end{matrix} \rightarrow (berges/berg\grave{e}re) \rightarrow Berg\grave{e}re \end{matrix}$$

---

3. *Études de linguistique appliquée*, avril 1982, page 96. Sur ce même vers, voir aussi F. Rastier 1983.

Cette première chaîne engendre elle-même une métaphore filée qui prend appui sur de nouvelles relations métonymiques de contiguïté et ceci explique la présence finale des deux isotopies relevées plus haut :

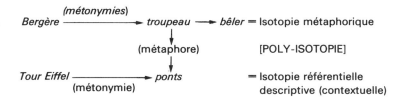

Un travail de la phonie se développe, en fait, sur tout le vers, isolant nettement l'énoncé déictique (« ce matin ») qui reste seul hors de la chaîne des figures :

Une véritable circulation paronomastique des phonèmes engendre la seconde partie du vers à partir de la première :

bergère...   ...Eiffel ⟶   bêle
/b/   /ɛl/   /bɛl/

...ô tour... ⟶   troupeau
/otuʀ/   /tʀu(p)o/

De l'exemple (3) à ce vers de « Zone », nous passons d'un effet figural hétérotopique (3) à une chaîne de figures productrices d'une signifiance dont on perçoit la complexité et la densité poly-isotopique.

On perçoit surtout qu'il est absolument nécessaire de maîtriser un minimum de concepts descriptifs dont nous pensons qu'ils interviennent dans les conditions de lecture (lisibilité/illisibilité) du texte poétique.

4.2. Isotopie(s) et lecture du poème

> Envisagée d'un point de vue linguistico-sémiotique, la lisibilité d'un texte est fondée sur le concept d'isotopie : lire un texte, c'est identifier la (les) isotopie(s) qui le parcourent et suivre, de proche en proche, le (dis)cours de ces isotopies.
>
> M. ARRIVÉ, *Lire Jarry*, p. 115.

4.2.1. Hétérotopie et poly-isotopie du poème

Du point de vue de la lecture, on a vu que le trope métaphorique, en (2), en (3) comme en (4), introduit une perturbation des redondances sémantiques et de la prévisibilité de l'énoncé. On a montré rapidement qu'il ne fallait pas considérer les tropes de façon statique et locale, mais qu'il était nécessaire d'envisager leur fonctionnement dans le texte (ainsi pour (3) et (4)). Comme l'a montré la comparaison des exemples (1) et (2), au fur et à mesure que sa lecture avance dans le vers (et/ou le poème), le lecteur construit un champ sémantique homogène permettant la récupération de toutes les informations. À la suite de A.J. Greimas et du Groupe MU, c'est ce champ — condition même de la lisibilité d'un énoncé — que nous appellerons une ISOTOPIE.

Lorsqu'un tel champ est reconnu, l'énoncé est jugé *cohérent* (ou non). Je rappelle la définition de Greimas : « Le concept de *cohérence*, lorsqu'on cherche à l'appliquer au discours, semble à première vue devoir être rapproché de celui, plus général, d'*isotopie*, comprise comme la permanence récurrente, tout au long du discours, d'un même faisceau de catégories justifiables d'une organisation paradigmatique » [4]. Dans l'exemple (1), la reconnaissance d'un champ isotopique permettait de récupérer tous les signes de l'énoncé. Avec (2) et (3), la reconnaissance d'une telle isotopie contextuelle entraînait le repérage d'unités hétérotopiques. C'est même cette identification qui déclenchait l'identification du trope métaphorique.

On peut, sans crainte d'erreur, dire du poème qu'il se caractérise par une telle hétérotopie (3) voire par une poly-isotopie (4). Dans ce dernier exemple parfaitement di-isotopique, on assiste à un développement proche de la métaphore filée (ici sur un seul vers). *Nous proposons de réserver la notion d'hétérotopie à la perception du trope et celle de poly-isotopie à la saisie d'un développement d'isotopies parallèles.*

---

4. *Sémiotique et sciences sociales*, Seuil, 1976, page 20.

Le jugement d'isotopie nous paraît fonder pour une part importante la perception du poème comme texte à la cohérence spécifique. Spontanément, les lecteurs mesurent la poéticité à la poly-isotopie ou, du moins, à la présence d'unité hétérotopiques. Le jugement d'*illisibilité* s'appuie généralement sur le sentiment d'absence de cohérence isotopique du discours. Il se trouve que — comme le souligne A. Berrendonner — « la cohérence d'un énoncé, puisqu'elle dépend des inférences de chaque phrase, dépend aussi de ses conditions d'emploi, réputées jusqu'alors extralinguistiques. Un discours n'est pas isotope ou anisotope *en soi*, mais isotope dans certaines circonstances, anisotope dans d'autres » (p. 131 de l'article cité page 244). La saisie du trope est soumise exactement aux mêmes conditions. Ainsi le célèbre slogan :

(5) Mettez un tigre dans votre moteur.

est-il entièrement décodé à la lumière de ses conditions d'énonciation : la présence d'un contexte publicitaire (journal ou magazine) ou d'une station service (affichage) fixent nettement l'isotopie du contexte de l'énoncé. Il ne peut s'agir, dans ce cas, de faire vendre/acheter un fauve, mais bien plutôt du carburant. « Moteur » est ainsi décodé comme partie du tout (synecdoque exemplaire) automobile fonctionnant à (métonymie) l'essence et consommant de l'huile. Le repérage et le décodage de l'élément hétérotopique est rendu possible par l'appui sur le contexte (situationnel). Les connotations du fauve rebondissent de l'élément hétérogène-hétérotopique au moteur lui-même (voire à son possesseur, dès lors mué en dompteur du félin par une dérive métonymique fréquente dans ce genre de publicité).

Les auteurs de *Rhétorique de la poésie* notent, au sujet de ce même exemple, qu'un changement de contexte énonciatif pourrait complètement modifier la perception du trope : prononcée par un dompteur désireux de soumettre son numéro au directeur d'un cirque en déclin, la même phrase voit son trope se déplacer vers « moteur » (si nous négligeons la métonymie *tigre* pour, par exemple, le *spectacle de dressage de tigres*). L'énoncé peut, dès lors, se lire comme un encouragement métaphorique à rendre un dynamisme utile à l'entreprise défaillante (pages 53-54).

En poésie, les conditions d'acceptabilité et de jugement d'isotopie reposent sur une perception avant tout textuelle des composantes. Ainsi, le vers d'Hugo :

(6) (...), et le jour pour moi sera comme la nuit.

n'est pas soumis aux conditions de vérité qui permettent, dans le monde qui est le nôtre, de nier l'équivalence du jour et de la nuit. C'est le contexte de la strophe et de tout le poème des *Contemplations* (« Demain dès l'aube... ») qui rend cet énoncé *ni vrai ni faux, mais signifiant dans le poème et dans la dynamique de sa signifiance*. Très simplement ici, ce vers s'inscrit dans un processus de négation de toute perception, situé au centre du poème :

05 Je marcherai les yeux fixés sur mes pensées,
06 Sans rien voir au dehors, sans entendre aucun bruit,
07 Seul, inconnu, le dos courbé, les mains croisées,
08 Triste, et le jour pour moi sera comme la nuit.

09 Je ne regarderai ni l'or du soir qui tombe,
10 Ni les voiles au loin descendant vers Harfleur, ...

Le vers s'inscrit plus largement surtout dans le contexte (isotopie) de la rencontre du vivant et de la mort où l'équivalence *jour-nuit* prend sens.

Dans le cas — fréquent en poésie — de *suites opaques* (c'est-à-dire rendant impossible la mise en place automatique d'une quelconque isotopie), des procédures élucidatoires sont mises généralement en œuvre. Utilisant les ressources de sa mémoire encyclopédique, le lecteur peut tenter de restituer les pièces supposées manquantes du dispositif signifiant, afin de lever, en partie, l'ambiguïté. L'appel au souvenir de configurations textuelles proches (textes lus ou entendus), c'est-à-dire à la *mémoire intertextuelle*, et/ou à des jeux du signifiant (calembours et paragrammes) permet, par exemple, d'élucider une suite surréaliste comme

(7) Il était une fois un dindon sur une digue...

à partir de « ding, ding, dong » ou du rapprochement de ce dindon avec le mythe d'Énée à partir d'une autre séquence : « Didon dina dit-on du dos d'un dodu dindon »[5].

C'est exactement ce que tente M. Riffaterre dans ses analyses ou, très simplement, sur un vers de Max Jacob (« *L'enfant, l'éfant, l'éléphant, la grenouille et la pomme sautée* »), Jean-Jacques Thomas qui conclut son analyse ainsi : « Lors du commentaire des textes opaques, l'indécidable entraîne la constitution d'un appareillage critique supplétif qui ne peut être qu'intertextuel »[6].

---

5. Voir sur ce texte *Linguistique et discours littéraire*, pages 176-184. À la suite de G. Genot, convenons de considérer l'intertextualité comme un aspect de l'hétérotopie du discours.
6. « Le coq et la perle », *Poétique* N° 45, 1981, p. 125. Sur cette même question, voir la fin de *Sémiotique de la poésie* de M. RIFFATERRE : « Non-sens : le brouillage intertextuel ». Nous verrons plus loin que le « flou » fait partie des effets de sens et qu'il ne faut pas tenter à tout prix de résoudre les effets d'ambiguïté et d'opacité. L'hétérotopie s'appuie sur des équivalences « floues » (voir encore G. Genot, pp. 274 sqq.).

Plus largement, le lecteur cherche à combler les trous sémantiques de façon *symbolique* [7]. Dans le cas du poème comme du texte littéraire, le mode « symbolique » d'accès à la mémoire (*évocation* suppléant l'échec de la *convocation* du savoir encyclopédique) devient prioritaire : « À côté de la convocation directe des connaissances encyclopédiques qui est du ressort du dispositif conceptuel, le dispositif symbolique crée à la longue ses propres parcours dans la mémoire, ces évocations qu'un rien déclenche et que rien ne semble pouvoir arrêter » (D. Sperber 1974, p. 135). Les isotopies sont susceptibles d'être lues-construites *selon le principe d'organisation rationnelle de la mémoire encyclopédique* (« classement relativement stable des informations en fonction des multiples hiérarchies de concepts », D. Sperber, 1975, p. 404) ou *selon le principe d'organisation « symbolique »* (« réseau d'associations toujours renouvelées en fonction d'analogies et de rapprochements occasionnels, effectués en dehors des classifications », *id.*). Ces remarques permettent d'inscrire le concept d'isotopie dans le cadre d'une rhétorique cognitive qui fait encore défaut à la linguistique comme à la sémiotique. Retenons essentiellement que le processus de lecture-construction des isotopies dont M. Arrivé explique fort justement que l'intertexte fournit le principe organisateur, peut être localisé plus globalement dans l'encyclopédie du sujet, dans son savoir sur le(s) monde(s), un savoir *rationnellement et « symboliquement »* organisé : « Tandis que l'organisation rationnelle de l'encyclopédie permet de *convoquer* directement une information à partir du concept dont elle relève, l'organisation symbolique permet d'*évoquer* une information à partir d'autres informations auxquelles elle est associée » (D. Sperber, 1975, p. 404).

On pense tout naturellement au fonctionnement de la mémoire proustienne, mémoire associative, paradigmatique par excellence. Dans *la Recherche*, chaînes et glissements isotopiques prennent nettement le dessus sur l'organisation narrative de l'énoncé [8]. Le processus séquentiel est remplacé par *l'évocation* dont D. Sperber dit ceci : « Dans l'évocation, aucun ordre n'est nécessaire et s'il en existe un ce sont des facteurs énergétiques qui le déterminent. Autrement dit, les pulsions, le désir, qui ne peuvent être qu'une entrave à la convocation, sont au contraire un moteur pour l'évocation » (1975, p. 404). Réalisant un « roman » dont la cohérence textuelle est tissée au niveau des développements et des

---

7. Au sens que Dan Sperber donne à ce terme (1974 et 1975 dans la bibliographie sélective) et qui n'a rien à voir avec le concept utilisé plus haut dans le sens de J. Kristeva.
8. Pour une analyse du développement et des transformations des isotopies chez Proust, il faut lire les pages 248-283 de *L'ambivalence romanesque Proust, Kafka, Musil*, de Pierre V. ZIMA (Le Sycomore, 1980).

transformations isotopiques, Proust porte à l'échelle romanesque un principe à l'œuvre exemplairement, et à des degrés divers, dans tout poème.

À ceci s'ajoute, dans le cas du poème, le fait que le lecteur est conscient d'avoir affaire à un type de texte réglé par la superficialité phonique, rythmique, métrique, etc. du discours. Il opère donc des dérivations phoniques (calembour du vers de « Zone » examiné plus haut), paronomastiques, ou bien il se contente d'*isophonies*, d'*isotaxies* (itération d'unités ou de structures syntaxiques), d'*isosémies* dessinant une cohérence « superficielle » du discours. Renvoyant aux propositions de Rastier, du Groupe MU et au chapitre de *Linguistique et discours littéraire* consacré à l'isotopie pour un élargissement de la notion, je rappelle seulement ici que, selon A.J. Greimas (1972, p. 16),

> « *Théoriquement rien ne s'oppose à l'emprunt au plan du contenu du concept d'isotopie : c'est l'isotopie sémantique de nature sémémique qui permet de surmonter les obstacles qu'oppose à la lecture le caractère polysémique du texte manifesté. Un niveau phonémique donnant lieu à une lecture isotope semble pouvoir être postulé. On sait que le destinataire d'un discours quelconque réussit à éliminer, au moment de la perception, jusqu'à 40 % des redondances phémiques inutiles à la saisie du sens ; la réception du message poétique pourrait à l'inverse être interprétée comme la valorisation des redondances devenues significatives avec le changement du niveau de perception, valorisation qui donnerait lieu à la saisie des régularités constitutives d'une nouvelle isotopie sonore, connotative, si l'on veut, et non plus dénotative. Le discours poétique se déroulant sur le plan de l'expression pourrait ainsi être conçu sous la forme d'une projection de faisceaux phémiques isotopes* »

Ces remarques vont, bien sûr, dans le sens des propos du chapitre 3.

Ce qui nous intéresse surtout ici, à la lumière du concept d'isotopie, c'est de passer de l'idée simpliste de polysémie du texte poétique à celles d'hétérotopie et de poly-isotopie du discours. À partir de là, c'est moins la hiérarchie des diverses isotopies d'un texte qui nous intéresse que *leur articulation*. Nadine Gelas résume ainsi l'intérêt de la position qui est la nôtre dans les études qui suivent :
• d'une part, elle permet « d'éviter d'entretenir la confusion entre *lecture unifiante* (« le texte n'a qu'un sens ») et *cohérence textuelle* » ;
• d'autre part, elle situe davantage l'isotopie par rapport à la lecture du texte, à sa perception même, et elle pose « à côté de (et en liaison avec) un *modèle tabulaire* organisant les effets de sens entre eux, un *modèle linéaire* qui devrait rendre compte des procédés de production et de distribution de ces mêmes effets » (page 37). Même position chez M. Arrivé qui pointe le rapport essentiel entre énonciation et textualité : « On se trouve alors ramené au problème de la syntagmatisation des structures paradigmatiques, c'est-à-dire à la mise en discours, c'est-à-dire à l'énonciation » (1981, p. 35).

4.2.2. L'articulation des isotopies dans « Monde » de Breton (2)

> Les mots, de par la nature que nous leur connaissons, méritent de jouer un rôle autrement décisif. (...) Il suffit que notre critique porte sur les lois qui président à leur assemblage. La médiocrité de notre univers ne dépend-elle pas essentiellement de notre pouvoir d'énonciation ? (...) Qu'est-ce qui me retient de brouiller l'ordre des mots, d'attenter de cette manière à l'existence toute apparente des choses !
>
> Le langage peut et doit être arraché à son servage. Plus de descriptions d'après nature, plus d'études de mœurs.
>
> Silence, afin qu'où nul n'a jamais passé je passe, silence ! — Après toi, mon beau langage.
>
> BRETON, *Point du jour.*

Le titre du poème déjà cité page 63 peut être soumis à une désarticulation polysémique attentive à sa signifiance. Dans ces conditions, la belle unité monosémique de ce titre sans déterminant éclate en un mouvement au moins conforme à celui qu'induit le dernier mot du texte : « escarpolette » : le balancement sémantique va d'une isotopie du *beau-monde* et du *grand-monde* de Madame des Ricochets (la particule fait bien sens à ce niveau) à une isotopie du monde de la nature, du ricochet d'une pierre plate sur l'onde. Soient les isotopies ANTHROPOS (i1) et COSMOS (i2), médiatisées dans le mot-titre du poème [9].

---

9. Je ne fais qu'allusion à la thèse du Groupe MU (*Rhétorique de la poésie*) dans la mesure où je pense que cette recherche d'une structure sémantique profonde de la poésie lyrique occidentale, pour intéressante et pertinente qu'elle soit, risque de dissimuler un travail de la signifiance qui ne se résoud pas au modèle triadique. Selon eux, c'est sur le plan du signifié qu'il faut chercher la spécificité du poétique. Tout poème comporte deux super-isotopies *cosmos* (*extéroceptivité* chez Greimas et *Nature* chez Lévi-Strauss) VS *anthropos* (*intéroceptivité* et *Culture*) ; il se constitue en totalité symbolique, univers en réduction, à partir d'une médiation de cette opposition par le *Logos* (médiateur symbolique entre l'homme et le monde). Il s'agit d'un *modèle culturel*, d'un *schéma d'attente* disponible et responsable de la « production de l'intérêt poétique ». Appliqué à un texte de type rhétorique, ce schéma d'attente le constitue en poème. Sans en faire jamais le centre de ma réflexion, je me refuse à écarter cette hypothèse que je considère seulement comme trop puissante et trop générale. Voir, plus loin, chapitre 6 page 218.

Pour porter notre attention sur l'articulation des réseaux isotopiques, il est indispensable de compléter l'étude de la section 2.4.3. par une rapide analyse syntaxique du poème. Il faut examiner comment l'information progresse linéairement afin de mieux entrer dans la tabularité de la signifiance. Le parallélisme des vers 01, 05 et 09 est accentué par le connecteur prépositionnel locatif DANS qui fixe un *lieu* tandis que le vers 12 contraste aussi avec l'arrivée du *temps* : QUAND.

Les vers répétés, du fait même de la redondance, limitent l'apport d'information nouvelle. Convenons de les désigner comme fournissant le *thème constant* du texte. Du thème constant [10] « Dans le salon de madame des Ricochets », des *sous-thèmes* sont dérivés et disposés en un lieu typographique et métrique précis : l'initiale des vers. Le thème constant (le « salon » surtout) apparaît comme un *hyperthème* englobant les composantes métonymiques-synecdochiques énumérées ensuite (série de Thèmes = Th) :

01	Hyperthème (TH1)	= (Dans) le SALON...
02	Th2	= les MIROIRS...
03	Th3	= la CONSOLE...
04	Th4	= (et) le TAPIS...
05	Hyperthème (TH1)	= (Dans) le SALON...
06	Th5	= le THÉ...
07	Th6	= les RIDEAUX...
08	Th7	= (et) le PIANO...
09	Hyperthème (TH1)	= (Dans) le SALON...
10	Th8	= des LAMPES BASSES...
11	Th9	= ... la CHEMINÉE
12	(rupture de la progression thématique)	
13	Th10	= les PORTES...

L'intérêt de ce choix d'analyse phrastique procédant à partir de la cohésion thématique réside dans l'attention portée à la composante textuelle. On voit facilement que ce poème se structure *à gauche* (Thèmes) et *à droite* (Rhèmes) des transitions verbales : 02 = *sont*, 03 = *est*, 04 = *meurt*, 06 = *est servi*, 07 = *amorcent*, 08 = *sombre*, 10 = φ + 11 = *luttinent*. Aux vers 10 et 11, la place de la transition verbale change (tête de vers 11, soit entre le vers 10 et le vers 11) pour passer, au vers 13, dans le vers initial de « strophe » : « *Quand madame des Ricochets SONNE* ». La forme change donc progressivement en cours de texte.

---

10. Sur ces notions de Thème, transition, Rhème, progression thématique et dynamique communicative, voir le livre de B. Combettes : *Pour une grammaire textuelle* (De Boeck-Duculot, Bruxelles, 1983). Voir aussi, plus haut, pages 89 et 90.

Retenons ici que le sens métonymique-synecdochique du rapport entre les parties (Thèmes) du tout (Hyperthème « salon ») s'inscrit dans la disposition typographique (*à gauche* VS *à droite* de la transition verbale). Dans *la Structure absente*, Umberto Eco insistait déjà sur le fait que le message esthétique est un message que nous sommes obligés de commencer « par observer pour voir comment il est fait » (Mercure de France, 1972). C'est bien de cela qu'il s'agit.

De plus, le dévidement de l'isotopie du *salon* (i1) se fait en position thématique conformément à la définition qu'on peut donner du Thème à la suite des travaux de l'école de Prague : le Thème est moins l'élément connu ou supposé connu que celui qui apporte le moins d'information. L'appartenance d'un signe à l'isotopie du contexte du salon n'en fait qu'un élément d'une description (relativement) prévisible. Nous sommes bien là dans ce que Dan Sperber désigne comme une procédure de *convocation* rationnelle d'un savoir encyclopédique. Dans la partie « *droite* » du poème, en revanche, c'est plus l'évocation « symbolique » qui l'emporte.

Le propre d'un texte, c'est d'être *en tension* entre ce qui fixe son unité (thématique) et sa progression (rhématique). Voyons donc comment se distribuent les éléments hétérogènes au contexte du salon. Dès certains Thèmes (à gauche de la transition verbale), un mouvement conforme à l'introduction (métaphorique) de l'isotopie du *cosmos* est perceptible :

06 :	*le thé*	*de lune*	/ *est servi* /	... ...
	Thème	reste du		
	propre	Thème	transition	(Rhème)
	Th5	Th5′		
	(i1)	(i2-*cosmos*)		

08 :	*le piano*	/ *en perspective perdue* /	*sombre* ...
	Th-propre	reste du Thème	transition
	Th7	Th7′	

Dans sa préface de *Signe ascendant*, Breton met l'accent sur cette dynamique très sensible lorsque l'on constate qu'à droite des verbes l'information échappe au cadre strict des Thèmes pour parcourir i2 en tous sens : « J'aime éperdument tout ce qui, rompant d'aventure le fil de la pensée discursive, part soudain en fusée illuminant une vie de relations autrement fécondes ». C'est exactement ce qui se passe ici : le poème semble se fixer un cadre (i1) et il le travaille jusqu'à l'éclatement des deux vers terminaux. Le titre est lui-même traversé par i2 : « (m)onde », de même l'hyperthème « salon » : (sa)l'on de (madame...). Une isophonie engendrée par le « piano » du vers 08 (Th7) traverse les Thèmes : Th2 = MI(roir) + Th3 = LA (con)SOL(e) + Th6 = (ri)DO. Et l'on pourrait poursuivre, avec Breton lui-même, dans son article « Les mots font l'amour » de *Les Pas perdus* :

> On commençait à se défier des mots, on venait tout à coup de s'apercevoir qu'ils demandaient à être traités autrement que ces petits auxiliaires pour lesquels on les avait toujours pris ; certains pensaient qu'à force de servir ils s'étaient beaucoup affinés, d'autres que, par essence, ils pouvaient légitimement aspirer à une condition autre que la leur, bref, il était question de les affranchir (...). Il s'agissait : 1° de considérer le mot en soi ; 2° d'étudier d'aussi près que possible les réactions des mots les uns sur les autres (...). Et qu'on comprenne bien que nous disons : jeux de mots, quand ce sont nos plus sûres raisons d'être qui sont en jeu. Les mots du reste ont fini de jouer.

Rendus sensibles à ce travail de la signifiance, nous découvrons qu'à droite des verbes, le désordre apparent s'inscrit globalement dans l'isotopie du *cosmos* (i2). Entre l'intérieur du salon (i1-*anthropos*) et l'extérieur (i2-*cosmos*) s'introduit un progressif mouvement d'éclatement, actualisé au vers de la rupture finale : « Les portes se fendent »... L'isotopie aquatique et plus largement liquide traverse, en l'unifiant, i2 : chaque bloc de quatre vers s'achève par un engloutissement

O4 = *meurt comme les VAGUES*
O8 = *sombre d'un seul bloc dans la NACRE* (coquillage)

en passant par les « grains de rosée pressés » (O2) et la « fonte des neiges » (O7), par les jeux du signifiant aussi : *l'onde* déjà localisée dans le titre et le « salon de », dans « rideaux » aussi : *rides d'eau*, dans « engoulevent » : *houle-vent.*

Sans développer davantage, et pour l'essentiel, je reprends la conclusion de l'article où j'ai proposé une première analyse de ce texte (*Pratiques* N° 39, 1983) : lire le poème, c'est voir non seulement l'unité (la cohésion et la cohérence isotopique) mais la tension et les contradictions d'un texte. C'est surtout être sensible à ce que le texte construit (son propre code-système) et déconstruit entre son début et sa fin. On lui restitue ainsi son caractère hétérogène (pluri-codé) et dynamique, *composé* (unité forte) et *composite* en même temps. En apprenant à délinéariser la lecture et à opérer par balayages successifs, on peut espérer rendre les lecteurs attentifs aux divers codages du texte poétique. On peut les préparer à une lecture plus attentive aux réseaux signifiants et surtout véritablement active, à une lecture capable d'entrer dans le jeu de la productivité textuelle. Dès son article sur la « Théorie du texte » de l'*Encyclopedia Universalis*, en posant que *le texte est une productivité*, Barthes insistait sur sa nature, moins de produit que de :

> *« théâtre même d'une production où se rejoignent le producteur du texte et son lecteur : le texte « travaille », à chaque moment et de quelque côté qu'on le prenne ; même écrit (fixé), il n'arrête pas de*

travailler, d'entretenir un processus de production. Le texte travaille quoi ? La langue. Il déconstruit la langue de communication, de représentation ou d'expression (là où le sujet, individuel ou collectif, peut avoir l'illusion qu'il imite ou qu'il s'exprime) et reconstruit une autre langue, volumineuse (...) » (p. 1015).

Ceci rejoint bien nos remarques de la fin du chapitre 3.

4.3. Entrer par les figures (Métaphore-synecdoque-métonymie) dans la signifiance du texte poétique

L'étendue de la bibliographie sélective correspondant au présent développement montre, à l'évidence, l'ampleur des recherches qui tournent autour de la question des *figures.* Vieille de vingt quatre siècles et heureusement réactivée par Roman Jakobson et ses successeurs, la théorie des figures s'est progressivement centrée sur le couple *métaphore-métonymie* [11]. Il n'est pas question d'entreprendre ici une synthèse ou une histoire [12] de ces notions et de leurs rapports à la troisième figure — la synecdoque — remise en avant par cette « nouvelle rhétorique ». La question qui nous intéresse — dans le prolongement et la révision des propositions des pages 140-184 de *Linguistique et discours littéraire* — a trait à la nécessité de mettre en place un appareil descriptif opératoire au niveau plus didactique que théorique qui fait l'objet du présent essai. Conformément à ce qui a été dit plus haut (4.1.), nous lions l'approche des figures à la réflexion sur la dimension hétérotopique et poly-isotopique des textes poétiques. Les figures nous retiennent donc, certes pour ce qu'elles nous apprennent du fonctionnement du langage ordinaire, mais surtout pour leur(s) fonction(s) et fonctionnement(s) en texte. Nous partons du principe suivant : il est indispensable de rendre aux figures l'espace textuel où elles s'inscrivent et prennent sens.

---

11. C'est l'article intitulé « Deux aspects du langage et deux types d'aphasies », publié en 1956, qui lance un débat ouvert, en fait, dès 1935, dans l'article de Jakobson sur la prose de Pasternak et, dès 1923, dans les recherches d'Eickenbaum. L'élargissement du débat peut, malgré tout, être daté de 1956 et surtout de la traduction, en 1963, du premier tome des *Essais de linguistique générale* où l'article est repris.
12. Voir les synthèses de G. Genette, de P. Kuentz et surtout celle de Christian METZ, toutes citées dans la bibliographie des pages 244-245.

C'est bien ainsi que nous avons procédé au chapitre 2.3.2. pour décrire le fonctionnement de l'ANTITHÈSE dans un sonnet de Louise Labé. Puisque le développement qui suit porte surtout sur les figures métaphorique et métonymique, insistons d'entrée sur l'importance d'une figure comme *l'antithèse* dans la poésie comme dans le discours de la propagande.

En littérature, on pourrait multiplier les exemples de textes structurés à partir de cette figure : ainsi les portraits de Giton et de Phédon dans *les Caractères* de La Bruyère ; ainsi les deux frères antagonistes de *La Neige en deuil* de Troyat (Isaïe et Marcellin). La publicité joue systématiquement sur une telle figure, elle aussi. Ainsi dans cette série de trois diptyques, visible dans le métro parisien en décembre 1983 :

(1) Monsieur Antiquité **(et/vs)** Monsieur Rodier
(2) Monsieur Fossilisé **(et/vs)** Monsieur Rodier
(3) Monsieur Hiberné **(et/vs)** Monsieur Rodier

L'effet de sens figural résulte bien, chaque fois, de l'énoncé global (texte et image d'abord) et même de la juxtaposition linéaire (à l'affichage) des trois diptyques. Ajoutons que cet intéressant cas limite illustre admirablement le fait qu'un énoncé prend son sens d'un rapport figural à un autre énoncé : « Monsieur Rodier » est vide de sens (à la différence d'un élément classique d'un couple antithétique) si la série *Antiquité* + *Fossilisé* + *Hiberné* et la construction antithétique ne le remplissent pas d'une signification manquante et à déduire par le lecteur. L'antithèse est une figure si courante que les publicistes savent que le lecteur reconstruira correctement le sens de l'énoncé lacunaire : de la série, il déduira des sèmes comme /*désuet*/, /*passé*/, /*immobilisme*/, etc. qu'il opposera, pour construire le sens de « Rodier », à /*moderne*/, /*actuel*/, /*vivant*/, etc.

Plus subtile que l'antithèse systématique, l'opposition des deux adjectifs du premier vers des « Colchiques » :

(4) Le pré est vénéneux mais joli en automne

apparaît comme un générateur des équivalences textuelles de la première strophe. Trace énonciative exemplaire, le fait de relier deux adjectifs par le connecteur MAIS marque l'attitude subjective de l'énonciateur en introduisant par exemple un rapport affectif entre le premier adjectif de valeur connotée positive (ressenti comme tel) et le second de valeur connotée négative : *intelligent mais paresseux, beau mais niais*, etc. Avec MAIS et l'effet d'échelle argumentative introduit le discours tout entier est emporté dans le sens des conclusions à tirer de l'adjectif aux connotations négatives qui suit le connecteur.

En renversant l'ordre canonique des deux adjectifs, Apollinaire introduit moins un effet de surprise qu'un effet d'échelle, et il joue, sinon sur l'antithèse pure, du moins sur le caractère inverse des conclusions à déduire des deux adjectifs et surtout sur l'effet d'échelle argumentative :

« vénéneux » → *conclusion C* /MAIS/ « joli » → *conclusion non C*

Soit une *attirance mortelle* appuyée par la force hypnotique (?) des yeux-colchiques de l'allocutaire : « Et ma vie pour tes yeux lentement s'empoisonne ». Le connecteur ET porte toute la dynamique du discours (relayé, bien sûr, par les comparaisons qui autorisent le passage des « vaches » à « ma vie » et de « le colchique » à « tes yeux ») ; ET résume à lui seul la *conclusion* induite par le mouvement d'échelle introduit par MAIS : l'adjectif introduit par le connecteur est présenté comme plus fort et la conclusion *non C* (attirance) l'emporte sur la conclusion *C* (répulsion).

Le poème est, on le voit, aussi une « démonstration », mais une démonstration dans laquelle les figures jouent un rôle essentiel en élevant jusqu'au mythe (de Médée la magicienne empoisonneuse de Colchide) la substitution métaphorique et l'opposition des adjectifs.

Pour en revenir à la plus connue des figures, la MÉTAPHORE, il faut noter qu'elle oblige le linguiste à ne pas oublier que « la polysémie est la loi du langage, non plus défaut, trébuchement de la parole, en droit réductible par le contexte, mais projection dans l'utilisation de la langue de la surdétermination propre à l'inconscient. Nous rejoignons aussi par là l'importance accordée par Saussure à l'axe associatif, celui du non-dit, condition même de l'acte de parole, au même titre que l'axe syntagmatique » [13]. Comme l'écrit encore Claudine Normand : « Le processus métaphorique intervient comme tel dans tout acte de parole » (p. 23).

Si la polysémie du poème est généralement admise, cette caractéristique peut masquer le fait qu'il n'est pas de communication absolument univoque ni exclusivement linéaire. Aucun discours n'est entièrement dépourvu de significations transversales. Tout texte, comme les travaux de l'école de Bakhtine l'ont montré, est constitué de fragments de paroles étrangères. On peut même poser que la plupart des discours « lisibles » et déclarés « cohérents » résultent d'un *paradoxe : des sous-*

---

13. Cl. Normand, 1976, p. 42. Sur cette question, voir aussi C. Metz, 1977. Pour Cl. Normand la figure (métaphore ou métonymie) « prenant place dans un fonctionnement polysémique du langage, se révèle à l'évidence dans la pratique analytique comme un moyen dont s'empare le désir dans son processus général de déplacement, de substitution, de masquage. Mais il n'y a pas de sens premier, vrai, et qui serait masqué par quelque ruse de l'inconscient, puisque le déplacement (sous la forme du refoulement) est constitutif même de l'inconscient » (p. 43). La figure « apparaît comme un des moyens par lesquels se donne à entendre ce qui n'était pas destiné consciemment à l'information et le schéma de la communication en est en conséquence définitivement mis en question » (p. 42).

ensembles hétérogènes se combinent pour construire un texte isotope et pour donner à lire-voir un monde homogène [14]. C'est bien à ce niveau que les figures font utilement retour dans la démarche sémio-linguistique d'analyse textuelle, et, en premier lieu, la métaphore et la métonymie.

Cette dernière, avec la synecdoque de *la partie pour le tout* et *du tout pour la partie*, assure l'homogénéité de l'isotopie du contexte. Il résulte de son action un effet d'homogénéité spatiale, temporelle ou logique (contiguïté spatiale ou logique : effet de/cause de, réalité symbolisée par, fabriqué à, contenu de). Alors que la métaphore apparaît « comme étrangère à l'isotopie du texte où elle est insérée » (Le Guern, 1973, p. 16), la métonymie domine dans le récit réaliste-lisible obsédé par la transitivité de son message. Comme le note Jakobson : « C'est l'association par contiguïté qui donne à la prose narrative son impulsion fondamentale ; le récit passe d'un objet à l'autre, par voisinage, en suivant des parcours d'ordre causal ou spatio-temporel, le passage de la partie au tout et du tout à la partie n'étant qu'un cas particulier du processus » (1973, p. 136). Rassurée par la continuité-contiguïté référentielle des éléments, la lecture peut ainsi procéder de proche en proche.

La langue courante utilise le glissement de sens par contiguïté (géographique ou plus large) dans « un Bordeaux » pour un vin *fabriqué à* Bordeaux ou « un Roquefort », mais aussi dans la désignation « Vichy » pour le Régime de Vichy désigné, dès lors, par le lieu géographique de l'exercice de son pouvoir, ou encore « Helsinki » pour les accords d'Helsinki et la conférence sur les droits de l'homme qui s'y est tenue. Retenons essentiellement que, dans tous les cas, l'ellipse est rendue possible par l'appui sur un savoir partagé référentiel : les éléments (présents-absents) s'appellent les uns les autres et le discours prend appui sur une véritable chaîne de renvois contextuels-référentiels (ce que nous avons désigné plus haut par le terme « convocation », lié, selon D. Sperber, à l'organisation rationnelle de la mémoire encyclopédique).

On a vu plus haut que la métaphore du second vers de « Zone » :

(5) Bergère ô tour Eiffel le troupeau des ponts bêle ce matin

prend appui sur de tels renvois : *Tour Eiffel-ponts-berges de la Seine*, d'une part, *bergère-troupeau-bêle*, d'autre part. Chaque isotopie est régie par une chaîne de contiguïtés liée à la convocation directe de savoirs encyclopédiques. Si la métaphore semble engendrer un « écart », c'est avant tout dans la chaîne des contiguïtés d'une isotopie. Ainsi, énoncer : « ... *le troupeau des ponts bêle* »..., c'est énoncer une contradiction puisqu'on affirme d'un objet « ponts » qu'il est, à la fois, /inanimé/ et troupeau bêlant, donc /animé/ (animal). L'incohérence référentielle et descriptive

---

14. G. GENOT, « L'adieu d'Ophélie », p. 278 (*Revue d'Esthétique* N° 3/4, 1978).

est ici la source d'une poly-isotopie (di-isotopie) générée, on l'a vu, par le calembour producteur qui ouvre le vers [15] : une autre logique s'instaure qui n'est plus ni VRAIE ni FAUSSE. On passe d'une logique et d'un genre *préconstruits* (faits de renvois attendus, prévisibles : métonymiques-synecdochiques) à une logique et à un genre *construits* [16] générateurs d'équivalences floues.

Il faut préciser ces notions de « *flou* » et d'« *équivalence* » pour espérer cerner les effets sémantiques du processus métaphorique. L'assertion d'une équivalence est assurément la clé du processus métaphorique et l'on peut ajouter, avec Robert Martin, que « c'est dans une logique du flou que la métaphore paraît trouver l'interprétation la plus satisfaisante » (1983, p. 197). Rappelons, tout d'abord, que :

> « *pour qu'il y ait figure, la ressemblance ne doit pas être dans les choses (*Sophie ressemble à sa mère *n'est pas une figure), mais dans la manière, forcément subjective, dont on voit les choses (*Sophie ressemble à la Tour de Pise*). (...) Le comparé renvoie obligatoirement à un objet d'univers (individu :* Achille est un lion, *ou classe :* L'homme est un loup pour l'homme*). Il n'en est pas ainsi du comparant, qui signifie seulement une propriété ou un ensemble de propriétés. Même dans le type* Sophie ressemble à la Tour de Pise, *où apparemment les deux membres de la comparaison réfèrent, le second est pris en fait pour la (ou les) propriété(s) typique(s) qu'il suggère* » (R. Martin, 1983, pp. 188-189).

L'assertion d'équivalence passe par une identité pour le moins généralement *floue* et l'analyse tente de décrire la sélection, dans les prédications propres au comparant, de celle(s) qui convien(nen)t également au comparé.

Sur ce point, l'analyse de John R. Searle, au chapitre 4 de *Sens et expression*, est tout à fait importante. Retenons essentiellement que, selon lui, la ressemblance « fonctionne comme une stratégie de compréhension, et non comme un constituant du sens » (p. 137). C'est dire que l'assertion :

(6) Richard est un ours mal léché

---

15. Il faut insister sur le fait que « Tour Eiffel » et « ponts » viennent chaque fois en position seconde et qu'en conséquence la di-isotopie de ce vers semble faire du réel parisien l'élément hétérogène dans le contexte pastoral. En fait, comme nous le signalions plus haut, il n'y a pas de hiérarchie d'une isotopie sur l'autre, mais bien poly-isotopie totale, renforcée par les procédures syntaxiques de détermination des éléments d'une isotopie par des éléments d'une autre.
16. P. Ricœur parle fort justement du « caractère construit du sens métaphorique » page 125 de *La Métaphore vive*.

n'est pas « VRAIE » au niveau du sens du lexème OURS. C'est une assertion construite qui porte sur RICHARD et pas sur OURS. L'énoncé métaphorique reste « VRAI » même si les ours n'ont pas la caractéristique évoquée (« être mal léchés »). Il en va de même de l'exemple suivant :

(7) Richard est un lion

Dire (7) pour laisser entendre le courage de Richard ne tient pas vraiment au sémantisme de /LION/ en lui-même. Après tout, nous pouvons fort bien entendre /paresseux/, ou /séducteur/ au lieu de /courageux/. L'énoncé métaphorique pose que le comparé (ici RICHARD) a certaines caractéristiques du comparant (OURS ou LION). Pour savoir quelles sont ces caractéristiques, *l'énoncé métaphorique donne l'instruction* au lecteur/auditeur d'avoir à chercher celles qui peuvent éventuellement être associées au comparant. Même si les clichés et autres lieux communs jouent un rôle essentiel dans la compréhension, le fait qu'il y ait figure avertit le lecteur/auditeur qu'il doit reconstruire par *évocation « symbolique »* un arrière-plan d'informations manquantes (c'est cela la figure). Il est évident aussi que décoder *courageux* ou *paresseux* à travers l'énoncé métaphorique (7) sera plus ou moins facilité par le contexte situationnel ou textuel : l'histoire de Richard-Cœur de Lion, par exemple.

Revenons au poème à partir de l'exemple (5). La mise en équivalence du *comparé* « Tour Eiffel » et du *comparant* « Bergère » introduit une contradiction entre les classèmes /− animé/ et /+ animé, + humain/. Le décodage métaphorique est déclenché par cette équivalence contradictoire. La figure se donne, dès lors, comme telle et, pour résoudre cette représentation conceptuelle défaillante, le lecteur ouvre le champ de l'*évocation « symbolique »*. A. Berrendonner (1981, p. 179) comme D. Sperber (1975, p. 411) suggèrent que le lecteur applique un « opérateur de modalisation approximative » et opère ses dérivations sur le mode du *COMME SI*. Ainsi, la « Tour Eiffel » n'est sémantiquement « bergère » que parce qu'elle entretient avec les « ponts » un rapport métonymique comparable à celui d'une « bergère » avec son « troupeau ».

Nous pouvons tenter de décrire les opérations de lecture : le calembour générateur de la métaphore est en quelque sorte masqué par sa réactivation sémantique par la chaîne d'équivalences déjà décrites plus haut ; la seconde métaphore, engendrée par le complément déterminatif et le verbe (« le troupeau DES ponts BÊLE »), résulte elle-même de la première : les ponts ne forment troupeau et ne bêlent que d'être ainsi dominés par la Tour Eiffel-bergère.

Le propre d'une figure, c'est que son analyse en propositions et sa confrontation aux savoirs encyclopédiques ne sont pas intégrales. C'est précisément ce qui nous incite à parler de « *flou* » des équivalences. En (5), la sélection de prédications communes (intersections sémiques ici) est approximativement la suivante :

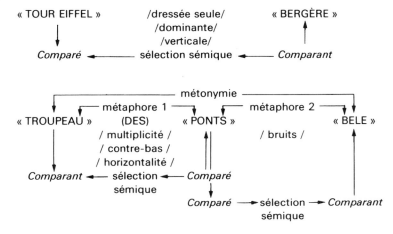

Cette opération de sélection n'a pas le caractère évident et obligé que — dans un mouvement d'optimisme formaliste — je décrivais pages 144-145 de *Linguistique et discours littéraire*. On peut postuler aujourd'hui que la sélection destinée à établir la « pertinence » de la représentation conceptuelle figurée consiste à rejeter dans le vague toute une partie des prédicats du comparant pour n'en conserver qu'un certain nombre. Mis, par la figure, sur la piste d'une recherche d'une signification spécifique, le lecteur calcule les valeurs possibles de l'énoncé métaphorique ; il limite sa sélection en cherchant en quoi le comparé pourrait ressembler au comparant. Sa sélection des traits saillants, plus ou moins bien connus et distinctifs du comparant est *doublement floue*[17] : en raison (c'est la thèse de R. Martin) du *flou du champ de sélectivité* et du *flou de l'implicite*.

---

17. Sur cette notion qui vient des mathématiques, voir les synthèses des pages 517-559 de *Description quantifiée en syntaxe du français* de R. Jolivet (Slatkine, Genève-Paris, 1982) et l'article « Logique et mathématique du flou » de Hourya Sinaceur (*Critique* N° 372, Minuit, mai 1978). Le livre théorique de base en français est assurément l'*Introduction à la théorie des sous-ensembles flous* d'Arnold Kaufmann (Masson, 1977). Voir surtout : « Les grammaires floues », de G. Kleiber et M. Riegel, pp. 67-123 de *La Notion de recevabilité en linguistique*, R. Martin éd., Klincksieck, 1978.
Retenons que nous manipulons quotidiennement des classes floues (celle des « hommes grands », par exemple), des relations floues (« Pierre est beaucoup plus grand que Paul »), des algorithmes flous (réaliser une recette de cuisine, jouer aux échecs, parquer une voiture, etc.). « Dans la quasi-totalité de ses activités, l'homme agit avec une marge considérable de flou, c'est-à-dire dans des situations où entrent de l'implicite, de l'imprécis, de l'incertain, de l'imprévu, de l'inconnu » (Sinaceur p. 513).

Flou de l'implicite, tout d'abord, « la métaphore laisse ouvert le champ des interprétations. Nul doute que la perception en est variable d'un individu à l'autre » (R. Martin, p. 199) [18]. Dans la communication ordinaire, la métaphore joue un rôle essentiel précisément en raison des possibilités floues qu'elle ouvre pour l'interprétation : « Au lieu de dire directement et franchement ce qu'il veut dire, le locuteur s'exprime indirectement et veut signifier plus, ou autre chose que ce qu'il dit » (Molino, 1979, p. 7). Le fait que le langage ordinaire abonde en métaphores plus ou moins figées (catachrèses) prouve à l'évidence l'impossibilité de réduire la communication à la transparence et à l'évidence du sens : « Certes, le langage est dans une certaine mesure l'expression d'une pensée qui cherche à connaître, à saisir et à exprimer la réalité et, pour cela, il lui est nécessaire de s'enfermer dans les cadres étroits d'une logique qui peut seule garantir la vérité des assertions et des enchaînements. Mais cette soumission à la logique ne concerne que la seule fonction référentielle. (...) Dans la réalité, le langage n'a pas cette transparence qui permettrait de le ramener à une simple logique ; s'il n'était qu'un outil de communication logique, il ne pourrait pas y avoir de métaphore. Il ne serait pas possible de transgresser les règles de la compatibilité sémantique qui sont fondées sur une logique purement référentielle » (M. Le Guern, 1973, p. 63).

Le **flou du champ de sélectivité** renforce le flou de l'implicite. Le flou des champs sémiques a pour effet une ouverture considérable des analogies possibles : « Le champ sur lequel se pratique l'implication métaphorique est un champ ouvert, aux limites floues » (Martin p. 202). Un énoncé comme « La charrue écorche la plaine », examiné plus haut, est ressenti comme métaphorique sans qu'une sélection précise soit indispensable. C'est l'hétérotopie qui fait sens avant tout, le verbe amenant au moins une sélection de sèmes /+ animé/ qui transforme vaguement la plaine en corps /± humain/. De plus, et c'est peut-être là l'essentiel dans la problématique du texte poétique qui nous retient ici, avec la métaphore, nous entrons dans le champ du + *ou* − *VRAI* : « La logique du vrai et du faux perd ici sa pertinence » (Martin p. 196).

C'est admirablement ce que démontre, à qui veut bien le lire attentivement, le célèbre vers d'Eluard (et surtout celui qui le suit) :

(8) La terre est bleue comme une orange
(9) Jamais une erreur les mots ne mentent pas (...)

---

18. Même idée chez D. Sperber : « La représentation entre guillemets de la figure s'accompagne de commentaires variables selon les cultures et les individus » (1974, p. 116).

Ici encore, nous nous écartons sensiblement de l'analyse de *Linguistique et discours littéraire* (pages 148-149) [19]. Si Eluard (le poème) se trouve dans l'obligation d'asserter que « les mots *ne mentent pas* », c'est en raison de la fausseté présupposée du premier vers. La comparaison revient à une double assertion du type :

(8') La terre est bleue comme une orange est bleue.

Soit un comparé : *la terre*, un comparant : *une orange* et un terme appuyant l'équivalence : *est bleue*. La comparaison repose généralement sur une présupposition : dire de Richard qu'il a *un cœur de lion*, c'est avant tout POSER que Richard *est courageux* et PRÉSUPPOSER que le lion l'est. Cette présupposition ne se discute pas dans la mesure où — comme nous le disions plus haut — l'assertion porte sur Richard et ce que l'on veut dire de lui ; elle ne porte pas sur le lion.

Il faut bien voir que, du fait de cette « dissymétrie présuppositionnelle » (Martin p. 188), l'invention n'est jamais du côté du comparant (la propriété /courage/ étant supposée faire partie des stéréotypes et de la définition même du « roi de la jungle ») mais du côté de l'extension de la propriété (sélectionnée) du comparant au comparé.

Pour en revenir à (8) et (9), dire que (8), c'est présupposer l'évidence de la couleur bleue du fruit (qui est aussi nom d'une couleur). Or, cette présupposition est, dans notre logique des mondes possibles, inacceptable et déclarée spontanément NON VRAIE. À sa source même, la comparaison apparaît comme FAUSSE. M. Riffaterre a raison de noter que le vers d'Eluard « instaure une comparaison impossible » [20]. C'est sur cette « double agrammaticalité » que porte précisément (9), second vers capital puisqu'il insiste sur le changement de logique : le passage de la mimésis comme logique du VRAI/FAUX à la signifiance comme logique du NI VRAI NI FAUX. Soit le déclenchement d'un comportement de lecture nouveau de la part du lecteur. Le second vers désigne le changement nécessaire pour accéder à la signifiance du texte poétique.

Essayons de lire de la sorte quelques textes modernes [21]. *Au lieu de poursuivre un développement théorique qui nous amène toujours à isoler les figures sans considérer leur jeu dans l'ordre d'un texte global, nous choisissons d'examiner successivement plusieurs poèmes. À ce stade de l'essai, nous en profiterons pour retenir certaines données théoriques déjà mises en place, afin de favoriser l'acquisition de procédures aussi méthodiques que possible.*

---

19. Parmi les nombreux commentaires de ces vers fameux : J. COHEN p. 219 du *Haut langage* et surtout D. Delas pages 138 et suivantes de son article du N° 9 de LINX.
20. *Sémiotique de la poésie*, page 85.
21. Pour un sonnet mániériste de *l'Olive* de Du Bellay, voir *Linguistique et discours littéraire* pages 155-159.

4.4. Le travail de la langue (poly-isotopie, figures, clichés) dans un poème d'Eluard

Les figures et les isotopies ne prennent sens que dans le poème comme tout structuré. Ainsi dans ce texte, extrait de *Les animaux et leurs hommes, les hommes et leurs animaux* (Gallimard, 1920) [22] :

POISSON

01	Les poissons, les nageurs, les bateaux
02	Transforment l'eau.
03	L'eau est douce et ne bouge
04	Que pour ce qui la touche.
05	Le poisson avance
06	comme un doigt dans un gant
07	Le nageur danse lentement
08	Et la voile respire.
09	Mais l'eau douce bouge
10	Pour ce qui la touche,
11	Pour le poisson, pour le nageur, pour le bateau
12	Qu'elle porte
13	Et qu'elle emporte.

4.4.1. Le niveau typo-graphique (scripto-visuel)

Ce texte se définit comme poème au premier regard en raison de sa disposition typographique : trois strophes de longueur inégale (4 vers + 4 vers + 5 vers), des vers typographiquement isolés (majuscules et alinéas) et métriquement irréguliers (entre 12 et 3 syllabes). Corrigeant cette irrégularité, de nombreuses répétitions assurent une homogénéité sensible dès la première lecture : les strophes I et III se répondent (vers 01 à 04 et 09 à 11, du moins) et confèrent à la strophe II un statut particulier. De même, pour les deux derniers vers (12 et 13). Les deux vers les plus longs (01 et 11) dessinent un encadrement dont il faut vérifier l'homogénéité à la lumière des niveaux métriques et, plus généralement, phonique.

---

22. Je complète ici la rapide étude des pages 159-162 de *Linguistique et discours littéraire*.

142

4.4.2. La texture phonique

Comme le suggère Jakobson, les rimes ne constituent qu'un aspect de la texture phonique des poèmes ; quand elles existent, il convient cependant de partir d'elles puisqu'elles sont immédiatement sensibles à la lecture :

STROPHES	VERS	RIMES
I	01 02 03 04	/o/ = a /o/ = a /uʒ/ = B /uš/ = B
II	05 06 07 08	/ə/ = C /ã/ = d /ã/ = d /ə/ = C
III	09 10 11 12 13	/uʒ/ = B /uš/ = B /o/ = a /pɔʀt/ = E /pɔʀt/ = E

Les vers 12-13 apparaissent nettement situés hors de la structure globale embrassée (aa BB ... BB a). Ceci peut être linéairement représenté :

$$((01\text{-}02\ (03\text{-}04\ (05\ (06\text{-}07)\ 08)\ 09\text{-}10)\ 11)\ 12\text{-}13)$$
$$((aa\ (BB\ (C\ (dd)\ C)\ BB)\ a)\ EE)$$

La strophe II apparaît bien comme centrale, elle dessine nettement le noyau strophique à rimes (simples assonances, en fait) embrassées (féminines-masculines) à partir duquel les vers des strophes extérieures se répondent : 03-04 et 09-10 (féminines), d'une part, 01-02 et 11 (masculines), d'autre part.

La structure *embrassée* des rimes doit être rapprochée de la nature même des rimes : masculines au centre (06-07) embrassées par des féminines (03 à 05 et 08 à 10), elles-mêmes embrassées par des masculines (01-02 et 11), le poème s'achevant sur deux rimes féminines. Si le genre et la forme des rimes doivent être rarement sémantisés (sexualisés), il faut reconnaître qu'ils dessinent ici une structure singulière à rapprocher d'une isotopie qu'il reste à construire.

Ajoutons que cette texture phonique (l'alternance des *masculines* et des *féminines* étant elle-même d'essence uniquement phonique puisque réglée par le e muet) s'étend à l'intérieur des vers par le jeu des reprises systématiques et par les effets de paronomases multiples.

01. Les poissons	11. pour le poisson
les nageurs	pour le nageur
les bateaux	pour le bateau
03. *L'eau* est *douce* et ne *bouge*	09. Mais *l'eau douce bouge*
04. Que *pour ce qui la touche*	10. *Pour ce qui la touche*
12. *Qu'elle porte*	13. Et *qu'elle* em*porte*

Le vers 02 sort de la structure des reprises pour entrer en écho, en fait, surtout avec les deux derniers vers :

02 tʀ ɑ̃ (sf) ɔʀ (mə)

12   (p) ɔʀ (t)
13   ɑ̃ (p) ɔ ʀt

Le noyau de la strophe centrale n'est lui-même pas exempt de reprises, puisqu'il reprend, dans l'ordre, les lexèmes *poisson*(s) et *nageur*(s), substituant au TOUT *bateau*(x) la PARTIE synecdochique classique : *voile*. De plus, les deux premiers verbes de ce noyau entrent en assonance avec le verbe du vers 02 :

$$\text{tʀ(ɑ̃s) fɔʀm(ə)} \rightarrow \begin{Bmatrix} \text{av(ɑ̃s)} \\ \text{d(ɑ̃s)(ə)} \end{Bmatrix}$$

On voit que le lexème « transforment », mis en relief au vers 02, joue un rôle probablement essentiel.

4.4.3.   La texture (poly)isotopique

La strophe I définit une isotopie du contexte référentiel *aquatique* (i1) bien en rapport avec le niveau dénoté du mot-titre *Poisson*. Les trois substantifs du premier vers appartiennent aux trois classèmes de base : /animal/, /humain/ et /inanimé/ :

« les poissons »	« les nageurs »	« les bateaux »
+		+
[+ animé, − humain]	[+ animé, + humain]	[− animé]

Ils se trouvent tous trois dans un rapport de contiguïté métonymique, entièrement lié à l'élément à la rime du vers 02 et situé en fin de première phrase : « l'eau ».

Le verbe « toucher », à la rime du vers 04, met bien l'accent sur ce rapport de contiguïté syntaxiquement accentué par les anaphoriques « ce qui » et « la ». Les deux premières phrases dessinent une structure en chiasme :

	SN-Thème	transition	SN-Rhème
Pl	les poissons les nageurs les bateaux	transforment	l'eau
P2	l'eau	est et ne bouge que	douce pour (P2')
P2'	ce qui	la	touche

À la thématisation du rhème (« l'eau ») de Pl en P2 s'ajoute la reprise anaphorique systématique déjà notée :

P2' :	Thème	transition	Rhème
	ce qui	la	touche
	(Th de Pl)	(Rh de Pl) (Th de P2)	

« *L'eau* » a bien un statut de *patient* par rapport aux *agents* masculins (*poissons, nageurs, bateaux*).

La polysémie de « douce », à la rime (et Rhème de P2) du vers 03, apparaît comme essentielle. Passer du stéréotype langagier « eau douce » (eau de rivière, de torrent, de source, etc.) à l'énoncé « L'eau est douce », c'est ajouter quelque chose, donner à lire une métaphore à travers une transformation progressive. Transformation accentuée par « touche », à la rime du vers 04 (et Rhème de P2') ; soit *douce au/à toucher* et une douceur tactile introductrice d'une métaphore qui réactive le synthème /*eau douce*/. Cette transformation est confirmée par le rapprochement des vers hors structure 02 et 12-13 :

02 *Transforment l'eau* 11 *Qu'elle porte*
  12 *Et qu'elle emporte*
/passivité/   /activité/

Au *non-mouvement* (« ne bouge ») succède bien le *mouvement* annoncé au vers 04 : « *que pour* ce qui la touche ».

Les paronomases : *dOUce, bOUge, pOUr, tOUche* engendrent un travail paragrammatique qui confirme ce qu'on vient de remarquer :

/bu(ʒ)/ + /(t)uš/ = /buš/ = *bouche*
/səki/ = *ceux qui*
/k(ilat)uš/ = /kuš/ = *couche*
/latuš/ = *l'attouche*
/k(ə)(p)uʀ/ = /kuʀ/ = *cour*

On est amené à considérer ainsi la strophe II comme le lieu d'une *transformation* liée au procès métaphorique signalé au vers 06 par le connecteur comparatif COMME. Le jeu des stéréotypes engendre une fusion de *...heureux comme un poisson dans l'eau* et de *aller comme un gant*.

Le travail de telles comparaisons stéréotypées définit ici la poéticité de l'énoncé. Nous cernons de façon exemplaire la manipulation ludique du langage. Aragon parle d'un « véritable collage de l'expression toute faite, d'un langage de confection, dans le vers » [23] au sujet de la pratique poétique de Breton, de Soupault, de lui-même et, plus tardivement, d'Eluard. Les vers 05 et 06 apparaissent comme le collage de deux formes figées, de deux expressions toutes faites :

```
05       le POISSON avance
06  COMME UN doigt DANS un gant = COMME UN POISSON DANS l'eau.
06  COMME UN doigt dans UN GANT = (aller) COMME UN GANT.
```

Prendre conscience du double cliché, c'est être rendu attentif au travail de la langue commune par le poème. « Soulever le poids mort des métaphores usées et (...) court-circuiter les effets de style tombés dans le domaine public » [24], telle est bien la fonction d'une écriture qui s'appuie ici sur la banalité et qui travaille la simplicité d'un poème souvent donné à apprendre aux jeunes enfants. La poly-isotopie peut être ici définie comme le surgissement de l'inouï au sein du déjà-dit. La poéticité émerge sur le fond banal des expressions communes.

Au lecteur inattentif ou insensible au fait que la poésie travaille la langue, les vers 05 et 06 donnent une instruction en forme de clin d'œil : la vilisibilité des deux comparaisons stéréotypées met le lecteur sur la piste d'un travail d'écriture. La comparaison n'est pas poétique en elle-même, mais le travail de la comparaison (ou métaphore) figée définit une forme de poéticité. Il faut insister à l'occasion de l'étude de ce petit poème d'Eluard sur la force de ce travail de/dans la langue. Poursuivons l'analyse en ce sens.

L'animé animal (« Poisson ») est comparé à une partie (« doigt ») de l'humain et, par là même, nettement métaphorisé sur la base du croisement des comparaisons stéréotypées :

(COMME UN) POISSON DANS L'EAU	→	AVANCE COMME	→	COMME UN doigt dans UN GANT

---

23. *Les Collages*, Hermann, 1965, page 113.
24. R. AMOSSY & E. ROSEN, *Les Discours du cliché*, SEDES-CDU, 1982, page 126.

De façon floue, une sélection intervient autour de la forme oblongue commune au poisson et au doigt, autour aussi de l'idée de pénétration (« avance... dans »). En dépit de l'implicite, la sélection de *forme* et de *mouvement de pénétration* engendre une nouvelle isotopie (i2) que l'actant suivant (vers 07) accentue par son mouvement : « le nageur danse lentement ». Le contact du nageur-danseur avec l'eau devient métaphorique d'un contact sexuellement plus marqué et accentué par le choix des classes grammaticales : *nageur = masculin = homme* par rapport à la *féminité répétée de l'eau*. Les mots à la rime des vers 03-04 et 09-10 (« touche », « bouge » et le lexème polysémique « douce ») ménagent le passage de l'isotopie aquatique (i1) à l'isotopie de la caresse et du rapport amoureux (i2). Le glissement synecdochique du TOUT (« bateau ») à la PARTIE (« voile ») s'explique par les nécessités de cette seconde isotopie : il s'agit de passer du masculin au féminin : « *LA voile* », mise en mouvement par *LE poisson* et *LE nageur* à travers la métaphore « respire » (passage de /− animé/ à /+ animé, ∓ humain/).

On est même tenté de lire la diffraction du signifiant *caresse* autour de « respire » :

```
06  comme ...
08  ...        la voile respire
    /k/        /a/ /a/ /ʀɛs/  = /kaʀɛs/ = caresse.
```

Soit une correspondance des mots à la rime finale de la première et de la dernière strophes : « *touche* » et *caresse*.

4.4.4.   Procès métaphorique et travail de la langue

En conclusion, on voit que tout concourt ici à la métaphore généralisée. Les différents niveaux textuels engendrent un procès dont seule une lecture précise peut rendre compte. Le contexte métonymique de l'isotopie aquatique du titre (i1) est *transformé* par l'apparition de lexèmes polysémiques producteurs d'une isotopie métaphorique (i2) qui donne à lire une autre organisation du poème. Ce texte polyisotopique tire ses effets de sens des signes qui enclenchent la possibilité d'une lecture double. Le contexte (i1) construit une scène naïve qui déplace — effet de censure consciente/inconsciente — les significations de l'isotopie sous-jacente (i2). Lire un poème de ce type ne consiste à traduire un sens caché, mais à *lire le travail du sens*. Je citais déjà J.-F. Lyotard page 162 de *Linguistique et discours littéraire* ; il faut effectivement insister sur le fait que : « la poésie est intéressante non par son contenu, mais par son travail. Celui-ci ne consiste pas à *extérioriser* en images des formes dans lesquelles le désir du poète ou le nôtre se trouve accompli une fois pour toutes, mais à *renverser* la relation du désir à la figure, à offrir au premier non pas des images dans lesquelles il va s'accomplir en se perdant, mais des formes (ici poétiques) par lesquelles il va être réfléchi comme jeu, comme énergie non-liée, comme procès de condensation et de déplacement, comme processus primaire » (*Discours, Figure*, 1971, p. 322).

Tout ceci rejoint l'analyse de la fin du chapitre 3 : le fonctionnement poétique consiste en une redistribution « sémiotique » des éléments langagiers (désarticulation des signifiants, des stéréotypes et de la linéarité syntagmatique). L'isotopie du contexte fonde une certaine représentation (mimétique, engendrée par le titre) que travaille un ordre de la signifiance qui entre en tension avec elle. La représentation n'est plus que la condition de l'énonciation poétique et de la transformation textuelle propre à la signifiance. Nous pouvons dépasser l'idée de poly-isotopie comme polysémie ou « plus de sens », au profit d'une conception de la poésie comme pratique de la langue. Du fait de la poly-isotopie, le poème apparaît comme un lieu, non pas de « plus de sens », mais de tension, d'une tension (« négativité ») qui fonde son ordre même.

Selon l'expression de Barthes : « La productivité se déclenche, la redistribution s'opère, le texte survient » (p. 1015 de l'*Encyclopaedia Universalis*) [25].

4.5. Figures et glissements isotopiques : l'exemple d'un court poème d'Anne Hébert

NEIGE

La neige nous met en rêve sur de vastes plaines, sans traces ni couleur

Veille mon cœur, la neige nous met en selle sur des coursiers d'écume

Sonne l'enfance couronnée, la neige nous sacre en haute mer, plein songe, toutes voiles dehors

La neige nous met en magie, blancheur étale, plumes gonflées où perce l'œil rouge de cet oiseau

Mon cœur ; trait de feu sous des palmes de gel file le sang qui s'émerveille.

---

25. Relire aussi en ce sens l'article de J.-L. HOUDEBINE sur la notion de texte dans *Théorie d'ensemble*, pages 257-271, collection Points N° 121, Seuil : « Un texte dit toujours aussi *autre chose* que ce qu'il dit, et il le dit toujours *autrement* ».

À la différence du poème précédent d'Eluard, ce court texte de *Mystère de la parole* (1960, page 88) me paraît exemplaire en raison de sa résistance à une lecture immédiate. Sa non-transparence est localisable dans les figures et les glissements d'isotopies qu'elles déclenchent.

Au lieu d'examiner dans le détail un texte étudié ailleurs plus longuement [26], retenons essentiellement ici les éléments utiles pour une démarche méthodique. Face à un texte dépourvu d'une quelconque matrice formelle conventionnelle (mètre, rimes, strophes), l'observation se porte avant tout sur les discontinuités du poème, sur ce qui fait de lui un *système différentiel*. Plus nettement encore que dans les textes étudiés à la fin du chapitre 2 (« Les Colchiques » et la page de prose poétique de Gide), les *redondances et répétitions* dessinent un noyau « lisible » immédiatement. La reprise du même moule syntaxique (« La neige nous met en... ») supplée ici à l'absence de contraintes métriques, prosodiques. Elles dessinent surtout, pour quatre vers sur les cinq, un réseau de couplages et de différences :

vers 1 à 4 VS v. 5   *et*   vers 1 + 4 *VS* vers 2 + 3 *VS* vers 5

dont le tableau suivant rend mieux compte :

Vers	AVANT	Déterminant (a)	Substantif (b)	Pronom (c)	Verbe (d)	Prépos. (e)	Substantif (f)	APRÈS
01	φ	La	neige	nous	met	en	RÊVE	(...)
02	(...)	la	neige	nous	met	en	SELLE	(...)
03	(...)	la	neige	nous	SACRE	en	HAUTE MER	(...)
04	φ	La	neige	nous	met	en	MAGIE	(...)
05	...	...	...	...	...	...	...	...

Si l'on excepte le vers 5, on peut noter l'équilibre formel des quatre autres vers, tous suivis d'une expansion syntaxique et précédés d'un syntagme nominal inversé (SV + SN1) pour ce qui concerne les vers centraux (02 et 03) tandis que les vers 1 et 4 dessinent une structure identique sans syntagme antérieur (« AVANT ») à l'énoncé de base. Précisons immédiatement que cette première lecture ne doit pas figer les éléments dans un cadre : les éclairages mutuels qu'entretiennent les signes sont primordiaux. Le noyau structurel central engendre des para-

---

26. *Linguistique et discours littéraire*, chapitre IV, pages 226-238.

digmes. Les uns (a, b, c, e) répètent l'élément initial tandis que les autres (d et f) présentent un disfonctionnement générateur. On peut parler, à un premier niveau d'analyse, d'un système itératif (*invariant*) producteur d'un leitmotiv tant formel que sémique et, surtout, sonore. Les éléments *variants* de la structure centrale nous invitent doublement à sortir du noyau : d'une part, à cause de la rupture qu'ils instaurent et, d'autre part, en raison du fait qu'aucun autre effet de parallélisme ne les réunit. « Rêve », « selle », « sacre », « haute mer » et « magie », foyers d'irradiations sémiques, engendrent des isotopies qu'il faut rapidement parcourir.

Dans *Linguistique et discours littéraire* (page 229), je proposais de dévider ainsi ces premiers réseaux :
— **Rêve** (i1) = « veille » (02), « songe » (03).
— **Selle** (i2) = « coursiers » (02).
— **Haute mer** (i3) = « écume » (02), « voiles » (03), « étale » (04).
— **Sacre** (i4) = sens québécois : *fuir, partir, quitter*, actualisé dans « met en selle » (02), « coursiers » (02), « toutes voiles dehors » (03), « file » (05).
— **Sacre** (i4′) = sens second et conjoint : « enfance couronnée » (04), « palmes » (05).
— **Magie** (i5) = magie, alchimie (sur les « éléments » : eau, terre, air, feu), magie des éléments = i5-*cosmos.*
— **Magie** (i5′) = magie du verbe, des mots (« alchimie du verbe » de Rimbaud). Peuvent entrer dans cette isotopie des lexèmes comme « rêve » (01) et son isotopie i1, mais aussi la thématique de l'espace blanc, « sans traces » (01), « ni couleur » au début, puis « rouge » de l'œil (04) et « trait (de feu) » (05). Ajoutons que si « **magie** » engendre bien une isotopie du *Logos* et de l'écriture poétique, c'est essentiellement parce que, anagrammatiquement, **magie** = **image**. Ce qui nous renvoie aux figures.

Foyer d'irradiations sémiques privilégiée, l'isotopie i5-*cosmos* est clairement actualisée :
— **Terre** = « plaine » (01), « coursiers » (02), « neige » et « oiseau » (04), « palmes » (05).
— **Eau** = « écume » (02), « haute mer » (03), « étale » (04), « neige » et « gel » (05).
— **Air** = « toutes voiles dehors » (03), « plumes gonflées » (04), « oiseau » (04).
— **Feu** = « trait de feu » (05).
Ces sous-ensembles isotopiques s'enchaînent, dessinant ainsi une nouvelle structure unificatrice, ordonnant surtout une progression :

Terre		Eau		Air		Feu
vers 01-02	→	02-03	→	03-04	→	04-05

Dans le cadre de ce chapitre consacré aux figures et aux isotopies, il est intéressant de montrer comment s'opèrent la progression du texte et les glissements (sous-)isotopiques.

Terre : 01 = « neige » produit « plaine » en posant un espace métonymiquement contigu. 01-02 = « coursiers d'écume » est métonymiquement engendré par « plaine » (le « coursier », quel qu'il soit, étant dans un rapport de contiguïté avec l'espace qu'il parcourt). Mais, se voyant corrélé « écume » par le lien syntaxique du complément de nom, « coursiers » devient métaphoriquement producteur (en raison de la blancheur commune à « neige » et « écume ») du second élément.

Eau : 02-03 = la métaphore « coursiers d'écume » engendre cette fois l'espace parcouru : « haute mer » (rapport de contiguïté comparable à celui qui unit « plaine » et « coursiers »). Mais cette métaphore engendre aussi, synecdochiquement, « toutes voiles dehors » : la voile est *partie* synecdochique d'un *tout* métaphorique et une analogie peut être sélectionnée pour donner à lire *voiliers* sous « coursiers d'écume ». Notons déjà que le flou du champ de sélectivité dont nous parlions plus haut est ici compensé par les effets isotopiques. Les signes agissent les uns sur les autres et des micro-contextes (sous-ensembles isotopiques) favorisent l'*évocation symbolique*.

Eau-Air : 03-04 = Le passage de l'élément **eau** à l'élément **air** s'accomplit par l'entremise d'un nouvel embrayeur d'isotopie : « toutes voiles dehors », soit : « voiles »-voiliers = **eau** + « voiles gonflées » = vent-**air** (lien métonymique de la cause pour l'effet). Ceci se retrouve selon une autre progression dans « plumes gonflées » qui renvoie au dernier mot du vers 04 : « oiseau ».

Air-Feu : 04-05 = « oiseau » (animal qui réunit la **terre**, l'**air** et l'**eau**) est en rapport, ainsi que « plumes », avec « œil rouge » ; rapport syntaxique : « l'œil rouge DE cet oiseau » et synecdochique de partie à tout. Le qualificatif « rouge » engendre à son tour le dernier élément (**feu**), le vers 05 condensant les données élémentaires « **feu** » + **terre** (« palmes ») + **eau** (« gel », « sang »).

Ce texte poétique est donc structuré par une série de déplacements sémantiques qui partent de « neige » et de « plaine » (01) pour, passant par « selle » et « coursiers d'écume » (02) ainsi que « haute mer » et « toutes voiles dehors » (03), parvenir à « magie », rebondir sur « plumes gonflées » et « œil rouge de cet oiseau » (04) et se fermer sur « feu » (05). L'engendrement de ces sous-ensembles isotopiques est régi par les glissements figuraux. Le premier vers fixe un contexte spatial : *neige* + *plaine* + *surface* (« *sur* ») ; ce contexte métonymique engendre par contiguïté spatiale le vers 02 : *plaine* + *coursiers*, puis, par synecdoque, *selle-coursiers*. La première rupture a lieu à partir de « *coursiers d'écume* », soit le passage du contexte initial terrestre (« *coursiers...* ») à un contexte marin (« ... d'écume »). Il est intéressant de noter que la rupture de contexte a lieu à partir de la métaphore, comme nous le disions plus haut. L'élément métaphorique vient rompre l'isotopie du contexte initial pour introduire une seconde isotopie étrangère mais non pas immotivée, on l'a montré. On a, en fait, moins affaire à des « ruptures » de contexte qu'à des glissements au sein d'une isotopie unificatrice condensée sous le signe **magie**. Il faut noter l'apparition conjointe de « magie » et de « oiseau », signes précisément unificateurs des trois éléments donnés des vers 1 à 4 (**terre** + **eau** + **air**) et producteurs conjointement du dernier élément, le **feu**. Ces deux signes sont formellement mis en relief puisque « magie » clôt la structure noyau et « oiseau » les quatre premiers vers.

Cet exemple montre bien que les glissements déjà identifiés dans un simple vers (le second de « Zone ») peuvent se développer sans discontinuer dans un texte composé, dès lors, de sous-ensembles hétérogènes. Cette hétérogénéité induit une dispersion du sens (effet d'illisibilité immédiate ou d'hermétisme apparent) qui n'est qu'un effet de lecture superficielle. En fait, un texte émerge des diffractions apparentes, un texte spécifique accessible uniquement si le lecteur joue le jeu de la signifiance.

Dans un but didactique, examinons, sur les mêmes bases méthodologiques, un autre texte déroutant en raison de l'hétérogénéité de ses images, mais peut-être plus explicite en ce qui concerne la mise en évidence du travail de l'écriture (l'isotopie Logos).

4.6. Les premières et dernière strophes de « Liberté » d'Eluard [27]

Comme il n'est pas question de lire les vingt et une strophes d'un aussi long poème, nous nous contenterons de dessiner les rapports entre le noyau litanique qui structure le texte et son autoengendrement superficiel. Entrer dans la signifiance, c'est, comme l'écrit Claude Simon dans son « Avant dire » à *Orion aveugle*, partir du fait que « chaque mot en suscite (ou en commande) plusieurs autres, non seulement par la force des images qu'il attire à lui comme un aimant, mais parfois aussi par sa seule morphologie, de simples assonances qui, de même que les nécessités formelles de la syntaxe, du rythme et de la composition, se révèlent souvent aussi fécondes que ses multiples significations » [28]. Il s'agit donc

27. Reprise très partielle et modifiée pour l'essentiel d'un article paru dans le N° 14 de *Littérature* (Larousse, 1974) : « Re-lire « Liberté » d'Eluard ».
28. Skira, Genève, 1970.

de privilégier des effets « de surface » en ajoutant aux composantes « superficielles » qui structurent la séquence, les effets figuraux métaphoriques et métonymiques-synecdochiques. On choisit donc de laisser de côté la dimension pragmatique qui fait de « Liberté » un « poème de circonstance » (quoiqu'en dise Eluard lui-même : « Encore une fois donnons raison à Goethe : tout poème est de circonstance ») [29].

4.6.1.   Le moule strophique, métrique, syntaxique

Si l'on excepte la dernière, vingt strophes sur les vingt et une se présentent comme la reprise d'une même phrase de base :

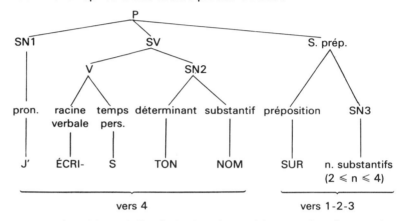

Le syntagme prépositionnel (Sprép.), dont la position en tête de strophe appuie l'importance sémantique, est le seul élément soumis à variation : le groupe « j'écris ton nom » étant quant à lui en position itérative proche du système formel de la litanie [30].

Le déplacement en tête d'énoncé (vers 1, 2 et 3 de chaque strophe) du syntagme prépositionnel s'explique par le moule métrique rigoureux du texte. Les trois premiers vers de chaque strophe comportent sept positions métriques :

vers 01 = 1 - 2 - 3 - 4 - 5 - 6 - 7
vers 02 = 1 - 2 - 3 - 4 - 5 - 6 - 7
vers 03 = 1 - 2 - 3 - 4 - 5 - 6 - 7
vers 04 = 1 - 2 - 3 - 4

29. Œuvres complètes, Gallimard, Pléiade, 1968, pp. 940-941.
30. Dans « Rythmes et structures chez P. Eluard » (*Europe*, 1962, p. 256), Y. Sandre parle d'un « mode du verset ou de la mélopée, avec des reprises plutôt incantatoires que rhétoriques (...). (D')Une sorte de cantique ». Et il ajoute : « Cette répétition intensive, ce martèlement des images et des idées *retrouvent parfois des cadres rigides* » (je souligne).

Ceci met en relief le quatrième vers : *j'é/cris/ton/nom/* et les trois places métriques manquantes qui appellent chaque fois le signifiant-titre et mot final du poème : *li/ber/té.* La création d'un invariant rythmique /7/, d'une part, supplée à la variabilité des énoncés qui entrent dans ce moule et, d'autre part, met en relief le blanc qui suit la reprise litanique : « *J'é/cris/ton/nom/* φ / φ / φ. »

Seule la dernière strophe échappe à la répétition du moule syntaxique. En revanche, elle confirme entièrement le moule rythmique :

Et par le pouvoir d'un mot	/7/
Je recommence ma vie	/7/
Je suis né pour te connaître	/7/
Pour te nommer	/4/
Liberté	/3/

D'un point de vue sémantique, il faut déjà insister sur le fait que l'invariant « *j'écris ton nom* » fait apparaître une isotopie du *Logos* qui place l'acte d'écriture au cœur du poème avant même la dernière strophe.

Les premiers effets de sens à relever proviennent d'un rapport perturbé entre le verbe et le SN3 du syntagme prépositionnel. Le verbe *écrire* exige, d'un point de vue lexico-sémantique, lorsqu'il a le sens d'« exprimer les sons de la parole ou la pensée au moyen d'un système convenu de signes graphiques » (D.F.C., Larousse, 1970, p. 1092) et qu'il est suivi de la préposition SUR (au sens de « position par rapport à un objet considéré comme surface » (*id.*), un substantif inanimé, solide, présentant une surface sur laquelle exercer l'acte d'écrire. On comprend, dès lors, que le texte propose les collocations :

— *Écrire sur la page* (ou le cahier) = phrase de base.
— *Écrire sur le bois* (ou la pierre) = sens de *graver.*
— *Écrire sur le sable* (ou la neige) = sens de *tracer.*

Mais on trouve aussi une expansion cosmique du type :

— *Écrire sur la jungle*

où le substantif est dans un état d'« incompatibilité sémantique » avec le verbe. La *jungle* ne présente pas la surface nécessaire à l'exercice de l'acte d'écriture, surface exigée par le verbe et la préposition et qui subit ici une expansion inattendue et incompatible. Le degré d'extrême incompatibilité est atteint avec :

— *Écrire sur l'écho* (strophe 4).
— *Écrire sur les merveilles des nuits* (strophe 5).
— *Écrire sur la vérité* (strophe 10).
— *Écrire sur l'espoir* (strophe 20) ; etc.

Dans tous ces exemples, l'acte d'écrire ne s'exerce pas sur des substantifs sémantiquement « compatibles » avec le verbe + *ton nom* + la préposition *sur.* Cette agrammaticalité syntactico-sémantique, qui rend impossible toute référence à un monde possible, déclenche le processus de lecture poétique.

L'analyse doit rendre compte des effets de sens ainsi produits. Une première méthode pourrait consister en l'application d'une stylistique des écarts sur laquelle il n'est plus besoin de revenir. Une autre méthode, au lieu de considérer les éléments de la variable (SN3) par rapport à des possibles linguistiques, à une norme extérieure, considère les rapports qu'ils instituent entre eux, au niveau de la chaîne signifiante. À ce niveau, le concept d'« incompatibilité sémique » est à revoir et il s'agit de montrer que les images s'expliquent essentiellement par ce qui les précède ; il s'agit d'entrer dans *l'espace de la signifiance*. Reprenant certaines observations de M. Riffaterre sur la métaphore filée, nous pouvons dire que l'analyse de la signifiance se doit de cerner « comment les phrases à mesure qu'on les déchiffre, semblent engendrées de manière nécessaire, (...) l'énoncé, loin de se modeler sur un objet non verbal, se plie aux impératifs d'associations sémantiques et formelles entre les mots ».

4.6.2.   L'engendrement de la première strophe

01 Sur mes cahiers d'écolier
02 Sur mon pupitre et les arbres
03 Sur le sable sur la neige
04 J'écris ton nom

La compatibilité isotopique des quatre syntagmes prépositionnels et de l'invariant du vers 4 tient uniquement à l'idée d'espace propre à une écriture. Une première contiguïté référentielle unit le vers 1 et le début du suivant *cahiers d'écolier + pupitre.* Soit un lieu d'écriture avec toutefois une progressive transformation de l'activité d'écriture : écrire proprement dit (« sur mes cahiers... ») et graver plus en profondeur (« sur mon pupitre... »). À moins qu'on ne se contente du fait — métonymique — que les *cahiers d'écolier* se trouvent nécessairement *sur* un *pupitre.* De toute manière, c'est par la matière (le bois) que le texte glisse ensuite du *pupitre* aux *arbres.* Mais ce glissement s'accompagne d'un passage de l'univers clos scolaire vers le monde extérieur. Du moins, tels sont les glissements que l'on peut reconstruire pour cerner à la fois la spécificité du vers 2 (autour de la matière : bois qui peut être gravé) et du vers 3 (autour d'un espace qui ne supporte qu'une trace éphémère : *sable* et *neige.* « Les arbres » du vers 2 assurent la transition de l'isotopie AN-THROPOS du vers 1 (« cahiers d'écolier ») et du début du vers 2 (« pupitre ») à l'isotopie COSMOS du vers 3. La médiation est ici bien nettement assurée par le vers 4 et l'isotopie du LOGOS.

Si ceci confirme les thèses du groupe MU en mettant en avant les trois macro-isotopies poétiques, il faut surtout insister ici sur le mouvement d'ouverture et sur l'extension typiquement éluardienne qui élargit la contiguïté métonymique aux dimensions de l'univers [31].

Retenons surtout que les différents niveaux textuels participent à la production de sens. Le plan métrique place nettement le mot « arbre » en position transitoire : à la rime et au milieu des cinq substantifs :

$$
\begin{array}{ccccc}
(1) & (2) & (3) & (4) & (5)
\end{array}
$$

cahiers d'écolier // *pupitre ARBRES* // *sable + neige* //

ANTHROPOS   COSMOS

Le jeu des déterminants renforce nettement cette opposition des macro-isotopies ANTHROPOS VS COSMOS :

MES cahiers + MON pupitre / *LES arbres + LE sable + LA neige*
Réduction-individualisation / Extension-généralisation
Pluriel → Singulier → pluriel → singulier généralisant
(nombrable) (non nombrable)

Les niveaux lexical, morpho-syntaxique, sémantique ne sont pas les seuls à permettre un engendrement qui s'opère aussi à partir des contraires : *le sable* et *la neige* apparaissent dans un même vers où s'unissent sémantiquement le *chaud* et le *froid*, le masculin et le féminin des « saisons fiancées » du vers 3 de la cinquième strophe.

Il est évident que de tels glissements sont à peine perçus à la lecture, le plan rythmique-métrique l'emportant nettement. Saisir, malgré un flou certain, les glissements sémantiques qui assurent la cohésion et la progression du poème, telle est l'ambition minimale d'une lecture un peu attentive et résolument active qu'il convient de poursuivre sur quelques strophes.

---

31. Même idée dans « Page d'écriture » de Prévert où se dessine une transformation évidente :
    ... les murs de la classe
    s'écroulent tranquillement.
    Et les vitres redeviennent *sable*
    l'encre redevient eau
    les *pupitres* redeviennent *arbres*
    la craie redevient falaise
    le porte-plume redevient oiseau.
                        (*Paroles*).

La deuxième strophe

05 Sur toutes les pages lues
06 Sur toutes les pages blanches
07 Pierre sang papier ou cendre
08 J'écris ton nom

La première strophe semble engendrer la seconde à plusieurs niveaux. « Pages » renvoie à « cahiers » en raison d'un rapport synecdochique de partie au tout ; « pages lues » renvoie à écolier en raison d'un rapport plus métonymique et « pages blanches » renvoie plutôt à « neige » en raison d'un rapport, cette fois, métaphorique. Ces glissements semblent s'interrompre sur l'énumération parataxique du vers 7 qui s'inscrit pourtant bien dans l'isotopie de l'écriture : graver sur la « pierre », écrire avec le « sang », écrire sur le « papier » et, plus vaguement, tracer dans/avec la « cendre ».

En fait, c'est surtout le niveau phonique qui prend ici le relais et renforce les parallélismes :

$$\text{pj } \varepsilon R \text{ (ə) / } s\tilde{a} \text{ / (pa) pjeR(u) / } s\tilde{a} \text{ (dR)}$$

Chaque substantif commence par un phonème présent dans les deux vers précédents : S(ur) ... P(ages), soit $S + P + S + P$ (vers 5 et 6) qui donne P(ierre) + S(ang) + P(a)P(ier) + S(cendre). La mise en relief de « cendre » en fin d'énumération débouche nettement sur une négation de l'espace privilégié de l'écriture : *papier* (et *bois*) → brûle → *cendre*. En fait, avec *sang* et *cendre*, réunis par le parallélisme phonique /sɑ̃/, on voit apparaître, de façon encore floue, des sèmes qui trouveront leur actualisation dans les strophes suivantes.

La troisième strophe

09 Sur les images dorées
10 Sur les armes des guerriers
11 Sur la couronne des rois
12 J'écris ton nom

Les « images dorées » semblent directement sortir des « pages lues » des livres scolaires. Les « armes des guerriers » comme les « rois » et leur(s) « couronne(s) » viennent certes tout droit des « images dorées » des « pages lues », mais ils entrent aussi dans un rapport d'isotopie avec « sang » et « cendre » (guerre, mort).

Il faut noter que la variante manuscrite de cette strophe :

Sur les armes des guerriers
Sur la couronne des rois
Sur les bijoux des captives
J'écris ton nom

la relie bien à la fin de la strophe précédente (« sang » et « cendre »), mais pas aux « pages lues » et à l'univers scolaire de la première strophe. Le choix définitif semble donc accentuer les rapports entre strophes et tout le mécanisme décrit de la progression textuelle. Initialement, le vers 9 était prévu dans la quatrième strophe :

Sur les images dorées
Sur les nids sur les genêts
Sur l'écho de mon enfance
J'écris ton nom

L'isotopie ANTHROPOS domine nettement, fixant une macro-cohérence propre à la troisième strophe qui contraste nettement avec la quatrième dominée par l'isotopie COSMOS.

La variante manuscrite de la troisième strophe reposait sur un moule syntaxique unique du syntagme prépositionnel :

$$Sur \left\{ \begin{array}{l} \textit{les armes} \\ \textit{la couronne} \\ \textit{les bijoux} \end{array} \right\} \quad des \left\{ \begin{array}{l} \textit{guerriers} \\ \textit{rois} \\ \textit{captives} \end{array} \right\}$$

Le choix du nouveau premier vers fait des « images » le générateur d'un paradigme dominé par cet élément directement issu des « pages lues » de la seconde strophe :

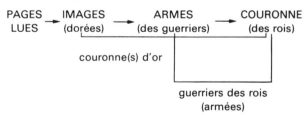

Soit un rapport de possesseur (« guerriers » et « rois ») à objet(s) possédé(s) (respectivement « armes » et « couronne ») totalement engendré par les « images dorées » (= images de légende) représentant guerriers armés et rois couronnés, rois avec leurs soldats, etc.

Il est évident que les « captives » disparues dans la version définitive connotaient par antithèse le mot absent : « liberté ». La tonalité de la strophe s'en trouve nettement modifiée : le rapport *pages lues → images* l'emporte sur *cendre → armes des guerriers* qui se trouve en arrière plan thématique.

Nous reviendrons plus loin (chapitre 5.3.) sur l'importance de l'activité de reformulation dont témoignent les différentes versions d'un poème. D'un point de vue didactique, retenons que ceci amène les apprenants à considérer le mouvement de l'écriture comme un travail de production.

4.6.5.   La quatrième strophe

    13 Sur la jungle et le désert
    14 Sur les nids sur les genêts
    15 Sur l'écho de mon enfance
    16 J'écris ton nom

Le brusque passage de l'isotopie ANTHROPOS à l'isotopie COSMOS apparaît ici avant tout comme l'expansion des vers initiaux : « sable » → « désert » et « arbres » → « jungle ». Le dessèchement et la luxuriance réunis entrent aussi en rapport avec « cendre ». La couleur jaune peut être considérée comme le dénominateur sémique commun du « sable » (03), des « images dorées » (09) et des « genêts » (14) autant que du « désert » (13). Si la « jungle » apparaît comme une sorte d'extension des « arbres » du vers 2, les « nids » (14) entrent aussi dans un rapport métonymique avec les « arbres » et ils opposent la /vie/ à la /mort/ (« cendre », « désert », « armes des guerriers »). Les « genêts » introduisent une thématique nouvelle : *fleurs du désert* dans un célèbre poème de Léopardi, ils renaissent des « cendres » et poussent sur les « pierres ». On retrouve de façon étonnante tout ce champ sémio-connotatif dans l'intertexte italien de 1836 :

> Sur l'échine aride
> du formidable mont
> Vésuve l'exterminateur
> que ne réjouit nul autre arbuste, nulle autre fleur,
> tu répands à l'entour tes buissons solitaires,
> ô genêt odorant
> qui te contentes du désert
> (...) Ces champs semés
> de cendres infécondes, et couverts
> de lave pétrifiée,...

(Seghers, coll. Poètes d'aujourd'hui N° 81)

Le genêt rejoint ainsi le thème de la renaissance amorcée par « les nids » et surtout « l'écho de mon enfance ». Ce vers 15 semble rappeler en « écho », les éléments présents dans les strophes précédentes : des

« cahiers d'écolier » aux « images dorées ». « Écho » (/eko/) d'« écolier » (/eko.../) et donc du signifiant phonique du premier vers.

Réunir les éléments dispersés, telle est bien la fonction de l'écriture que développe, strophe après strophe, ce long poème. Ainsi les strophes 5 et 12 se répondent-elles nettement :

17 Sur les merveilles des nuits	45 Sur la lampe qui s'allume
18 Sur le pain blanc des journées	46 Sur la lampe qui s'éteint
19 Sur les saisons fiancées	47 Sur mes maisons réunies
20 J'écris ton nom	48 J'écris ton nom

Je ne développe pas car c'est, par-delà le reste du poème, surtout en écho avec la dernière strophe que fonctionnent les vers 14 et 15 :

Ce développement confirme ce que nous posions, avec Dan Sperber, plus haut : le caractère déviant et figural de l'énoncé oblige le lecteur à reconstruire par *évocation « symbolique »* tout un arrière plan d'informations manquantes qui suppléent la représentation conceptuelle défaillante. C'est comme *partition* à interpréter que le poème se définit dès lors ; c'est ainsi que nous venons de le lire.

4.6.6. De l'exemple de « liberté » vers une théorie de la lecture du poème

À ce stade de la réflexion et en profitant de l'exemple privilégié de ce célèbre poème d'Eluard, il nous faut examiner les propositions importantes d'Hans Robert Jauss, dans « Le texte poétique et le changement d'horizon de la lecture » [32].

Dans l'hypothèse du théoricien allemand de l'esthétique de la réception, la lecture d'un poème se fait en trois temps :
(I) Compréhension immédiate ou (pré)compréhension liée à la perception du poème comme objet esthétique : « compréhension percevante » ou encore « perception esthétique ».
(II) Interprétation réfléchissante de la seconde lecture — rétrospective — qui présuppose une perception esthétique préalable. C'est là un

---

32. Pages 95-107 du Colloque de Cerisy : *Problèmes actuels de la lecture*, Clancier-Guenaud, Bibliothèque des Signes, 1982.

aspect essentiel de l'hypothèse de Jauss : faire du caractère esthétique du texte poétique (ce que nous appelons plus volontiers le jugement de poéticité) un préalable à son interprétation : « L'interprétation d'un texte poétique présuppose toujours déjà sa perception esthétique en tant que précompréhension » (page 99).

(III) Lecture de type historique ou « interprétation d'une œuvre à partir des prémisses de son époque et de sa genèse » (p. 103). Cette troisième lecture « implique la reconstitution de l'horizon d'attente où s'inscrit le poème (...), et suit l'histoire de la réception du poème, de ses « lectures », jusqu'à la plus récente, c'est-à-dire la mienne » (p. 95).

En résumé, selon Jauss : « La priorité de la perception esthétique dans la triade de l'herméneutique littéraire exige l'*horizon*, et non pas la priorité temporelle de la première lecture ; l'horizon de la compréhension percevante peut très bien ne se dégager qu'au moment de la seconde lecture ou avec l'aide de la compréhension historique » (p. 106).

Il semble que H. R. Jauss confirme ce que nous avons dit de la *vi-lisibilité* du poème comme précompréhension du texte. Il lui confère une dimension esthétique qui correspond à ce que nous avons noté de la compétence textuelle (perception, par le lecteur, du poème comme texte rhétorique) et de la compétence discursive (perception du poème comme discours littéraire soumis à des contraintes spécifiques de vérité et d'esthéticité). Je cite Jauss, page 98 : « La découverte du caractère esthétique du texte poétique — qui le distingue du texte théologique, juridique ou même philosophique — se fait selon l'orientation donnée à la perception par la construction du texte, la suggestion du rythme, la réalisation progressive de la forme ». C'est bien ce qu'ont examiné attentivement les chapitres précédents du présent ouvrage.

La thèse de Jauss présente aussi l'intérêt d'insister sur le caractère nécessairement ouvert de l'interprétation (II). S'appuyant sur les thèses de Wolfgang Iser [33] dont la théorie de l'effet esthétique insiste sur les structures d'appel et sur les lacunes du sens, Jauss confirme les propos du présent chapitre sur le flou de la sélectivité et de l'implicite. En effet, les lacunes du sens (mimétique-référentiel, grammatical), les agrammaticalités et les absurdités (au regard de la logique), les effets figuraux irrécupérables, apparaissent comme autant de lieux textuels où *du sens est proposé, de façon ouverte* [34]. Comme le note Jauss : « Pour saisir comment le texte poétique, grâce à son caractère esthétique, donne d'entrée de jeu

---

33. Pour un bon compte rendu des thèses de W. Iser, lire Y. GILLI : « Le texte et sa lecture. Une analyse de l'acte de lire selon W. ISER », *SEMEM 1, Lecture et Lecteur*, Université de Besançon, Les Belles Lettres, 1983.
34. Comme Umberto Eco parle d'*Œuvre ouverte* (Seuil, 1965, repris dans la collection Points N° 107 ; voir surtout le chapitre 1 : « La poétique de l'œuvre ouverte » et le chapitre 2 : « Analyse du langage poétique »).

quelque chose à comprendre, l'analyse ne doit pas partir de la question de la signification maintenue ouverte dans le procès de perception que le texte, comme partition, offre au lecteur ». « Liberté » confirme, à plus grande échelle, la déclaration de poétique des deux vers cités page 140. La vérité poétique (« Jamais une erreur les mots ne mentent pas ») de la figure absurde (« La terre est bleue comme une orange ») tient au fait que cette forme engendre du texte, qu'elle est *un opérateur textuel de poéticité*. C'est sur ce genre de figure que vient se greffer la perception esthétique (I), sur elle comme, dans « Liberté », sur les incompatibilités syntacticosémantiques relevées, sur les effets du rythme dont nous avons aussi parlé. Avec « Liberté », l'impossibilité d'établir une adéquation des mots à un univers de référence, les défaillances de la représentation, déclenchent un recours au texte comme espace de la signifiance, c'est-à-dire au texte dans sa matérialité poétique et les figures de son engendrement.

Ce jeu des niveaux (I) et (II) met bien en question la domination traditionnelle du niveau de lecture historique (III). « Liberté » présente, bien sûr, un exemple privilégié d'écrasement de la dimension esthétique (I) et de la signifiance (II) par la reconstitution historique (III). Ainsi MM. Lagarde et Michard, dans leur XXᵉ siècle (Bordas, 1965, p. 354), écrivent que « Le recueil *Poésie et Vérité* (1942) s'ouvre sur un hymne à la liberté qui reste l'un des chefs-d'œuvre de la poésie de la Résistance ». MM. Chassang et Senninger (Hachette, 1970, p. 193) n'hésitent pas à placer « Liberté » dans une rubrique intitulée : « La poésie engagée », et ils commentent ainsi le texte : « De plus en plus directe, la poésie d'Eluard devient un instrument de combat et fournit de thèmes lyriques la Résistance. Cependant, dans le fameux poème *Liberté*, l'apparition du thème au dernier vers seulement fait qu'on se demande pendant la lecture s'il s'agit d'un poème d'amour ou d'un poème patriotique, en fait les deux inspirations ne s'opposent jamais chez Eluard, l'amour de la femme étant toujours élargi aux dimensions de l'amour de l'humanité ». Les auteurs de *La Littérature en France depuis 1945* (Bordas, 1970, p. 88) optent aussi résolument pour le caractère historique d'une poésie de circonstance, tout en mettant cependant l'accent sur un aspect essentiel de la genèse de ce poème : « *Liberté* suppose une identification de la femme aimée et de la liberté : c'était pour Nusch que le poème était d'abord conçu, et c'était « son nom » qu'il devait écrire. Mais le poème d'amour devint tout naturellement, au témoignage d'Eluard, un hymne à la liberté, la figure de la femme aimée se transformant en image de l'indépendance nationale ». Toutes ces lectures se retranchent résolument derrière la troisième lecture, attentive à la genèse et à l'époque. Ces points sont, bien sûr, importants et H. Meschonnic a raison d'écrire que « tout ne se réduit pas à du linguistique. Le texte est un rapport au monde, à l'histoire » [35]. La fonc-

---

35. *Pour la poétique*, page 143.

tion historique du poème et les circonstances de son écriture ne doivent pas dissimuler la dimension esthétique (I) et la signifiance (II) d'un texte spécifique. Se contenter de reconnaître le « thème » au dernier vers ou se demander pendant la lecture s'il s'agit d'un poème d'amour ou d'un poème patriotique, c'est plaquer un sens global sur un texte dont on néglige de lire la signifiance. Tout ceci rejoint nos critiques de la lecture selon les manuels scolaires (chapitre 1). Tout ceci mène à une impasse critiquée en ces termes par H. Meschonnic : « Si une œuvre a en raison de ses circonstances une fonction politique, tout y est politique, politisé — il n'est pas de meilleur exemple que *Liberté* d'Eluard (...) —. Ce filet ne peut rien saisir, car il méconnaît la nature de l'œuvre littéraire : il la traite comme information, et elle est valeur ».

C'est clairement du pouvoir médiateur du LOGOS dans le rapport de l'homme au monde qu'il est question dans la vingt et unième strophe (citée plus haut). Le rapport JE-TU, autour du refrain litanique du quatrième vers de chaque strophe, glisse nettement de la sphère de l'interlocution du poème d'amour (JE-TU) à la simple énonciation-nomination d'un mot-clé. C'est même cet acte de langage typiquement poétique qui fait être le moi : « Je suis né... POUR te nommer », « PAR le pouvoir d'un mot... je commence ma vie ». Les prépositions sont la trace d'une confiance dans le langage : c'est le langage lui-même qui fait-être, fait-vivre le sujet énonciateur qui devient ainsi le produit de son acte d'écriture. Le travail de l'écriture apparaît, dès lors, comme inséparable de la fonction historique du poème (écrit pendant la Résistance à l'occupant), mais le débat n'est plus entre le poème d'amour initialement écrit pour Nusch et le poème patriotique contournant la censure de Vichy, ce qui nous intéresse, c'est de *lire le poème de circonstance* (III) *à partir de sa densité scripturale-esthétique* (I et II). La fonction pratique (III) ne doit pas dissimuler la réunion métonymique, *dans le poème* (rythme et figures) (I et II), des fragments dispersés d'un monde en guerre. Remarquable commentateur de l'œuvre d'Eluard, H. Meschonnic écrit : « Chez Eluard, non seulement les figures, mais le *sens rhétorique*, sont « ascendants ». La confiance au langage (« les images pensent pour moi »), le bonheur de l'expression, donnent sens à un monde qui n'a plus de sens, ou qui n'en aurait pas sans certains mots en un certain ordre assemblés. C'est l'intentionnalité profonde des poèmes d'Eluard, telle que de plus en plus au cours de son œuvre elle s'affirme. Présence de la merveille, présence du malheur, la juxtaposition fonde un ordre ambigu où la discursivité de l'analogie est la participation même au continu par-delà le discontinu » (p. 127). Comme on l'a vu, emportées par le rythme litanique du poème, les chaînes superficielles d'associations engendrent des rapports qui traversent le discontinu référentiel. Effets rythmiques, paronomases, parallélismes syntaxiques, appuient les rapports figuraux.

Tout ceci nous amène au développement du chapitre suivant sur la spécificité de l'énonciation poétique dont il devient nécessaire de cerner la complexité.

ANNEXE 3

Il faut aussi écouter les poètes eux-mêmes, surtout quand ils ont la science et l'humour de Raymond Queneau dans ce texte des Ziaux :

L'EXPLICATION DES MÉTAPHORES

Loin du temps, de l'espace, un homme est égaré,
Mince comme un cheveu, ample comme l'aurore,
Les naseaux écumants, les deux yeux révulsés,
Et les mains en avant pour tâter le décor

— D'ailleurs inexistant. Mais quelle est, dira-t-on,
La signification de cette métaphore :
« Mince comme un cheveu, ample comme l'aurore »
Et pourquoi ces naseaux hors des trois dimensions ?

Si je parle du temps, c'est qu'il n'est pas encore,
Si je parle d'un lieu, c'est qu'il a disparu,
Si je parle d'un homme, il sera bientôt mort,
Si je parle du temps, c'est qu'il n'est déjà plus,

Si je parle d'espace, un dieu vient le détruire,
Si je parle des ans, c'est pour anéantir,
Si j'entends le silence, un dieu vient y mugir
Et ses cris répétés ne peuvent que me nuire.

Car ces dieux sont démons ; ils rampent dans l'espace,
Minces comme un cheveu, amples comme l'aurore,
Les naseaux écumants, la bave sur la face,
Et les mains en avant pour saisir un décor

— D'ailleurs inexistant. Mais quelle est, dira-t-on,
La signification de cette métaphore
« Minces comme un cheveu, amples comme l'aurore »
Et pourquoi cette face hors des trois dimensions ?

Si je parle des dieux, c'est qu'ils couvrent la mer
De leur poids infini, de leur vol immortel,
Si je parle des dieux, c'est qu'ils hantent les airs,
Si je parle des dieux, c'est qu'ils sont perpétuels,

Si je parle des dieux, c'est qu'ils vivent sous terre,
Insufflant dans le sol leur haleine vivace,
Si je parle des dieux, c'est qu'ils couvent le fer,
Amassent le charbon, distillent le cinabre.

Sont-ils dieux ou démons ? Ils emplissent le temps,
Minces comme un cheveu, amples comme l'aurore,
L'émail des yeux brisés, les naseaux écumants,
Et les mains en avant pour saisir un décor

— D'ailleurs inexistant. Mais quelle est, dira-t-on,
La signification de cette métaphore
« Mince comme un cheveu, ample comme une aurore »
Et pourquoi ces deux mains hors des trois dimensions ?

Oui, ce sont des démons. L'un descend, l'autre monte.
À chaque nuit son jour, à chaque mont son val,
À chaque jour sa nuit, à chaque arbre son ombre,
À chaque être son Non, à chaque bien son mal,

Oui, ce sont des reflets, images négatives,
S'agitant à l'instar de l'immobilité,
Jetant dans le néant leur multitude active
Et composant un double à toute vérité.

Mais ni dieu ni démon l'homme s'est égaré,
Mince comme un cheveu, ample comme l'aurore,
Les naseaux écumants, les deux yeux révulsés,
Et les mains en avant pour tâter un décor

— D'ailleurs inexistant. C'est qu'il est égaré ;
Il n'est pas assez mince, il n'est pas assez ample :
Trop de muscles tordus, trop de salive usée.
Le calme reviendra lorsqu'il verra le Temple
De sa forme assurer sa propre éternité.

5 Aspects de l'énonciation poétique

5.0. Dès « Structure des relations de personnes dans le verbe » (1946) et surtout dans « L'appareil formel de l'énonciation » (1970), Emile Benveniste ouvre la voie à une linguistique du discours soucieuse de prendre en compte « la mise en fonctionnement de la langue par un acte individuel d'utilisation ». Dans cette perspective, comme le souligne l'auteur des *Problèmes de linguistique générale* lui-même, « ce qui en général caractérise l'énonciation, (c')est *l'accentuation de la relation discursive au partenaire*, que celui-ci soit réel ou imaginé, individuel ou collectif ». Pour avoir trop longtemps négligé cette dimension discursive, la linguistique (structurale) est restée très en deçà de ce qu'on pouvait attendre.

Dans un article important [1], Antoine Culioli note que, « à trop marquer la stabilité du signe, discret et arbitraire, on s'est caché le mouvement qui est au cœur de tout acte de langage, cet ajustement des systèmes de repérage entre énonciateurs, pour figer le langage en un instrument normé, calibré, objectif, clair, plus, il est vrai, la sainte liberté du style-écart et les mystérieux degrés de la grammaticalité » (p. 85). Dans cette perspective, le terme ÉNONCIATION renvoie à l'acte par lequel un sujet produit (*énonce*) une suite linguistique (phonique ou graphique), cet acte mettant en jeu un interlocuteur (*co-énonciateur*) réel ou fictif : « Un texte n'a pas de sens en dehors de l'activité signifiante des énonciateurs. (...) La communication se fonde sur cet ajustement plus ou moins réussi, plus ou moins souhaité, des systèmes de repérage des deux énonciateurs. (...) La signification d'un énoncé, par-delà son sens proviendra de cette accomodation. Le langage est un système, mais un système ouvert. (...) Peu à peu nous entrevoyons que le langage est une incessante mise en relation (prédication, énonciation), grâce à quoi des énonciateurs, en tissant un jeu structuré de références, produisent un surplus d'énoncés et repèrent une pluralité de significations » (*ibid.*).

---

1. « Sur quelques contradictions en linguistique », *Communications* N° 20, 1973, Seuil.

Lire la poésie dans cette perspective énonciative, c'est entrer de plein pied dans la question de la production du sens. Dans le poème, tous les aspects négligés par la linguistique structurale jouent à plein leur rôle signifiant : métaphores, jeux de mots, ambiguïtés et malentendus, polysémie et plurivocité deviennent incontournables. Incontournable aussi la question déjà abordée de la lecture-compréhension. Plus fortement encore, confrontés à de tels énoncés lisibles « *littéralement et dans tous les sens* », nous comprenons qu'il faille analyser les textes poétiques en tenant compte des opérations linguistiques par lesquelles un énonciateur les a construits (tout en s'énonçant et en se construisant lui-même à travers ces opérations).

Pour cerner la dimension énonciative du poème, nous envisagerons d'abord les actes de discours qui inscrivent le poème dans une inter-locution (5.1.), plus classiquement ensuite, nous examinerons quelques traces *des processus énonciatifs qui, dans une perspective didactique, devraient aider élèves, étudiants et enseignants à* lire *l'énonciation (5.2.). Enfin, nous étudierons ce que les activités de reformulation nous disent de l'effort d'un auteur pour parvenir à une certaine formulation : prolongeant le travail du chapitre 2.2. sur le poème de Cendrars « copié » dans un journal, nous nous intéresserons à la « transposition » par Aragon d'une lettre en poème. Nous cernerons ainsi un certain travail de/dans l'énonciation, nous verrons comment la signification se trouve progressivement construite (5.3.2.). C'est le même chemin que tracent les. étapes de l'écriture d'un poème : comparant deux états d'un texte célèbre de Victor Hugo, nous lui redonnerons toute son épaisseur énonciative, masquée par la version définitive du poème achevé et publié (5.3.1.).*

Étant donné le nombre et la qualité des publications sur la question, nous pouvons éviter un exposé systématique sur la problématique énonciative. Pour une information de base, nous renvoyons aux quelques ouvrages cités dans la bibliographie sélective, page 246.

5.1.   Analyses pragmatiques

5.1.1.   Actes locaux et modalités du discours

Le présent développement a pour but de cerner la nature du poème comme *acte de discours*. À trop insister sur le poème comme objet linguistique, on court le risque de négliger le fait que tout poème est aussi un acte de langage. Ainsi, le sonnet XVI des *Regrets* de Du Bellay :

> Ce pendant que Magny suit son grand Avanson,
> Panjas son cardinal, à moy le mien encore,

Et que l'espoir flatteur, qui noz beaux ans devore,
Appaste noz desirs d'un friand hamesson,
Tu courtises les Roys, à d'un plus heureux son
Chantant l'heur de Henry, qui son siecle decore,
Tu t'honores toymesme, & celuy qui honore
L'honneur que tu luy fais par ta docte chanson.
Las, & nous ce pendant nous consumons nostre aage
Sur le bord incogneu d'un estrange rivage,
Où le malheur nous fait ces tristes vers chanter,
Comme on voit quelquefois, quand la mort les appelle,
Arrangez flanc à flanc parmy l'herbe nouvelle,
Bien loing sur un estang trois cygnes lamenter.

met en scène des actes de discours évidents : *regretter, déplorer* (actes à
fonction avant tout « expressive », c'est-à-dire centrés sur l'énonciateur
lui-même), *féliciter* et *faire l'éloge* (actes à fonction avant tout « impres-
sive » ou « conative », c'est-à-dire centrés sur le destinataire du poème).
Tout le texte tourne autour des positions respectives de l'énonciateur et
du destinataire. C'est sur de tels actes que s'écrit le poème en transformant ce premier « discours » par tout un jeu de parallélismes et de rapports entre les signifiants [2]. Lire ce texte, c'est découvrir la redéfinition du
chant poétique qu'il propose : « La principale transformation opérée par
l'« antidiscours » du poème serait donc celle du modèle sociolectal du
statut et de la fonction du poète : disjonction de cette fonction d'avec la
réussite sociale, affirmation de la compatibilité — voire de l'existence
d'une affinité particulière — entre la poésie d'une part, le malheur et la
mort d'autre part. Renversement dont la modernité n'a pas besoin d'être
soulignée » (art. cité p. 449). C'est bien en ce sens qu'on peut dire que,
dans le poème, la mise en forme (jeu de la fonction poétique-autotélique
dont on a parlé au chapitre 3) crée le sens. Un poème de ce genre est
avant tout travail et discours sur la fonction sociale de la poésie et sur le
statut du poète.

Considérer le poème sous son angle énonciatif et comme acte de discours, c'est donc insister sur la nécessité d'une *approche à la fois textuelle*
(celle que nous avons surtout développée dans les chapitres précédents)
et pragmatique (envisageant la ou les fonction(s) interactive(s) propre(s) à
chaque poème). Il faut lier une attention rigoureuse à la *densité de l'unité
TEXTE* et une attention à sa *dimension énonciative*.

---

2. Je cite ce texte pour renvoyer à l'excellente étude de Philippe DE LAJARTE :
« L'antidiscours du poème », *Poétique* N° 44, 1980. Pour les notions utilisées, je
renvoie à la bibliographie donnée page 246 et surtout à l'exposé clair de Fossion
et Laurent pages 50-55 essentiellement.

Ainsi, lorsque nous examinions dans le détail la pièce XIV du livre quatrième des *Contemplations* de Hugo [3], pourquoi avoir négligé la dimension interactive des premiers vers ?

> Demain, dès l'aube, à l'heure où blanchit la campagne,
> *Je partirai.* Vois-tu, je sais que tu m'attends.
> *J'irai* par la forêt, *j'irai* par la montagne.
> Je ne puis demeurer loin de toi plus longtemps.
>
> *Je marcherai* les yeux fixés sur mes pensées, (...)

N'envisager les futurs soulignés que d'un point de vue temporel, c'est manquer un aspect essentiel du discours comme acte. Il ne faut pas négliger ici l'essentiel, c'est-à-dire la *promesse.* En disant-écrivant « je partirai », l'énonciateur n'informe pas seulement de son intention, il se met dans l'obligation morale d'effectuer ce qu'il dit : il prend un engagement qui inscrit le poème dans le temps même de son énonciation. D'un point de vue énonciatif, les futurs de ce poème semblent hésiter entre la pure « description » (on parle dans ce cas de verbes *constatifs*) et l'acte de discours. Ce qui est certain, c'est que le futur introduit une tension entre l'actualité de l'énonciateur (poème daté du 3 septembre 1847) et la réalisation de l'événement. L'essentiel du futur réside dans la visée de l'énonciateur à partir de son présent et, dès lors, comme je le montre page 348 de *Linguistique et discours littéraire*, ce poème fonctionne dans le recueil par rapport à d'autres poèmes, eux aussi datés :

> Autrefois, quand septembre en larmes revenait,
> Je partais, je quittais tout ce qui me connaît,
> Je m'évadais ; (...)

L'opposition entre « Demain » et « Autrefois », « je partirai » et « je partais » permet de cerner la dimension énonciative précise du texte et la nature de l'acte de discours accompli : respect d'un rituel anniversaire (que j'étudie dans l'analyse citée).

Comme on a parlé plus haut des figures, il faut insister sur *les modalités du discours poétique.* Dans les textes étudiés lors des précédents chapitres, nous aurions pu relever nombre d'*exclamations*, d'*interrogations*, d'*apostrophes* et même d'*interruptions*, c'est-à-dire autant de modalités non assertives du discours qui donnent un ton spécifique au(x) poème(s). Outre les actes de discours du type *promettre, regretter, se plaindre* ou *demander*, il faut, bien sûr, tenir compte des modalités qui structurent, par exemple, les sonnets cités au chapitre 2.3.1. Relevons :

---

3. *Linguistique et discours littéraire*, pages 337 et suivantes.

A) L'exclamation et l'apostrophe dans les tercets du sonnet de Baudelaire :

> (3) 09 Être maudit à qui, de l'abîme profond
> 10 Jusqu'au plus haut du ciel, rien, hors moi, ne répond !
> 11 — O toi qui, comme une ombre à la trace éphémère,
>
> 12 Foules d'un pied léger et d'un regard serein
> 13 Les stupides mortels qui t'ont jugée amère,
> 14 Statue aux yeux de jais, grand ange au front d'airain !

Il en va exactement de même dans la page de prose poétique des *Nourritures terrestres* de Gide étudiée au chapitre 2.4.4. :

> ...Caravanes !
>
> — Caravanes venues le soir ; caravanes parties le matin ; caravanes horriblement lasses, ivres de mirages, et maintenant désespérées ! Caravanes ! que ne puis-je partir avec vous, caravanes ! (...) — O fatigues splendides, immenses, dans l'incommensurable désert !

B) L'interrogation et l'exclamation, dans les strophes impaires du sonnet de Du Bellay :

> (1) 05 Que songes-tu mon âme emprisonnée ?
> 06 Pourquoi te plaist l'obscur de nostre jour,
> 07 Si pour voler en un plus cler seiour,
> 08 Tu as au dos l'aele bien empanée ?
>
> 12 La, O mon ame au plus hault ciel guidée !

On trouve le même type de questionnement propre à la poésie lyrique dans ce célèbre sonnet des *Fleurs du mal* :

> X. L'ENNEMI
>
> Ma jeunesse ne fut qu'un ténébreux orage,
> Traversé çà et là par de brillants soleils ;
> Le tonnerre et la pluie ont fait un tel ravage,
> Qu'il reste en mon jardin bien peu de fruits vermeils.
>
> Voilà que j'ai touché l'automne des idées,
> Et qu'il faut employer la pelle et les râteaux
> Pour rassembler à neuf les terres inondées,
> Où l'eau creuse des trous grands comme des tombeaux.
>
> Et qui sait si les fleurs nouvelles que je rêve
> Trouveront dans ce sol lavé comme une grève
> Le mystique aliment qui ferait leur vigueur ?
>
> — O douleur ! ô douleur ! Le Temps mange la vie,
> Et l'obscur Ennemi qui nous ronge le cœur
> Du sang que nous perdons croît et se fortifie !

Le passage du constat des quatrains (constat orienté vers le passé dans un premier temps) au tercet interrogatif (T1) introducteur d'un doute sur les possibilités créatrices (« fleurs nouvelles que je rêve... ») et au tercet exclamatif (T2) traduit une lyricisation bien caractéristique du poétique.

Même un poète de la description (du *parti pris des choses*) comme Francis PONGE sature ses textes de tournures de ce type. On multiplierait aisément les exemples, depuis le *Parti pris des choses* jusqu'à *l'Avant-printemps*. Citons « Le cycle des saisons » (pages 48-49 de l'édition Poésie/Gallimard) :

> (...) Tant pis ! Cela s'ordonnera comme cela pourra ! Mais, en réalité, cela s'ordonne ! Aucune liberté dans la feuillaison... (...) Toujours la même feuille, toujours le même mode de dépliement, et la même limite, toujours des feuilles symétriquement suspendues ! Tente encore une feuille ! — La même ! Encore une autre ! La même ! Rien en somme ne saurait les arrêter que soudain cette remarque : « L'on ne sort pas des arbres par des moyens d'arbres ». Une nouvelle lassitude, et un nouveau retournement moral. (...)

Ou ces extraits de *L'Avant-printemps* (*Tel Quel* N° 33, 1968, pp. 11 et 12) :

> Caractère sacré (pour les paysans bourgeois) des rameaux printaniers, (fleuris) des arbres fruitiers : on ne les couperait pas pour les vases ni pour l'Église (comme ceux du buis) !
>
> Il est honteux de les couper (les citadins l'ignorent peut-être ? Non ! Ils ne peuvent l'ignorer !)
>
> Au contraire, il faut beaucoup en couper avant l'hiver. C'est un rite, fort utile.
>
> (...) Aujourd'hui, reprenant ces *Poiriers* ébauchés voici deux jours, il me semble évident (quoi, j'étais donc aveugle !) que leur « écriture » nouée (...)

C) L'exclamation et l'interruption jouent un rôle expressif évident dans les deux sonnets de Tristan Corbière cités pages 48 et 49.

D) L'on se trouve à la limite de **l'ORDRE** au vers 11 du « Dormeur du val » :

> 11 Nature, berce-le chaudement : il a froid.

La disparition des traces de ponctuation n'empêche pas la présence de telles modalités du discours. D'ailleurs, points d'exclamation, d'interrogation et de suspension résistent aux métamorphoses contemporaines de la poésie la plus moderne, de Reverdy et René Char à Denis Roche. L'on peut dire que la seule présence de *traces* du moi lyrique colore un poème comme « *les Colchiques* » (cité page 58) d'une valeur de plainte, de reproche adressés en direction de l'Autre du discours (« tes yeux/paupières »).

Si nous remontons aux formes les plus classiques du théâtre de Racine, par exemple, la composante interactive sature tout naturellement le discours. Ainsi dans cette réplique d'*Andromaque*, véritable quasi-sonnet structuré pour permettre rhétoriquement l'esquive de l'échange amoureux requis par Pyrrhus :

ANDROMAQUE :

V. 297 Seigneur, que faites-vous, et que dira la Grèce ?
298 Faut-il qu'un si grand cœur montre tant de faiblesse ?
299 Voulez-vous qu'un dessein si beau, si généreux,
300 Passe pour le transport d'un esprit amoureux ?
301 Captive, toujours triste, importune à moi-même,
302 Pouvez-vous souhaiter qu'Andromaque vous aime ?
303 Quels charmes ont pour vous des yeux infortunés
304 Qu'à des pleurs éternels vous avez condamnés ?
305 Non, non, d'un ennemi respecter la misère,
306 Sauver des malheureux, rendre un fils à sa mère,
307 De cent peuples, pour lui, combattre la rigueur
308 Sans me faire payer son salut de mon cœur,
309 Malgré moi, s'il le faut, lui donner un asile :
310 Seigneur, voilà des soins dignes du fils d'Achille.

(Acte I, scène 4).

Nous n'engagerons pas ici une analyse détaillée d'un texte exceptionnel mais, en raison de sa nature théâtrale, malgré tout assez éloigné de la forme poétique conventionnelle. Retenons uniquement que l'interrogation « rhétorique » vient ici atténuer le *type textuel conversationnel* (la question ne vise pas la réponse conventionnelle de l'interlocuteur). Comme le note Fontanier, elle « consiste à prendre le tour interrogatif non pas pour marquer un doute et provoquer une réponse, mais pour indiquer au contraire la plus grande persuasion, et défier ceux à qui l'on parle de pouvoir nier ou même répondre » (1968, p. 368). L'acte illocutoire *Questionner* (déterminant dans le *type conversationnel*) est donc dominé par l'acte d'assertion *Convaincre* (à la base, lui, du *type argumentatif*). Les fausses questions sont situées dans les deux « quatrains », les « tercets » s'ouvrant sur la réponse (« Non, non... ») formulée par Andromaque elle-même et redoublée par une sorte de renvoi à chaque « quatrain » : non-falloir (v. 298) et non-vouloir (v. 299), d'une part, non-pouvoir (v. 302), d'autre part. Ceci traduit admirablement, non seulement la réduction de l'autre du discours au silence (et donc l'atténuation du type conversationnel), mais surtout le *passage de la sphère de l'éros* (nié) *à celle du devoir* (marqué par les infinitifs et par la clausule ouverte par « Voilà »). Les parallélismes liés au *type textuel rhétorique-poétique* permettent de jouer sur les vers d'ouverture et de fermeture de la tirade-« sonnet » qui fixent clairement les rôles et places de Pyrrhus :

Seigneur, que faites-vous, et que dira la *Grèce* ?
Seigneur, voilà des soins dignes du *fils d'Achille.*

172

De façon exemplaire, on voit qu'ici l'articulation des types textuels détermine les effets discursifs originaux : le *type conversationnel* (dialogue de théâtre) est emporté par le *type textuel rhétorique-poétique* (pseudo-sonnet, vers, mètres et rimes, etc.) lui-même dominé par le *type argumentatif*. C'est la visée illocutoire-perlocutoire du discours qui l'emporte ; ajoutons que ces quelques vers ont le mérite de laisser voir toute la complexité des rapports entre la force d'un acte de discours et les rôles et places des sujets (dimension psycho-sociale des actes de discours trop souvent négligée par les analystes) [4].

Il nous faut absolument cerner la spécificité du poème en considérant avec précision quel type d'acte de discours global est accompli par l'énonciation poétique. *Deux exemples simples, étudiés dans le détail, peuvent aider la réflexion à sortir des seules* modalités du discours *et autres* actes de discours locaux *que nous avons rapidement décrits. C'est, encore une fois, un point de vue global sur le texte qui importe avant tout.*

5.1.2. Énonciation et textualité : l'exemple d'un graffiti

Dans son article « Parole et poésie » (*Poétique* N° 37, 1979), Ross Chambers note que les poèmes sont un peu comme certains graffiti ; ainsi : « *Merde à qui le lira* ». Un tel énoncé, « parole morte », ne se convertit en énonciation et en *insulte* qu'à la faveur d'un acte de lecture « accompli par celui qui, de ce fait même, devient l'injurié. Le simple terme d'injure ne devient injure à proprement parler que par l'intervention d'un lecteur qui est ainsi amené, pourrait-on dire, à s'injurier lui-même au moyen de sa lecture » (page 62). Pour Chambers les textes littéraires partagent le statut de ces énoncés qui ne deviennent offensants que si, en les lisant, on les fait parler : « de tels textes n'ont jamais d'autre contexte d'énonciation que leur contexte de réception ». Pour approfondir ces remarques, examinons un graffiti lu une première fois sur un mur de Lausanne en juin 1982 et toujours lisible dans un escalier qui monte de la gare vers la ville haute :

> m ⓐ peur se fera haine
> en vos cités trop grandes

---

4. Sur ce point, pour un exposé clair, lire *La Parole intermédiaire* de F. FLAHAUT (Seuil) et *Ce que parler veut dire* de P. BOURDIEU (Fayard) pour une critique de ce qu'on appelle la philosophie analytique du langage.

5.1.2.1. *Les composantes de la textualité de la séquence*

Nous avons insisté plus haut déjà sur l'appartenance du poème à un type textuel plus vaste : le *type rhétorique* qui englobe aussi la prose poétique, la chanson, le slogan, la maxime, le dicton, le titre et certainement le graffiti. Examiner les composantes de la textualité de ce graffiti précis, c'est voir à quel point, réglé par l'espace typographique (vers-alinéa) et par le rythme (mètre et nombre), tout graffiti ressemble au poème. La ressemblance que signale Ross Chambers s'étend, en fait, aux composantes textuelles et énonciatives du *type rhétorique* qui englobe poème et graffiti.

A) Mètre, graphie, phonie

Cet énoncé frappe tout d'abord par sa cohésion phrastique, par sa clôture et son caractère immédiat d'énoncé complet. Nous sommes loin du premier vers des « Chats » de Baudelaire étudié plus haut (pages 103 et suivantes). À première lecture, ce graffiti semble extrait de quelque (inter)texte littéraire. Cet effet citationnel débouche sur une interrogation : s'agit-il d'un alexandrin coupé en deux « demi-vers » qui renforcent les parallélismes des deux « hémistiches » ?

Des parallélismes phoniques en miroir assurent l'homogénéité des deux « demi-vers » : /a + ʀ + ə/ & /ə + ʀ + a/, /ã + o + t/ & /t + o + ã/ :

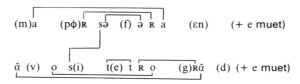

La graphie (deux lignes-vers), la phonie (deux miroirs) et la syntaxe (seconde ligne introduisant l'indication de lieu (Loc) se renforcent. Le jeu de l'alinéa graphique introduit un rythme dans la lecture de l'énoncé et la construction du sens. En d'autres termes, la (re)distribution des signes de la langue en un espace (mural) particulier opère une resémantisation des unités linguistiques. Une analyse sémantique de cet énoncé passe par l'examen de la prosodie, du rythme et de la syntaxe ; par une analyse aussi de la calligraphie : ici manuscrite et très scolaire dans sa facture.

B) Rythme

D'un point de vue rythmique, les deux demi-vers peuvent être ainsi décomposés :

ma pøʀ // sə faʀa ɛn(ə) ///ã vo site // tʀo gʀãd(ə)

Soit une construction en chiasme des deux unités de 6 syllabes :

ma peur = 2 + 4 = *se fera haine*
en vos cités = 4 + 2 = *trop grandes*

Le mètre et la graphie participent ensemble au choc produit par ce texte sur tout passant un peu attentif. Le travail du signifiant (graphique-phonique) et du rythme fait partie de la cohésion-cohérence et il assure la force spécifique d'un texte qui met en relief, syntaxiquement, « haine », dans un premier temps, puis « cités trop grandes », dans un second temps.

C) Syntaxe

Une analyse en termes de dynamique communicative confirme que la « peur » est en position de thème (Th) et qu'après la transition (tr) verbale apparaît le premier rhème (Rh) :

ma peur → *se fera* → *haine*
Th   →   tr   →   Rh1   — ···

La suite du vers-phrase développe la partie rhématique :

en vos cités → *trop grandes*
··· → Rh2   → Rh3

La progression du premier demi-vers signale une modification du sentiment (passif) de « peur » en sentiment (actif) de « haine » ; la suite de la progression est assurée autour de la cohésion du syntagme prépositionnel :

(Loc. ((dét. Substantif) ← (modificateur →   modificateur)))
                              adverbe   adjectif
(*en*   ((*vos   cités*)   (*trop*   *grandes*)))

Soit une dénonciation particulière d'un gigantisme urbain (rhèmes 2 et 3 apportant l'information nouvelle la plus importante, vers laquelle converge la dynamique communicative de l'énoncé) générateur de violence dans la mesure où il transforme la « peur » (thème) en « haine » (Rh1).

Reste la question des indices de personnes MA (le locuteur-énonciateur signataire à travers la trace graphique anarchiste de la lettre *a* encerclée) et VOS (trace de l'allocutaire-énonciataire) qui mettent en scène les interactants de l'acte de communication et qui nous renvoient au texte comme acte de discours spécifique.

5.1.2.2. Le graffiti comme acte de discours

La cohésion textuelle (rythmique, prosodique, phonique, syntaxique) précédemment examinée ne débouche pas sur une dépragmatisation et sur un isolement autonome (autotélique) de l'énoncé. Les marques personnelles signalent qu'on a bien affaire à une forme d'interaction langagière et comme l'écrit Bakhtine-Voloshinov : « Toute énonciation-monologue, même s'il s'agit d'une inscription sur un monument, constitue un élément inaliénable de la communication verbale. Toute énonciation, même sous forme écrite figée, est une réponse à quelque chose et est construite comme telle. Elle n'est qu'un maillon de la chaîne des actes de parole. Toute inscription prolonge celles qui l'ont précédée, engage une polémique avec elles, s'attend à des réactions actives de compréhension, anticipe sur celles-ci, etc. Toute inscription constitue une partie inaliénable de la science ou de la littérature ou de la vie politique » (*Le Marxisme et la philosophie du langage*, pp. 105-106).

Rappelons que dans la perspective pragmatique, le langage ne sert pas uniquement à transmettre des informations (le contenu de l'énoncé, proprement dit) ; loin de n'être qu'un instrument formel et neutre, il se définit comme une activité, comme le moyen d'une pratique discursive qui prend place entre deux partenaires. « Ma » et « vos » peuvent être identifiés comme des *traces* de ces protagonistes dont O. Ducrot a récemment précisé les rôles [5]. Comme acte d'énonciation, le texte est rapport d'un sujet locuteur-énonciateur à un autre (allocutaire-énonciataire), à un référent (monde), à son propre énoncé et à d'autres énoncés. Soit la double dimension de tout discours : véhiculer un contenu *et* accomplir un (des) acte(s) de discours par le seul fait de l'énonciation. Si l'emploi du futur (« se fera ») explique bien ceci, le fait qu'on ait affaire à une communication écrite et distanciée très particulière rend plus complexe la détermination des deux pôles.

Du FUTUR comme « temps » de l'indicatif, il faut préciser que c'est moins la dimension temporelle (prospective) qui compte que la tension qu'il introduit. En quittant le certain pour l'avenir, tout locuteur ne peut qu'imaginer une situation anticipée. Avec D. Maingueneau, je définirai globalement le futur comme « le résultat de visées de l'énonciateur à partir de son présent » [6]. Une tension s'établit entre l'actualité de l'énonciateur et la réalisation de l'événement : « Énoncer au futur, ce n'est pas situer un événement dans l'avenir, c'est désirer, ordonner, craindre, etc. Seule une vision réductrice du langage qui en fait un simple véhicule d'information permet de rejeter dans les marges ce qui est en réalité l'essence même du futur : la tension modale ». Le FUTUR, en tant que temps prospectif, apparaît comme tout à fait secondaire ici.

Envisageons les valeurs modales de ce FUTUR ; valeur logique de *prédication* et valeur illocutoire de *menace* :
— *Modalité logique* (ordre du certain, du probable, etc.). En associant ici au FUTUR (« se fera ») un sentiment déterminé par la personne JE (« ma peur »), l'énoncé se trouve travaillé par la modalité de la *nécessité*. On

---

5. *Les mots du discours*, Minuit, 1980, pages 7-56 et 233-236.
6. *Approche de l'énonciation en linguistique française*, p. 76.

peut parler d'une PRÉDICTION-type, renforcée par l'absence d'agent du procès. Le sujet énonciateur énonce un *savoir* sur les transformations de son propre sentiment. Il *prédit* une relation de nécessaire passage de la PEUR à la HAINE à partir d'un opérateur de cette transformation, introduit après. Les « cités trop grandes » ne sont pas seulement le *lieu* (« en ») de cette transformation, mais elles deviennent, on l'a vu plus haut, de par leur position dans l'énoncé, l'opérateur causal de la transformation. La première modalisation de l'énoncé par le futur [7] porte donc sur une prédiction si assurée qu'elle se transforme en dénonciation avec l'adverbe « trop » et en menace au niveau de la force illocutoire de l'acte de discours que l'énoncé sert à accomplir.

— Au niveau du rapport *JE-locuteur-énonciateur VS VOUS-allocutaire-énonciataire* indiqué par les embrayeurs « ma » et « vos » (signes qui, comme le signalent Benveniste et Jakobson, fonctionnent en rapport avec la situation de discours), l'énoncé devient une menace pour le lecteur. Ressentir la force illocutoire du texte, c'est percevoir la « haine » potentielle, la menace permanente signée par le *a* encerclé de l'embrayeur personnel : « m ⓐ ».

Bien que l'énoncé reste toujours signé, le *locuteur* (auteur individuel du graffiti) disparaît derrière l'auteur collectif anarchiste signataire et *énonciateur* de l'acte de prédiction-menace. L'idée de désigner ce phénomène de polyphonie énonciative par un dédoublement du *sujet-locuteur* (auteur du FAIRE, ici l'acte de tracer à la bombe de peinture noire un graffiti sur un mur) et du *sujet-énonciateur* (auteur de DIRE dans le cadre de la stratégie illocutoire de l'acte de discours) est due aux travaux récents d'O. Ducrot. En raison de l'absence du locuteur (« je-origine réel » des linguistes allemands) et de la seule trace d'un signataire identifié par le *a* encerclé, ce type de texte nous renvoie aux propos de Ross Chambers cités plus haut : l'acte de menace ne devient réellement menaçant que lors de (et par) l'interprétation du lecteur. *Le seul contexte énonciatif, c'est la lecture* par un allocutaire défini par son identité propre, par son statut psycho-social. Le dédoublement proposé par O. Ducrot semble pertinent : le discours comme acte fait passer le lecteur du simple pôle de *récepteur-allocutaire* au pôle de *destinataire* patient de l'acte de discours et menacé comme citadin, passant d'une « cité trop grande ».

En conclusion, on voit que lire un énoncé « ordinaire » du type de ce graffiti urbain, c'est le saisir structurellement comme un texte (5.1.2.1. ci-dessus), mais aussi être amené à le construire comme une énonciation, être amené à actualiser sa fonction de discours dans un contexte énon-

---

7. Pour simplifier : ce même futur permet d'accomplir des actes de discours différents selon qu'il est associé à tu-vous (= ordre) ou à je (= engagement promesse).

ciatif donné. À la manière d'un texte littéraire (et à la différence, par exemple, d'une lettre datée et adressée), le texte étudié signifie en dehors de son contexte de production primitif. Au « je » (origine réel) absent et au « vous-vos » variant au hasard des passants-lecteurs, s'ajoute le contenu de la prédiction elle-même : un futur extensible et qui ne pourrait prendre fin et s'actualiser que lors d'événements violents secouant la tranquillité suisse ou lors de son effacement par les services de nettoyage de la ville. Insistons, avec Ross Chambers, sur l'étonnante primauté du rôle de l'interprète-lecteur : « Si le texte m'incarne en destinataire dès lors que je prends sur moi de l'interpréter, d'en faire une énonciation, l'initiative que je prends ainsi en faisant parler le texte fait de moi le sujet de cet acte de parole, destinateur en même temps que destinataire ». Disons plutôt : *locuteur* et *allocutaire* en même temps que *destinataire*. Seul le pôle d'*énonciateur* reste à l'actant signataire « m(a) », comme AUTRE menaçant la quiétude (suisse et vaudoise) des passants.

5.1.3. « Avec des si... », approche de l'énonciation poétique

Aux phénomènes de dédoublement énonciatif dont il vient d'être question, l'énoncé poétique ajoute un débrayage des conditions de vérité (voir aussi, plus haut, chapitre 4.3.). En simplifiant, on a l'habitude de dire que dans l'énoncé de réalité ordinaire, le locuteur et l'énonciateur fusionnent, le modèle de réalité de l'énonciateur garantissant la *vérité* de l'énonciation. En poésie (et dans la fiction en général), cette garantie disparaît : « la référence à un monde possible, à un modèle fictif, se substitue à la référence au monde factuel »[8]. Alors que les énoncés « ordinaires » parlent de/sur quelque chose, il semble que les énoncés « poétiques » ne parlent sur RIEN, sur un RIEN qui n'est qu'un « contenu de représentation » (Searle) par et dans le langage.

Dans les énoncés « ordinaires » eux-mêmes, il existe cependant des morphèmes qui ont pour fonction de modifier les conditions de vérité. Quatre exemples de presse suffiront :
— Au lendemain du championnat du monde de football de l'été 1982, on pouvait lire ce commentaire du match France-Pologne :

> (1) L'intelligence de jeu, la vivacité et la motivation qui avaient valu de nous qualifier pour les demi-finales permettaient aux Tricolores de présenter un spectacle de choix. Et si Soler, après une action extraordinaire avait

---

8. Pierre BANGE, « Pragmatique et littérature », dans *Logique, argumentation, conversation*, actes du colloque de pragmatique de Fribourg (1981), Peter Lang, Berne-Francfort/M., 1983, p. 153.

pu tromper l'excellent Mlynarczyk (15°), il ne fait aucun doute qu'aujourd'hui les « Bleus » seraient 3°. Mais il n'en était rien et le ballon de Soler passait au-dessus du but polonais.

— La presse se plaît à raconter, au sujet de la chanteuse Chantal Goya, qu'un jour Marcel Dassault lui aurait dit :

(2) Si les gamins votaient, vous seriez président de la République.

— Dans une interview accordée à *Télérama* (n° 1764, 2-11-1983, page 44), Jacques Chirac explique qu'à la télévision, il ne s'intéresse guère qu'à l'émission *Apostrophe* :

(3) C'est une émission menée avec beaucoup de vivacité, d'intelligence, d'humour, jamais méchante, toujours pointue. Si j'étais P.D.G. d'une chaîne, je demanderais à Bernard Pivot de présenter le journal de 20 h, mais il refuserait certainement.

— De même, à la suite d'une interview assez fracassante de Y. Noah dans *Rock and Folk*, *le Matin* du 30 août 1980 rapportait ceci :

(4) ... Monique Pelletier nous a appris qu'elle jouait au tennis et qu'il lui semblait certain que « si Noah utilisait régulièrement de la drogue, il ne serait pas le champion qu'il est aujourd'hui ».

Dans ces quatre cas, la construction d'une sorte d'imaginaire « *Si p* » fixe les conditions de vérité de la proposition « *q* ». Les énoncés (1) à (4), pourtant non littéraires et fort peu « poétiques », reposent sur un débrayage par rapport au monde factuel. Débrayage tout à fait intéressant et fort courant qu'on retrouve, par exemple, dans la « Chanson en *si* » des *Amours jaunes* de Tristan Corbière dont je ne cite ici que les (deux) premières et dernière des dix strophes :

CHANSON EN *SI*

Si j'étais noble Faucon,
Tournoîrais sur ton balcon...
— Taureau : foncerais ta porte...
— Vampire : te boirais morte...
    Te boirais !

— Geôlier : lèverais l'écrou...
— Rat : ferais un petit trou...
Si j'étais brise alizée,
Te mouillerais de rosée...
    Roserais !

... ...
Enfant, si j'étais la duègne
Rossinante qui te peigne,
SENORA, si j'étais Toi...
J'ouvrirais au pauvre Moi,
    — Ouvrirais ! —

Afin d'examiner avec précision le phénomène de débrayage poétique, étudions très attentivement ce petit texte des *Enfantasques* de Claude Roy, texte si lisible qu'on est tenté de croire qu'il n'y a pas à en dire grand'chose :

AVEC DES « SI »

Si les poissons savaient marcher
ils aimeraient bien aller le jeudi au marché.

Si les canards savaient parler
Ils aimeraient bien aller le dimanche au café.

Et si les escargots savaient téléphoner
ils resteraient toujours au chaud dans leur coquille.

5.1.3.1. La textualité du poème de Claude Roy

D'un point de vue poétique, le jeu des parallélismes est exemplaire : les trois strophes (trois distiques), marquées par les blancs typographiques et par la ponctuation (point marquant la fin de phrase), sont construites sur le même moule syntaxique d'une liaison de deux propositions du type « *Si p, q* » :

D1 $\begin{cases} \text{vers 1 = Si p} \\ \text{vers 2 = } \quad \text{q.} \end{cases}$

D2 $\begin{cases} \text{vers 3 = Si p'} \\ \text{vers 4 = } \quad \text{q'.} \end{cases}$

D3 $\begin{cases} \text{vers 5 = ET Si p''} \\ \text{vers 6 = } \quad \text{q''.} \end{cases}$

Systématiquement, les vers impairs développent la subordonnée hypothétique du type *Si p* (condition) et les vers pairs, la proposition q (conséquence) pour former des unités (distiques = D) marquées par la ponctuation forte du point.

Si p $\;=$ v.1 : *Si les* (A) *poissons savaient* (B) *marcher*
p' $=$ v.3 : *Si les* (A') *canards savaient* (B') *parler*
p'' $=$ v.5 : *Si les* (A'') *escargots savaient* (B'') *téléphoner*
q $\;=$ v.2 : *ils aimeraient bien aller le* (C) *jeudi au* (D) *marché.*
q' $=$ v.4 : *ils aimeraient bien aller le* (C') *dimanche au* (D') *café.*
q'' $=$ v.6 : *ils resteraient* (C'') *toujours au chaud* (D'') *dans leur coquille.*

Les parallélismes produisent un effet de système : des classes d'équivalence A, B, C, D rapprochent D1 et D2 et génèrent, à la fois, des similitudes et des différences entre D1-D2 et D3. Avant de revenir sur le rôle de l'imaginaire, sur la cohérence d'une logique des mondes spécifique et sur l'incompatibilité sémantique entre la classe des agents animaux et des verbes choisis qui appellent un sujet animé humain, insistons plutôt sur les similitudes entre les classes : animaux d'abord : A-*poissons* + A'-*canards* + A''-*escargots*. Soit une transition des animaux aquatiques (A) aux animaux terrestres (A'') en passant par l'intermédiaire des animaux mixtes (A') ; verbes ensuite (B) et mots à la rime placés en fin de strophe-phrase (D) :

B — *marcher*	*aller au*	(D) *marché.*
B' — *parler*	*aller au*	(D') *café.*
B'' — *téléphoner*	*rester au chaud*	(D'') *dans leur coquille.*

Ces diverses unités insistent également sur la communication : communication directe (D1 + D2) ou à distance (D3). Le choix des verbes de communication (« parler » et « téléphoner ») rapproche les canards (A') des escargots (A'') tout en les opposant et en renvoyant les premiers aux lieux extérieurs et fréquentés (propices à la conversation) et les seconds à une solution douillette.

Comme les indications de LIEUX (*extérieurs* (D + D') VS (D'') *intérieurs*), les indications de TEMPS confirment les parallélismes : le « jeudi » et le « dimanche » correspondent à des jours de congé des écoliers (le poème a, bien sûr, été écrit avant le déplacement, en France, du congé scolaire au mercredi). Les escargots, quant à eux, se situent dans le cadre d'un temps non différencié de vacances continues : l'adverbe « toujours » prolonge ainsi, à sa manière, la classe C-C'.

Les parallélismes métriques, strophiques et syntaxiques débouchent sur la production de rapports sémantiques que l'on peut ainsi résumer :

ACTANTS	LIEUX (LOC)	TEMPS (Tps)
les poissons (eau)	Extérieur : *marché*	*le jeudi*
les canards (eau-terre)	Extérieur : *café*	*le dimanche*
les escargots (terre)	Intérieur : *coquille*	*toujours*

L'analyse sémantique confirme la différence syntaxique de surface de la dernière strophe, introduite par ET et marquée par des parallélismes moins nombreux que dans les deux premières. Retenons surtout que l'essentiel du sens est ici produit par la mise en rapport des éléments parallèles prosodiquement et syntaxiquement (ce qui fait de ce texte un très bon exemple pour démontrer les concepts avancés au chapitre 3).

5.1.3.2. Avec des « SI », quels actes de discours ?

Ce texte présente, d'un point de vue pragmatique-énonciatif, l'intérêt d'être construit à partir du connecteur SI et d'une allusion au dicton : « Avec des si, on mettrait Paris en bouteille ». L'examen des effets de la série de propositions du type « Si p, q » doit permettre de revoir les notions de « littérarité » et de « poéticité » dans un sens énonciatif. Au lieu de les situer dans le cadre d'une autonomie et d'une clôture du texte, elles peuvent être pensées au plan de la communication, dans le cadre d'une approche pragmatique.

Les énoncés de type « Si p, q » intéressent linguistes et psycholinguistes depuis longtemps, mais on doit à O. Ducrot [9], d'avoir clarifié le débat en énonçant la thèse suivante (1972, p. 168) :

> Une proposition de type *Si p, q* n'a pas pour *signification* première « p est cause de q », ni « p est condition de q » (bien qu'elle puisse servir à indiquer ces relations). Sa valeur fondamentale est de permettre la réalisation successive de deux actes illocutoires : 1° demander à l'auditeur d'imaginer « p », 2° une fois le dialogue introduit dans cette situation imaginaire, y affirmer « q ».
> L'acte de supposition (demande à l'allocutaire-destinataire de se placer dans l'hypothèse « p ») précède l'acte d'affirmation « q ».

Il est intéressant de considérer le poème de Claude Roy comme une exploration d'un phénomène langagier ordinaire [10] : la création d'un *univers*, ou plutôt d'une *situation de discours*. La construction, par SI, d'un « imaginaire » libère l'énoncé de la contrainte de vérification par la vérité factuelle. Ainsi en allait-il dans les exemples de presse cités plus haut comme dans les poèmes considérés. De tels fonctionnements discursifs permettent de comprendre la fiction en général et la poésie en particulier : la communication littéraire-poétique s'accomplit dans un contexte de suspension du modèle de vérité social actuel. En passant ainsi des conditions de vérité à la construction d'une référence et à l'inscription de l'énonciation dans le discours poétique, nous pouvons dire que SI introduit un cadre de référence différent de l'ici-maintenant de la situation discursive : celle du lecteur du poème comme simple allocutaire dans le monde duquel les poissons ne risquent pas de marcher, ni les canards de parler, ni les escargots de téléphoner. Dans ce cadre « p », se déroule, comme entre parenthèses — et c'est bien là une particularité non seulement de la poésie, mais tout autant des énoncés ordinaires en Si p, q —,

---

9. *Dire et ne pas dire*, chap. 6 (Hermann, 1972). Voir aussi J. CARON, « Essai d'analyse sémantique expérimentale : la conjonction « si » » (*Linguistique et sémiologie* n° 4, P.U. Lyon, 1977) et le chapitre XVII de *Les régulations du discours* (PUF, 1983). J.-M. ADAM : « Des mots au discours », *Pratiques* 43, 1984.
10. « Les irréels jouent un rôle considérable et difficilement remplaçable, non seulement dans la vie quotidienne, mais dans l'activité scientifique », note Ducrot p. 185. Précisons que pour une étude du « SI d'énonciation » du type « S'il fait chaud, il y a de la bière au frigo », « Il y a des biscuits sur le buffet, si vous en voulez », voir S. Sakahara pages 93-124 du vol. 6, n°s 1-2 de *Sémantikos* (1983). Dans les deux cas, l'existence des biscuits comme de la bière ne dépend pas de la volonté de l'énonciateur : qu'il le veuille ou non, les biscuits et la bière se trouvent toujours sur le buffet et dans le frigidaire.

un sous-ensemble discursif « q » et « l'essentiel est dans cette suspension momentanée de la situation présente » (J. Caron, 1977, p. 110). « Si p » situe l'énonciation « q » dans le cadre (restrictif) de la situation de discours construite dans et par l'énonciation de « p ».

Le propre de « Si p » (surtout avec l'imparfait), c'est de poser le cadre comme un cadre provisoire : « Que l'on croie cette hypothèse vraie, possible, ou décidément fausse, cela ne saurait avoir une importance décisive, puisque le conséquent, de toute façon, se réfère uniquement à elle, et non pas à la réalité extérieure » (Ducrot, p. 186). L'univers constitué par la supposition « p » étant explicitement reconnu comme provisoire, on peut dire que « p » *présuppose* que, dans une autre logique des mondes, les poissons ne savent pas marcher (non p), les canards ne savent pas parler (non p'), etc.

C'est exactement ce que signifie cet admirable quatrain des *Ziaux* de Raymond Queneau (rapidement étudié dans J.-M. ADAM 1984, pp. 111-114) :

VEILLE

Si les feux dans la nuit faisaient des signes certes
la peur serait un rire et l'angoisse un pardon
mais les feux dans la nuit sans cesse déconcertent
le guetteur affiné par la veille et le froid

Autour des connecteurs CERTES et MAIS les deux univers s'opposent radicalement et très formellement.

Pour en revenir au poème de Claude Roy, à partir de cette sorte de débrayage des vers impairs, il faut préciser la nature des enchaînements « Si p, q » de chaque distique. Les énoncés du type « Si p, q » comportent l'affirmation d'une relation entre « p » et « q » ; ils laissent à penser qu'il existe une dépendance entre « p » et « q » ou plutôt que l'information introduite en q, q' et q'' découle des circonstances virtuelles, p, p' et p''. Les implications de tels effets discursifs, dans le cadre du poème choisi, sont nettes : nous devons entrer totalement dans le jeu du domaine (champ discursif et « monde ») construit par le poème. On retrouve là une idée chère au sémioticien soviétique I. Lotman qui rapproche jeu et communication littéraire page 106 de *La Structure du texte artistique* : « Le jeu est un modèle de la réalité d'un type particulier. Il reproduit tel ou tel aspect de la réalité en le traduisant dans le langage de ses règles. (...) Le joueur doit simultanément se rappeler qu'il participe à une situation conventionnelle — non véritable — (...) et ne pas se le rappeler ». Ceci amène fort justement Pierre Bange à revenir sur la dissociation entre l'énonciataire-destinataire (soumis aux présupposés du discours fictionnel, *obligé d'y croire*) et l'allocutaire (qui reste fidèle à son monde d'expérience, libre et même contraint, de ce fait, *de ne pas y croire*).

Le quatrain de Queneau dénonce bien ce double mouvement : il pose l'univers imaginaire et le nie dans le même espace des quatre vers. Dans le poème de Claude Roy, en revanche, il faut entrer totalement dans le jeu et c'est, dès lors, la logique des enchaînements : D1 (Si p, q) + D2 (Si p', q') + D3 (Et Si p'', q'') qui est signifiante ; la logique surtout du vers 06-q'', introduit dans un cadre discursif par *Et Si p'*, c'est-à-dire par l'enchaînement des énoncés antérieurs créateurs d'un contexte discursif. Le jeu des parallélismes analysés plus haut (D1//D2) accentue la relance « Et si... » et la rupture q'' totalement inscrite dans l'imaginaire de l'univers de discours créé.

5.1.3.3. En conclusion, j'insiste sur la façon dont la description linguistique des énoncés *Si p, q* illustre la nature de l'énonciation poétique. On a pu parler parfois de « dépragmatisation » caractéristique du fonctionnement autotélique de la littérature, oubliant de ce fait les enjeux pragmatiques propres au discours lui-même. L'intérêt de l'exemple étudié réside dans la mise en évidence de l'acte de discours accompli par le biais de l'emploi de SI. L'acte de supposition définit bien le fait que le lecteur du poème, comme l'énonciataire-destinataire d'un énoncé ordinaire de type *SI p, q*, doit accepter un temps une certaine proposition « p » qui devient l'opérateur d'une situation de discours provisoire et le cadre de la proposition « q ». Comme le note Ducrot, à la différence des présupposés toujours implicitement imposés, le SI sollicite chez l'auditeur-lecteur la formulation d'une hypothèse présentée comme telle et dans le cadre de laquelle un énoncé « q » devient possible. Le double acte illocutoire à la base de chaque distique du poème d'*Enfantasques* me semble révélateur du contrat à la base de la communication poétique et du mode illocutoire du discours fictionnel en général. Je rappelle, avec P. Bange (p. 162), que le discours fictionnel est « d'une part, ni vrai ni faux dans le monde de notre expérience, mais, d'autre part, on peut le dire vrai dans le monde possible qu'il organise. Le récepteur ne peut pas ne pas adhérer, c'est-à-dire reprendre à son compte les représentations du texte qu'il lit-puisqu'il le lit. Mais en même temps, il doit ne pas croire quelque chose d'étranger à son expérience ».

Lorsque, dans le volume collectif *Pragmatics of Language and Literature* [11], S.R. Levin se demande « What kind of a Speech Act a Poem is » et lorsqu'il propose de définir un composant pragmatique à partir d'une hyper-phrase implicite à réécrire avant chaque poème : « *J'imagine et je*

---

11. T.A. van Dijk éditeur, Amsterdam, North-Holland, 1976.

vous invite à concevoir un monde où... », on peut dire qu'il n'exprime pas le type de force illocutoire qui doit être reconnue au poème, mais plus largement une composante pragmatique propre à tout texte de fiction. Ajoutons, par rapport aux textes cités plus haut (5.1.1.), que tous les poèmes ne possèdent pas le même degré d'ancrage pragmatique. La juxtaposition de « Demain dès l'aube », du sonnet cité des *Regrets* et du court texte de Claude Roy le démontre clairement. On comprend mieux à présent qu'il faille considérer l'autotélicité dont nous avons parlé au chapitre 3 comme une autonomie toute relative, liée à la mise en place d'une signifiance qui a toujours, et de toute façon, le texte pour unité. Soit une situation d'énonciation spécifique que décrit synthétiquement Jenny Simonin-Grumbach et dont il faut bien voir qu'elle est déterminée par ce que nous avons (avec Jauss) appelé la perception esthétique du poème :

> *Quant aux textes poétiques, on pourrait faire l'hypothèse qu'ils sont de type Sit⁰, c'est-à-dire qu'ils ne sont pas repérés ni par rapport à la situation d'énonciation, ni par rapport à la situation d'énoncé, ni par rapport à un interdiscours (variante de la situation d'énonciation). Ils opèreraient donc avec les notions* [12], *et pas avec les concepts — comme les textes théoriques — ni avec les opérations de détermination en situation — comme le discours et l'histoire. Ils ne consistent pas en une activité de type référentiel, mais en un jeu avec la langue, à la fois sur le plan phonique des sonorités et du rythme, sur le plan de la syntaxe et sur le plan de la virtualité de sens des mots. D'où les libertés prises avec la syntaxe et la pluralité de sens de ces textes»* (art. cité page 115).

Ces remarques 'me paraissent compléter, d'un point de vue énonciatif, la question déja abordée, dans l'esprit de M. Riffaterre, de l'ordre de la signifiance poétique. Les développements suivants vont permettre de préciser ceci.

5.2. De quelques traces des opérations énonciatives

5.2.1. Les personnes et les temps

Depuis les articles d'E. Benveniste sur la « Structure des relations de personne dans le verbe » et « La nature des pronoms », articles de 1946 et 1956 repris dans le tome I des *Problèmes de linguistique générale*

---

12. « À quoi bon la merveille de transposer un fait de nature en sa presque disparition vibratoire selon le jeu de la parole, cependant ; si ce n'est pour qu'en émane, sans la gêne d'un proche ou concret rappel, la notion pure » (Mallarmé, *Crise de vers*).

(chapitres 18 et 20), on considère les indices personnels comme des facteurs de cohésion textuelle aussi importants que les temps verbaux.

Benveniste a montré que les trois positions JE, TU et IL(S)-ELLE(S) s'inscrivent comme autant d'instances de l'énonciation : un jeu s'instaure entre deux corrélations essentielles :

• Une *corrélation de subjectivité* oppose la personne subjective JE à la personne non subjective TU selon l'axe d'une communication réversible dans l'ordre habituel du discours (JE devient TU pour le TU devenu JE lors d'une réplique ou d'une réponse).

• Une *corrélation de personnalité* oppose les personnes JE et TU à la « non-personne » IL/ELLE, position proche de celle du tiers situé hors de l'interlocution JE-TU.

Au système de Benveniste, centré sur l'interlocution :

Référence à une — *personne* — *subjective* = JE / *non subjective* = TU/VOUS 1 — *non personne* = IL(S)/ELLE(S) } VOUS 2 } } NOUS

on peut opposer un système plus centré sur la locution [13] :

Personnes — *locuteur* = JE / *non locuteur* — *allocutaire(s)* = TU/VOUS 1 / *non allocut.* = IL(S)/ELLE(S) } VOUS 2 } } NOUS

Convenons de ranger dans la catégorie des indices personnels les pronoms personnels et l'ensemble des possessifs (amalgame d'un article défini et d'un pronom personnel), dans la mesure où ils portent également ment trace de ces diverses positions. Retenons surtout que, pour nous qui travaillons sur des objets langagiers, ces indices ne seront jamais que les *traces superficielles* des opérations énonciatives et de la fluctuation des instances énonciatives. Dans *La Révolution du langage poétique* [14], Julia Kristeva a raison de parler de la fiction littéraire comme d'un lieu producteur d'une permutation incessante des indices personnels. Le terme de *shifters*, avancé par Jakobson et traduit par la notion

---

13. Cette seconde représentation explique peut-être mieux les tours populaires du type « Il a bien dormi ? » en situation d'interlocution en face à face (pour TU ou VOUS), ou encore « Et pour la p'tit' dam' qu'est-ce que ce s'ra ? » (chez un commerçant, pour un VOUS). La notion de « non personne » avancée par Benveniste paraît trop forte et contaminée par l'impersonnel (IL pleut, IL neige...).
14. « Instances du discours et altération du sujet », pp. 315 et suivantes, Seuil, 1974.

d'*embrayeurs* [15], permet de souligner « la fonction de ces indicateurs de la subjectivité (mobile) dans le langage, que sont les pronoms ». J. Kristeva ajoute que « des permutations et des superpositions s'opèrent, signifiant que l'unité du sujet se divise et se multiplie, de sorte qu'il peut occuper en même temps toutes les instances du discours. Ces *instances* ne sont plus alors que des *charnières*, qui permettent d'arrêter un instant le procès signifiant mais pour le relancer immédiatement vers d'autres « instances ». La subjectivité qu'une telle économie révèle n'est pas la subjectivité ponctuelle et localisable de l'usage normatif du langage. Une subjectivité kaléidoscopique se dégage dans les passages d'une charnière à une autre [16], et ne réside que dans ces passages-là ». La problématique des TRACES doit absolument nous rendre modestes et nous aider à ne pas prendre les traces énonciatives du sujet pour le sujet luimême : « Du point de vue de leur fonctionnement énonciatif et idéologique, les énoncés sont des poupées-gigognes dont l'exploration jamais ne s'achève » (C. Kerbrat-Oreccioni, *op. cit.*, p. 226).

Des grandes oppositions que dessinent les temps verbaux : « COMMENTAIRE » *VS* « NARRATION », chez H. Weinrich [17], « DISCOURS » *VS* « HISTOIRE », chez Benveniste, retenons surtout qu'elles correspondent à deux modes énonciatifs mis en évidence par A. Culioli et les chercheurs de son école. Le « Discours »-« Commentaire » est un mode d'énonciation dans lequel les repérages s'effectuent par rapport à la *situation d'énonciation* (d'où parle l'énonciateur), d'où le rôle central du PRÉSENT sur l'axe des temps et du pronom JE sur l'axe des personnes. L'« Histoire »-« Narration » apparaît comme un autre mode d'énonciation dans lequel les repérages s'effectuent à partir de l'énoncé lui-même et sans renvoi à la situation d'énonciation. Le faux débat instauré par G. Genette [18] dans *Communication* n° 8, lorsqu'il parle d'un *récit historique* impossible et entaché de « Discours » à la moindre marque évaluative (simple adjectif ou adverbe), doit être absolument dépassé. À la suite de Culioli et dans la ligne de travaux récents distinguons deux modes distincts de détermination :

---

15. « Les embrayeurs, les catégories verbales et le verbe russe », *Essais de linguistique générale I*, pages 176-196.
16. Pour un bon exemple de tels glissements voir le texte de Racine, cité plus haut page 172 ou celui de Laforgue, en annexe, pages 236-237.
17. *Le Temps*, Seuil, 1973 pour la traduction française.
18. « Frontières du récit » (1966), article repris dans *Figures II*, pp. 49-69 (collection Points N° 106). Dans *Nouveau discours du récit* (Seuil, 1983), G. Genette regrette bien d'avoir remplacé le couple *histoire/discours* par *récit/discours*, mais il ne dit rien du fond de la question, de la justification du glissement opéré dans le sens de la triade narratologique *narration/histoire/récit* (lire à ce sujet la mise au point de J.-P. LAURENT dans le n° 1 d'*Enjeux*, septembre, 1982).

— **Détermination par DEIXIS** qui « consiste à définir un objet linguistique (événement, nom) pour et par le rapport que cet objet entretient avec la situation d'énonciation » [19]. Dans ce cas, la valeur d'un repère temporel énonciatif (procès) ou d'un indicateur de temps et de personne est déterminé par la situation d'énonciation.

— **Détermination par ANAPHORE** qui « consiste à définir un objet linguistique (événement, nom) pour et par le rapport que cet objet entretient avec un autre objet déjà mis en place dans le corps de l'énoncé » [19]. Dans ce cas, c'est par rapport à un jalon présent dans l'énoncé qu'est déterminée la valeur du repère temporel énonciatif ou de l'indicateur de temps et de personne.

On comprend mieux ainsi que l'« Histoire » vise moins un effacement des repères issus du sujet parlant qu'un changement radical de la détermination : avec l'*Histoire*, le repérage est anaphorique, ce qui ne veut pas du tout dire que l'énonciateur a disparu : il demeure comme support des opérations, mais plus comme repère. Si les pronoms JE et TU sont définis dans un repérage deictique, il semble possible de poser qu'avec IL(S)/ELLE(S), c'est dans l'ordre de l'énoncé et des fléchages (con)textuels (à droite ou à gauche) que se situent les repérages. Retenons aussi, dès à présent, que ON, pour le système des indices personnels, et le PRÉSENT DE VÉRITÉ GÉNÉRALE, pour le système des temps verbaux, relèvent d'une catégorie de l'indéterminé : ils sont à la fois déterminés par deixis et par anaphore.

En accord avec L. Danon-Boileau, nous reformulerons ainsi l'hypothèse de Benveniste (et de Weinrich) :

> « *Il existe deux façons de procéder à la mise en place d'un référent : la première c'est de repérer les événements introduits par rapport aux images de l'événement « énonciation » productif de l'énoncé (deixis) ; la seconde consiste à procéder en repérant les éléments de l'énoncé les uns par rapport aux autres (anaphore)* ».

En d'autres termes :

> « *Toute mise en place référentielle peut être effectuée par deux types distincts d'opérations. L'un de ces types met en jeu les images de l'événement énonciation (deixis) tandis que l'autre repère les éléments de l'énoncé les uns par rapport aux autres (...) (anaphore)* ».

Il reste à savoir si, dans le poème, comme nous l'avons déjà entrevu plus haut, les repérages ne s'effectuent ni par rapport à la dimension deictique ni par rapport à la dimension anaphorique de l'énoncé. La proposition de J. Simonin-Grumbach (citée plus haut) doit être mise à l'épreuve

---

19. Laurent DANON-BOILEAU, *Produire le fictif*, Klincksieck, 1982. Je m'appuie ici surtout sur les pages 95-107 et 68-69.

de quelques exemples. Je rappelle que, selon elle, les textes poétiques « ne sont pas repérés ni par rapport à la situation d'énonciation [= deixis], ni par rapport à la situation d'énoncé [= anaphore] ». Le texte de Cendrars étudié au chapitre 2 semblait bien aller dans ce sens et l'on ne peut nier qu'avec le poème, l'activité de type référentiel recule au profit d'un jeu-travail *de* et *dans* la langue. Ceci correspond bien aux propositions de M. Riffaterre que nous avons retenues : entrer dans l'ordre de la « signifiance » du poème ce n'est pas autre chose que passer de la « signification » référentielle (mimétique et linéaire) à un autre régime du sens, à un tout autre type de repérages.

Afin de cerner ceci nous examinerons un texte très simple de Guillevic, réservant à l'étude d'un poème célèbre de Hugo l'essai d'ouverture de la signifiance sur le contexte historique d'énonciation. Les études ultérieures développeront aussi ces éléments de définition de l'énonciation poétique.

5.2.2. Les repères de la signifiance : l'exemple de « J'ai vu le menuisier... » de Guillevic

Travaillons une fois encore volontairement sur un texte très simple, structurable à partir des entailles personnelles et verbo-temporelles :

D1
01 J'ai vu le menuisier
02 Tirer parti du bois.

D2
03 J'ai vu le menuisier
04 Comparer plusieurs planches.

D3
05 J'ai vu le menuisier
06 Caresser la plus belle.

D4
07 J'ai vu le menuisier
08 Approcher le rabot.

D5
09 J'ai vu le menuisier
10 Donner la juste forme.

D6
11 Tu chantais, menuisier,
12 En assemblant l'armoire.

D7
13 Je garde ton image
14 Avec l'odeur du bois.

D8
15 Moi j'assemble des mots
16 Et c'est un peu pareil.

(*Terre à bonheur*, Eugène Guillevic).

On comprend aisément, à partir d'un tel exemple, qu'on dise que le texte organise lui-même sa redondance et la destruction de cette redondance : les cinq premiers distiques mettent en place un système avec lequel jouent les trois derniers. La lecture prend donc appui sur divers éléments qui permettent de tisser un jeu de rapports (de similitude/opposition) entre les huit distiques. Pour entrer méthodiquement dans ce qui paraît simple, considérons successivement :

1) la textualité (rapports de cohésion-cohérence) du poème ;

2) le jeu des indices personnels et les effets des temps des verbes.

5.2.2.1. Strophes, répétitions, détermination

Les huit distiques sont typographiquement placés les uns et les autres sur le même plan. La répétition tisse des rapports entre les débuts comme les fins de vers-strophes. La reprise à l'initiale des cinq premières strophes de « J'ai vu... » et de verbes à l'infinitif [20] produit une première opposition :

strophes D1 à D5   *VS   strophes* D6 à D8.

La finale des premiers vers de chaque distique (« menuisier ») semble infirmer cette première structure : le lexème « menuisier » se trouve en finale des six premières strophes et ceci dessine une structure nouvelle : *à gauche* (début de vers) *VS à droite* (fin de vers) :

J'ai vu	/	le menuisier
tirer parti	/	du bois
J'ai vu	/	le menuisier
comparer	/	plusieurs planches
J'ai vu	/	le menuisier
caresser	/	la plus belle
J'ai vu	/	le menuisier
approcher	/	le rabot

---

20. Insistons déjà sur le fait que l'infinitif fonctionne entièrement en rapport avec le passé composé qui fixe le temps et induit une opposition JE-PC *vs* IL-infinitif. « *L'infinitif* est la forme que prend le verbe lorsque, pour des raisons d'économie, on peut ou veut faire abstraction des actualisations de la *personne*, du *nombre* et, dans une large mesure, du *temps* du verbe. Mais comme ces déterminations sont toujours nécessaires à la pleine *représentation* d'un processus verbal, l'infinitif ne peut être employé qu'appuyé sur un verbe dans lequel ces déterminations sont actualisées ou dans un contexte affectif ou expressif qui supplée par le ton (emplois exclamatifs et impératifs de l'infinitif) à ces actualisations », P. IMBS, pp. 151-152 de *L'emploi des temps verbaux en français moderne* (Klincksieck 1960). Il ajoute, p. 154, « infinie souplesse temporelle de l'infinitif (...) sa valeur temporelle est toujours *coextensive* de celle du verbe de la phrase dans laquelle il figure ».

J'ai vu	/	le menuisier
donner	/	la juste forme
Tu chantais	/	menuisier
en assemblant	/	l'armoire

En fait, la disparition de la détermination (« *le* »), le passage de JE + PC à TU + Imparfait et de l'infinitif au gérondif confirment la première opposition :

$$\text{D1 à D5} \left\{ \begin{array}{c} \text{Je + PC + Infinitif} \\ \text{« le menuisier »} \end{array} \right\} \quad \text{VS} \quad \text{D6} \left\{ \begin{array}{c} \text{Tu + I + gérondif} \\ \text{« menuisier »} \end{array} \right\} \quad \text{VS} \quad \left\{ \begin{array}{c} \text{JE + Présent} \\ \text{D7-D8} \end{array} \right\}$$

Comme nous travaillerons plus loin sur les verbes, examinons d'abord les déterminations des substantifs. Ces déterminations sont ici de deux types : *fléchage sans extraction préalable* et *fléchage après extraction* (soit un effet anaphorique de reprise).

Si le fléchage défini du vers 6 : « LA plus belle » est une reprise anaphorique du vers 4 : « plusieurs planches » (extraction), les autres utilisations du défini sont autant de fléchages sans extraction préalable de la notion. Ceci produit un effet de référenciation très forte, caractéristique de la poésie : l'identification est posée immédiatement comme dans le titre du célèbre sonnet de Rimbaud : « LE dormeur du val » ou du poème d'Apollinaire aussi étudié plus haut : « LES colchiques ». Dans tous ces cas, l'effet de référence se déplace du monde extérieur factuel (un menuisier donné dans la situation, un dormeur précis, des fleurs précises et présentes) au monde textuel, à l'espace de la signifiance [21]. « Le menuisier » n'est présent dans le texte qu'avec l'accompli « j'ai vu » et l'effet de visée rétrospective introducteur d'un *avant* par rapport aux présents des deux derniers distiques : la structure devient :

$$\underset{\text{(D1 à D5)}}{\text{« le menuisier »}} \rightarrow \underset{\text{(D6)}}{\text{« menuisier » + TU}} \rightarrow \underset{\text{(D7).}}{\text{« je garde }ton\ image\text{ »}}$$

En fait, le défini fonctionne entièrement en attente de la comparaison finale : la référence se déplace complètement au niveau textuel selon une détermination à rebours (cataphorique).

Les métonymies qui accompagnent « menuisier » (partie droite du poème) permettent de dévider une isotopie du contexte qui couvre les 7 premiers distiques : « *bois* » (02), « *planches* » (04), soit une relation du tout-matière à l'objet fabriqué, « *la plus belle* » (06), soit une relation du pluriel (tout) au singulier (partie), « *rabot* » (08), « *forme* » (10), « *l'armoire* » (12) et « *bois* » (14), soit une relation de contiguïté métony-

---

21. « Je dis : une fleur ! et, hors de l'oubli où ma voix relègue aucun contour, en tant que quelque chose d'autre que les calices sus, musicalement se lève, idée même et suave, l'absente de tous bouquets » Mallarmé (*Crise de vers*).

mique (isotopique) développée de point en point avec retour du vers 2 au vers 14 du « bois » tandis que l'épars (« planches ») est travaillé puis enfin réuni en un tout : « l'armoire » (vers 12).

Ainsi de dessine *une opposition* entre les 7 premiers distiques et le dernier, ainsi qu'*une relation* de comparaison et plus globalement de métaphore qui dirige tout le texte. Le dernier distique induit une relecture (qui donne aux fléchages leur sens à rebours) selon l'ordre de la signifiance (du texte) et non plus de la signification référentielle (extra-textuelle). La relecture s'opère à partir de l'« *image* » même du vers 13, inductrice des équivalences métaphoriques : « bois » = *langage*, « planches » = *mots*, « armoire » = *poème*, « menuisier » = *le scripteur-poète* lui-même.

5.2.2.2. Indices personnels et verbo-temporels

Le poème se structure très simplement ainsi :

```
D1 à D5 : JE + LE MENUISIER
D6      : TU + MENUISIER
D7      : JE + TON (image)
D8      : MOI-JE
```

Ceci dessine trois ensembles : D1 à D5/D6-D7/D8 que le système des temps verbaux ne confirme pas du tout :

```
D1 à D5 : (J') + Passé Composé (ai vu) + Infinitif
D6        (TU) + Imparfait (chantais) + Gérondif
D7      : (JE) + Présent
D8      : (JE) + Présent.
```

Soit un décalage entre les deux dimensions du poème :

Dimension personnelle :	JE - IL	TU - JE	JE
	D1 à D5	D6 - D7	D8
Dimension temporelle :	PC	I	P
	visée rétrospective		Présent

Ajoutons que la position de D6, par rapport aux cinq premiers distiques, est assez remarquable : l'imparfait englobe les cinq passés composés précédents. Les actions-point au passé composé (qui conférait leur valeur aux infinitifs) sont englobées par l'imparfait et le gérondif de D6.

Le présent et la personne JE permettent de caractériser ce texte comme repéré par rapport à une situation d'énonciation. C'est à partir de JE +

Présent qu'une visée rétrospective (Passé Composé et Imparfait) est posée. De plus, l'allocutaire TU est faussement constitué en allocutaire, ou plutôt, il n'est présent comme tel que par un coup de force langagier : il n'est co-présent que comme « image » (vers 13) et élément d'une comparaison-métaphore. Le glissement d'une position de non-allocutaire (D1 à D5) à une position d'allocutaire (D6) est suivi d'un double effacement : TU (11) → TON IMAGE (13), mais, en plus, le mot « menuisier », présent depuis D1 à la rime des vers impairs, a bien disparu, remplacé à cette place par « image », précisément. En d'autres termes, les univers de IL-TU et de JE ne sont pas contigus. Dans le présent, il ne reste que JE et *l'image de TU*. Seul JE occupe réellement plusieurs positions « temporelles » et le passé composé permet de présenter le procès comme révolu et, en même temps, bien présent dans la pensée de l'énonciateur (le FAIRE de l'artisan VU par JE reste en sa mémoire, avec « l'odeur du bois », v. 14 ; ajoutons que ce FAIRE était à l'infinitif (mode non personnel et non temporel) depuis le début du texte).

Il ne reste plus, en fin de texte, que le foyer de tout ce jeu de repérages : JE-J'ASSEMBLE DES MOTS. La seule situation d'énonciation, foyer des repérages, c'est l'activité même d'écriture. On comprend le sens du fléchage sans extraction du défini du début du poème : la référence s'efface au profit de la métaphore, le passé glisse sous le présent. Comme le dit l'art poétique de *Terraqué* :

> (...) *Il s'est agi depuis toujours*
> *De prendre pied,*
> *De s'en tirer*
> *Mieux que la main du menuisier*
> *Avec le bois.*

5.2.3. Articuler la signifiance et l'histoire : l'exemple de « Saison des semailles. Le soir » (I) de Hugo

Dans un premier temps contentons-nous d'examiner les positions des personnes dans ce célèbre poème des *Chansons des rues et des bois* (Livre second intitulé « Sagesse », pièce III). Aucune métaphore de l'écriture ici et pourtant la position de JE comme regardant un IL au travail ressemble fort à celle du poème de Guillevic qu'on vient de lire. Les différences sont toutefois essentielles.

SAISON DES SEMAILLES LE SOIR

01 C'est le moment crépusculaire.
02 J'admire, assis sous un portail,
03 Ce reste de jour dont s'éclaire
04 La dernière heure du travail.

05 Dans les terres, de nuit baignées,
06 Je contemple, ému, les haillons
07 D'un vieillard qui jette à poignées
08 La moisson future aux sillons.

09 Sa haute silhouette noire
10 Domine les profonds labours.
11 On sent à quel point il doit croire
12 À la fuite utile des jours.

13 Il marche dans la plaine immense,
14 Va, vient, lance la graine au loin,
15 Rouvre sa main, et recommence,
16 Et je médite, obscur témoin,

17 Pendant que, déployant ses voiles,
18 L'ombre, où se mêle une rumeur,
19 Semble élargir jusqu'aux étoiles
20 Le geste auguste du semeur.

Ici encore, le jeu des structures ne se dessine que si l'on examine attentivement la distribution des indices énonciatifs. Les entailles « temporelles » ne semblent pertinentes qu'au niveau du sémantisme lexical des verbes utilisés ; contentons-nous donc d'observer les distributions respectives de JE et du *non-allocutaire* :

Q1 JE + admire

Q2 JE + contemple
UN VIEILLARD + jette

Q3 SA... + domine
ON + sent
IL + doit croire

Q4 IL + marche, va, vient, lance, rouvre, recommence
JE + médite

Q5 L'ombre + semble élargir
une rumeur + se mêle
(le geste auguste du semeur)

Une structure se dessine nettement :

Q1 + Q2 (JE dominant)
Q3 + Q4 (IL dominant)
Q5 (effacement de JE et de IL, reste seulement
« le geste auguste du semeur »)

Les strophes paires (Q2 et Q4) mettent l'accent sur le mouvement (« jette... marche... va, vient, lance », etc.) du semeur vu par JE. Les strophes impaires, elles, portent plus sur l'espace et le temps et elles s'opposent toutes trois dans la mesure où JE est présent en Q1 et IL absent, JE est absent de Q3, mais induit par ON, tandis que IL « domine » ; enfin, en Q5, JE a totalement disparu au profit du « geste auguste » de IL. Il semble que se dessine ainsi nettement un effacement progressif de JE, présent uniquement en Q5 dans la modalisation appréciative « semble » :

Q1 = *j'admire*
Q3 = *on sent* (+ verbe modal : « il *DOIT* croire »)
Q5 = φ (modalisation « *semble* »)

Le sens de cet effacement peut être plus nettement décrit si l'on prête bien attention au sémantisme des prédicats qui accompagnent le personnel JE et si l'on tient compte aussi des indications qui le déterminent (ces trois éléments ne sont pas fortuitement reliés linéairement dans l'espace de la syntaxe et du vers) :

Q1 = J'ADMIRE, ASSIS (sous un portail)
Q2 = JE CONTEMPLE, ÉMU
Q3 = ON SENT
Q4 = JE MÉDITE, OBSCUR TÉMOIN
(Q5 = (modalisation par « semble »))

D'un point de vue lexico-sémantique, les verbes dessinent un mouvement de progression de l'extérieur (« *admire* » + position purement physique : « *assis* ») vers l'intérieur. Les étapes de cette progression sont claires : *contempler* + émotion (soit un sentiment) → (*sentir*) → *méditer*. Le verbe *contempler* est fortement connoté chez Hugo et l'on peut aisément en construire le sens à partir de son inscription entre un verbe marquant l'extériorité et un autre connoté religieusement : (*j'admire (je contemple) je médite*).

Ce mouvement de l'extérieur vers l'intérieur est entièrement appuyé par l'effacement indiqué à la quatrième strophe : « obscur témoin ». Dès lors, l'immobilité (« assis ») de la première strophe et le lieu même de la scène (« sous un portail ») se colorent de significations nouvelles qui prennent sens surtout si l'on considère à la fois les positions du JE-regardant et les désignations du IL-regardé. On verra plus loin, à travers l'étude des variantes de la première strophe, à quel point chaque mot est significatif dans cette vaste mise en scène du moi et de l'Autre sur qui porte le regard, mais observons rapidement le statut de IL dans ce texte.

Le non-allocutaire est introduit en Q2 de façon très différente du poème de Guillevic. Amené en position de patient et à partir d'une métonymie (*les haillons d'un vieillard*), le regardé est d'abord *extrait* : « UN vieillard », puis *fléché* : « QUI jette... », en position d'agent en Q3 : « SA haute silhouette... IL doit croire... », en Q4 de même : « IL... SA main... » Le premier et le dernier fléchages (« QUI jette à poignées... Rouvre SA main... ») donnent l'effacement symbolique final : « LE GESTE auguste du semeur ». On glisse ainsi des indications métonymiques du début au symbolisme métaphorique final (liant ANTHROPOS et COSMOS).

Il reste à préciser comment le texte construit le symbolisme de ce non-allocutaire. Il est métonymiquement désigné avant tout par ses « haillons », soit une connotation de pauvreté, et par son âge : « vieillard ». Le choix d'un terme aussi fort s'inscrit dans la thématique temporelle : le « moment crépusculaire » et la « fuite (...) des jours » développent la connotation « reste de jour » = reste (fin) de vie. Toutefois, cet acteur si proche de la *mort* est tourné vers la *vie* et le *futur* : « moisson future », « fuite utile des jours ».

Pour tenter d'articuler un tel dispositif avec l'histoire sociale, pour tenter de redonner au sujet de l'énonciation une épaisseur historique, on peut convoquer des textes contemporains. Ainsi, comment ne pas penser à un double intertexte : la préface (« L'auteur au lecteur ») de *La Mare au diable* (roman publié en 1846 alors qu'on situe l'écriture du poème d'Hugo vers 1844) [22] où George Sand décrit en ces termes un tableau d'Holbein :

> *La gravure représente un laboureur conduisant sa charrue au milieu d'un champ. Une vaste campagne s'étend au loin, on y voit de pauvres cabanes ; le soleil se couche derrière la colline. C'est la fin d'une rude journée de travail. Le paysan est vieux, trapu, couvert de haillons. (...)*

Bien sûr, la mort accompagne le laboureur et G. Sand se demande quelle scène peindre en 1844 :

> *Non, nous n'avons plus affaire à la mort, mais à la vie. Nous ne croyons plus ni au néant de la tombe, ni au salut acheté par un renoncement forcé ; nous voulons que la vie soit bonne parce que nous voulons qu'elle soit féconde. (...) Il faut que le laboureur, en semant son blé, sache qu'il travaille à l'œuvre de vie, et non qu'il se réjouisse de ce que la mort marche à ses côtés.*

Cet intertexte permet de cerner le jeu des connotations opposées de VIE et de MORT. Cette thématique s'inscrit dans une histoire et les positions du JE et du IL correspondent à la pensée romantique entre, grossièrement, 1830 et 1848. Le jeu des places que dessine le texte de Hugo correspond à la même thématique que les deux premiers chapitres de *la Mare au diable*.

Du point de vue textuel, disons que le dispositif des indices personnels et le jeu de leurs qualifications portent la *trace* d'un contexte historique,

---

22. C'est-à-dire avant le célèbre *Semeur* de Millet, exposé au salon de 1850.

social. Notre ambition ne saurait aller au-delà, notons seulement que nous ne saurions exclure *a priori* l'ouverture du texte sur une intertextualité qui l'historicise. On ne peut nier qu'un tel texte définisse la *fonction du poète* à un moment précis de l'histoire sociale pour (et par) un sujet socialement déterminé. Dans *Napoléon le Petit* (1852), Hugo décrit ainsi l'orateur populaire comme semeur d'idées : « ... Une fois monté à cette tribune, l'homme qui parlait n'était plus un homme, c'était un ouvrier mystérieux qu'on voit le soir au crépuscule, marchant à grands pas dans les sillons et lançant dans l'espace, avec un geste d'empire, les germes, les semences, la moisson future, la richesse de l'été prochain, le pain, la vie (...) » Didactiquement, ces confrontations intertextuelles permettent de construire le sens symbolique et historique du poème. Au lieu de développer ce point immédiatement, il faut prolonger l'analyse de détail de ce poème. C'est pourquoi une approche des variantes va nous aider à présent.

5.3. (Ré)écriture et paraphrase

5.3.1. Paraphrase et énonciation

L'activité de reformulation dont témoignent les versions successives d'un poème comme les transformations d'un autre texte en poème (ainsi, plus haut, le fait divers « copié » par Cendrars et *Littré* par Char) livre un témoignage précieux sur le processus de production d'un texte poétique (on l'a entrevu plus haut, au sujet de « Liberté » : 4.6.4.). D'un point de vue théorique, on dispose assurément là d'un terrain exceptionnel d'approche des opérations énonciatives [23]. D'un point de vue didactique, ceci doit permettre aux élèves et aux étudiants de prendre conscience du fait qu'un poème n'est pas un chef-d'œuvre immobile, produit miraculeux du génie et du talent spontané d'un écrivain. Contre cette idéologie néfaste de l'inspiration, il s'agit de mettre en évidence l'importance du travail de (et dans) la langue. Entreprenant une lecture « palimpseste » [24] du texte, une lecture « génétique », nous espérons redonner au poème son épaisseur masquée par le caractère de produit fini de l'objet POÈME.

---

23. En témoignent les travaux de C. FUCHS : « Éléments pour une approche énonciative de la paraphrase dans les brouillons de manuscrits » (dans *La Genèse du texte : Les modèles linguistiques*, ouvrage collectif dirigé par A. Culioli, éd. du CNRS, 1982) ; « Variations discursives », *Langages* 70, 1983 et surtout *La Paraphrase*, PUF, 1982.
24. Pour renvoyer à l'heureuse expression et au travail de Genette (*Palimpsestes*, Seuil). Lire aussi *Le texte et l'avant texte* (Bellemin-Noël, Larousse 1972), *Langages* N° 69, et deux ouvrages collectifs publiés chez Flammarion : *Essais de critique génétique* (1979) et *Flaubert à l'œuvre* (1980).

Pour mettre tout ceci en évidence nous aurions pu travailler l'exemple de l'œuvre poétique de Francis Ponge. En étalant à la suite les états chronologiques du poème, en donnant à lire le texte dans la mouvance de sa production F. Ponge va entièrement dans le sens que nous décrivons. La poétique pongienne constitue assurément un instrument didactique privilégié. Je renvoie donc, au moins,

à *La fabrique du pré*, Skira éd., collection « Les sentiers de la création », Genève, 1971 ;

à *Comment une figue de paroles et pourquoi*, Diagraphe-Flammarion, 1977 ;

à *Le savon*, Gallimard, 1967 ;

ou encore à *La Rage de l'expression*, Mermod, Suisse, 1952.

Si l'on veut se contenter d'un court texte, « Le Lézard » (*Le Grand Recueil, Pièces*, Gallimard, 1961) me paraît exemplaire. Avec des textes poétiques de ce genre, selon un processus caractéristique de la modernité, « le lecteur se trouve confronté, non point avec le résultat d'une production qui demande d'être consommé, mais bien avec le procès d'une production qui sollicite d'être continuée » [25]. Opérant une redéfinition des positions communément admises de lecteur, d'auteur et de poème, l'entreprise pongienne évacue le tête-à-tête dénoncé au chapitre 1. Nul face à face, nul échange d'un sens sous le couvert d'une communication transparente. Résolument non expressive et même si elle vise une représentation, un *parti pris des choses* (on a pu parler d'hyperréférentialité de l'œuvre de Ponge), cette écriture annule le produit-poème comme objet porteur d'un signifié (expression et/ou représentation) immédiatement et seul consommable. En une sorte de discours où fusionnent les textes des *Impressions d'Afrique* et le discours explicatif de *Comment j'ai écrit certains de mes livres* de Raymond Roussel, la distinction traditionnelle entre texte et métatexte est anéantie et le champ ouvert à une lecture engagée dans une productivité, prise dans un mouvement paraphrastique de reformulations progressives. Produit d'un travail, le texte pongien semble avoir pour fin la formulation — ou plutôt le surgissement, à la surface de l'énoncé lui-même, à coup de reprises paraphrastiques — de sa propre théorie. Comme l'a montré J. Kristeva au sujet de Roussel : « La productivité est *indicible* dans une rhétorique littéraire. Il faudrait un discours structurellement ouvert, donc structuré comme une ouverture, une investigation, une possibilité de correction, pour que cette productivité soit mise à jour » [26]. C'est précisément ce que réalise la poétique pongienne : une « esthétique du tâtonnement, des redites » ayant pour fin de « trans-

---

25. J. RICARDOU, « Les leçons de l'écrit », Colloque de Cerisy sur la lecture, 1982, page 21.
26. « La productivité dite texte », *Séméiotiké*, Points N° 96, Seuil.

cender le magma analogique et allégorique (pour) parvenir à la formule claire. Sans trop de redites, sans trop d'explications » (*L'Avant-printemps*). Ceci explique le style d'un texte comme « Le Lézard », style paraphrastique refusant l'hermétisme du poème-piège.

Ceci dit, nous choisissons ici de travailler sur de plus classiques formes, le but étant de comprendre que « loin de constituer une donnée de départ modelée de façon définitive, la signification se trouve progressivement forgée, précisée et affinée par le processus même de production du texte » (C. Fuchs, 1982, p. 75).

5.3.2. Les variantes du poème : « Saison des semailles. Le soir » (II)

5.3.2.1. Variantes des deux premières strophes

S'il est *a priori* difficile de cerner les visées d'un texte, disposant de reformulations, nous pouvons quand même voir comment un scripteur s'approche progressivement d'une formulation (qu'il juge ?) plus adéquate. Comme le note C. Fuchs :

> *Il serait évidemment bien hasardeux de prétendre reconstituer l'enchaînement complexe et mal connu des mécanismes constitutifs de l'écriture. On peut néanmoins y entrevoir une succession de processus de production de séquences, suivis chacun immédiatement d'un processus de reconnaissance, à l'issue duquel l'auteur estime que la signification induite par les séquences n'est pas absolument conforme à son intention de signification de départ, qui se trouve d'ailleurs modulée progressivement ; peu à peu l'adéquation grandit jusqu'à devenir satisfaisante, tandis que l'auteur acquiert, à travers cette suite d'allers et de retours entre expressions et significations, une conscience plus claire de son intention de départ. (1982, p. 87).*

Comme nous ne travaillons pas sur les brouillons mais uniquement sur un premier état d'un poème, nous nous contenterons de cerner la distance entre l'état final du poème et la première proposition d'écriture (ceci sans recherche d'une prise de position purement esthétique). D'un point de vue didactique, insistons encore sur l'utilité d'apprendre à aller regarder de près les variantes. Au chapitre 2 (2.4.2.), nous avons déjà travaillé sur la modification d'un vers des « Colchiques ». Il s'agit, en présentant les textes dans leurs différents états, d'aider les élèves et les étudiants à percevoir le mouvement de l'écriture à travers la réécriture. Selon une heureuse expression de Jean Peytard, là où les *dé-formes* et les variantes se produisent, on a des chances de repérer le(s) jeu(x) du sens.

Il faut savoir ici que la troisième strophe a été ajoutée après-coup par Hugo et que les deux premières étaient ainsi écrites, dans un premier temps :

Q1′
Le vaste ciel crépusculaire
Blanchit là-bas un vieux portail.
Un dernier feu du jour éclaire
La dernière heure du travail.

Q2′
À la fin des chaudes journées
Je médite sur les haillons
De l'homme qui jette à poignées
La moisson future aux sillons.

On s'aperçoit immédiatement de la transformation de IL (*L'homme* en Q2′ → *un vieillard* en Q2) et du positionnement simplifié de JE (absent de Q1′). À partir de là, nous pouvons dire que la progression énonciative (liée aussi à Q3, ajoutée précisément après coup) de l'*extérieur* vers l'*intérieur* résulte bien d'un ajustement progressif de l'écriture. Dans leur état définitif Q1 et Q2 sont entièrement structurés par un parallélisme syntaxique et métrique :

vers	vers 1/5	vers 2/6			vers 3/6-7
Structure syntaxique Strophes	(A) Localisation (Espace/Temps)	(B) Agent (sujet)	(C) Prédicat (verbe)	(D) Déterminatif	(E) Objet
Q1	C'est le moment crépusculaire.	J'	admire,	assis sous un portail,	ce reste de jour
Q2	Dans les terres de nuit baignées,	Je	contemple	ému,	les haillons d'un vieillard

Syntaxe Strophes	(F) Connecteur relatif	(G) Prédicat (verbe)	(H) sujet/objet
Q1 (suite)	dont	s'éclaire	la dernière heure du travail
Q2 (suite)	qui	jette à poignées	la moisson future aux sillons
vers	vers 3/7		vers 4/8

À la lecture du premier état du poème, les parallélismes rigoureux des vers 1-5 et 4-8, et les parallélismes partiels des vers 2-3 et 6-7 apparaissent comme les produits d'une écriture attentive. La première strophe semble même avoir été reconstruite sur le moule syntaxique et métrique de la seconde : Q2' est très proche de Q2. Insistons rapidement sur les gains sémantiques d'une telle construction. Nous avons déjà parlé du noyau B-C-D, assurément déterminant et qu'on peut considérer comme le centre organisateur de tout le poème. En Q1' et Q2', il disparaît et le verbe « méditer », introduit au vers 6', brise tout mouvement de progression. Le gain du parallélisme créé est surtout sensible en E dans la mesure où H ne varie pas de la variante au poème définitif. En H (vers 4 et 8) la fin et l'avenir se répondent, le travail achevé s'ouvre sur la moisson future. Le parallélisme métrique supplée la différence de rôle syntaxique :

vers 4 : *la dernière heure / du travail*
vers 8 : *la moisson future / aux sillons.*

En E, le parallélisme syntaxique ne correspond pas à un parallélisme métrique aussi évident. Cependant, comment ne pas lire les rapports suivants ? :

v. 3 « reste de jour » v. 6 « les haillons »
(COSMOS) = *reste de vêtement* (ANTHROPOS)
 v. 7 « vieillard »
 = *reste de vie*

Si sept des huit rimes étaient déjà choisies, ainsi que le quatrième vers des deux quatrains, on peut parler d'une écriture à rebours, centrée sur le parallélisme des vers 4 et 8 (H). Retenons donc, de ce très rapide examen des variantes, que :
• l'hypothèse des parallélismes comme facteurs déterminants de la signifiance propre au poème semble opératoire tant à l'écriture qu'à la lecture ;
• la mise en scène énonciative résulte d'un travail précis du texte. Une sorte de nécessité semble s'être imposée (consciemment ou non) au scripteur. Si le JE s'efface, c'est pour que surgisse pleinement la symbolisation-sacralisation du geste de celui qui se trouve entre l'ombre et la lumière, entre la (sa) dernière heure et le futur, entre la mort et la vie. Le travail rigoureux de l'écriture confirme que l'effacement du témoin se fait au profit de l'énonciation symbolique-poétique : le témoin effacé reste présent. C'est lui qui livre le sens profond du réel. Ainsi se marque une médiation décisive.

5.3.2.2. *La phrase inductrice*

Dans *Le Rhin*, Hugo note une impression de voyage que les commentateurs considèrent classiquement comme la source du poème :

> « Le semeur marche à grands pas et gesticule tragiquement dans la plaine solitaire... »

Dans la perspective qui est la nôtre et en renvoyant aux travaux de M. Riffaterre [27], nous sommes tentés de considérer le poème entier comme une expansion paraphrastique de cet énoncé inducteur. Cette paraphrase se développe selon deux transformations de base : *l'expansion* (de la phrase au poème) et *la conversion*. Ces deux transformations agissent de concert : chaque composante de la phrase matricielle engendre du texte et se trouve partiellement ou complètement transformée dans une forme plus complexe. Ainsi, l'élément le plus marqué par une modalisation appréciative : « gesticule *tragiquement* » est précisément le plus soumis à transformation. Ceci confirme la préface de G. Sand citée plus haut : la connotation mortelle s'efface au profit de la dimension symbolique. Le tragique est déplacé dans l'opposition *vie* VS *mort, lumière* VS *ombre*. C'est dire que le mot le moins nettement repris, structure sémantiquement les oppositions majeures du poème. « Tragiquement » semble ainsi colorer le « semeur » lui-même pour ne conserver que ses « haillons » et le métamorphoser d'« homme » en « vieillard » de Q2' à Q2 (v. 7). Notons plus nettement encore que le prédicat de la phrase matricielle « gesticule tragiquement » donne, après transformation nominale : « *le geste...* » non plus « *tragique* », mais « *...auguste* », c'est-à-dire *sacré*.

Le premier prédicat et l'indication de lieu : « *le semeur marche (...) dans la plaine solitaire* » engendrent le vers 13 après pronominalisation et transformation de l'adjectif : « *Il marche dans la plaine immense* ». Le passage de « le semeur » de la phrase matricielle à « Il » du vers 13 s'explique par le fait que le premier mot de la phrase de base devient le dernier du poème (vers 20). Ajoutons que le changement d'adjectif produit une transformation radicale : de la place de l'homme dans l'espace (« solitaire »), on passe à une idée d'expansion cosmique à la base du mouvement symbolique du poème (« immense »). Le renversement est important. Le sème /solitude/ ne sera jamais actualisé dans le poème, sinon dans la séparation de JE et de IL. *L'immensité* apparaît aussi comme une dérive de « à *grands* pas », repris dans « *haute* silhouette » et « *élargir jusqu'aux étoiles* ».

---

27. « Modèles de la phrase littéraire » et « Paragramme et signifiance » (chapitres 3 et 5 de *La Production du texte*) ; « La production du signe » et « La production du texte » (chapitres II et III de *Sémiotique de la poésie*).

Ce que cette expansion-conversion confirme, c'est avant tout le passage du descriptif au symbolique : la phrase engendre une allégorie en ajoutant une temporalité symbolique à l'espace (soir) comme au semeur (âge). Elle prend, au passage, appui sur un lieu commun : celui du personnage assis et méditant, emblème de la contemplation romantique. De plus, comme il faut un lieu à cet acteur, elle le localise « sous un portail », lieu hautement connoté chez Hugo. *Littré* atteste le sens suivant : « façade d'une église où se trouve la porte principale », on pourrait renvoyer à « La nichée sous le portail » des *Contemplations* ou, plus encore, au poème précédent des *Chansons des rues et des bois* : « L'Église ». La troisième pièce de la section « Ama, crede » de « Sagesse » (Livre second du recueil) s'intitule « De la femme au ciel » selon un mouvement d'élargissement que l'on retrouve dans la dernière strophe.

Telle est la conversion essentielle de la phrase matricielle descriptive. L'allégorie est un cas typique d'expansion et nous ne sommes pas surpris de la retrouver à la base d'un texte comme « Le Lézard » de Ponge qui met en scène la dimension paraphrastique de l'écriture poétique. À la différence du texte pongien, ouvert par définition, les variantes et la phrase matricielle d'Hugo permettent d'ouvrir l'énoncé fini, sémantiquement et formellement unifié que constitue le poème achevé.

5.3.3. De la lettre de Manouchian au poème d'Aragon : Quelle transposition et quels déplacements énonciatifs [28]

En 1956, Aragon publie, en hommage aux résistants fusillés du groupe Manouchian, un poème dans le corps duquel figurent dix vers directement inspirés de la dernière lettre qu'avant de mourir Michel Manouchian [29] écrivit à sa femme Mélinée. Nous disposons, de plus, de deux états du texte inducteur de Manouchian : le fac-similé de la lettre et la version corrigée syntaxiquement et orthographiquement pour la publication dans le livre de Mélinée Manouchian.

Nous ne nous occuperons pas ici de cette intéressante *transposition* de la lettre envoyée à la lettre publiée, qui n'intéresse pas la problématique proprement poétique. Nous considérerons uniquement le rapport intertextuel explicitement désigné dans le poème d'Aragon par l'énoncé-vers

---

28. Cette étude a été écrite avec la collaboration de Danièle Manesse, sensible comme moi à la façon dont les médias ont, à la mort d'Aragon, curieusement oublié l'écrivain et le poète.
29. Arménien responsable du groupe des FTP de la région parisienne ; son procès est resté lié à l'histoire de la Résistance.

inducteur : « *Et c'est alors que l'un de vous dit calmement* ». Nous n'examinerons pas, non plus, les avatars de la ponctuation dans les diverses éditions de ces « Strophes pour se souvenir » : ajout de points en fin de strophes (et, plus aléatoirement, dans l'édition des Poésies-Gallimard (p. 228) d'un point juste avant le vers inducteur cité ci-dessus), jeu restreint des guillemets aux vers 19-20, absence de travail sur les italiques. Retenons ici l'édition du *Roman inachevé* avec son absence de ponctuation, son utilisation de l'italique pour marquer la citation intertextuelle, son jeu sur quelques majuscules

STROPHES POUR SE SOUVENIR

1955

Vous n'avez réclamé la gloire ni les larmes
Ni l'orgue ni la prière aux agonisants
Onze ans déjà que cela passe vite onze ans
Vous vous étiez servi simplement de vos armes
La mort n'éblouit pas les yeux des Partisans

Vous aviez vos portraits sur les murs de nos villes
Noirs de barbe et de nuit hirsutes menaçants
L'affiche qui semblait une tache de sang
Parce qu'à prononcer vos noms sont difficiles
Y cherchait un effet de peur sur les passants

Nul ne semblait vous voir Français de préférence
Les gens allaient sans yeux pour vous le jour durant
Mais à l'heure du couvre-feu des doigts errants
Avaient écrit sous vos photos MORTS POUR LA FRANCE
Et les mornes matins en étaient différents

Tout avait la couleur uniforme du givre
À la fin février pour vos derniers moments
Et c'est alors que l'un de vous dit calmement
Bonheur à tous Bonheur à ceux qui vont survivre
Je meurs sans haine en moi pour le peuple allemand

Adieu la peine et le plaisir Adieu les roses
Adieu la vie adieu la lumière et le vent
Marie-toi sois heureuse et pense à moi souvent
Toi qui vas demeurer dans la beauté des choses
Quand tout sera fini plus tard en Erivan

Un grand soleil d'hiver éclaire la colline
Que la nature est belle et que le cœur me fend
La justice viendra sur nos pas triomphants
Ma Mélinée ô mon amour mon orpheline
Et je te dis de vivre et d'avoir un enfant

Ils étaient vingt et trois quand les fusils fleurirent
Vingt et trois qui donnaient leur cœur avant le temps
Vingt et trois étrangers et nos frères pourtant
Vingt et trois amoureux de vivre à en mourir
Vingt et trois qui criaient la France en s'abattant

Lettre de Manouchian à Mélinée (Je respecte l'orthographe et la syntaxe du fac-similé) :

21 février 1944, Fresne

Ma chère Mélinée, ma petite orpheline bien aimée. Dans quelques heures je ne serai plus de ce monde. On va être fusillé cet après-midi à 15 heures. Cela m'arrive comme un accident dans ma vie, j'y ne crois pas, mais pourtant, je sais que je ne te verrai plus jamais. Que puis-je t'écrire, tout est confus en moi et bien claire en même temps. Je m'étais engagé dans l'armée de la Libération en soldat volontaire et je meurs à deux doigts de la victoire et de but. Bonheur ! à ceux qui vont nous survivre et goutter la douceur de la liberté et de la Paix de demain. J'en suis sûre que le peuple français et tous les combattants de la liberté sauront honorer notre mémoir dignement. Au moment de mourir je proclame que je n'ai aucune haine contre le peuple allemand et contre qui que ce soit. Chacun aura ce qu'il méritera comme chatiment et comme récompense. Le peuple Allemand et tous les autres peuples vivront en paix et en fraternité après la guerre qui ne durera plus longtemps. Bonheur ! à tous ! — j'ai un regret profond de ne t'avoir pas rendu heureuse. J'aurais bien voulu avoir un enfant de toi comme tu le voulais toujours. Je te prie donc de te marier après la guerre sans faute et avoir un enfant pour mon honneur et pour accomplir ma dernière volonté. Marie-toi avec quelqu'un qui puisse te rendre heureuse. Tous mes biens et toutes mes affaires je lègue à toi et à ta sœur et pour mes meveux. Après la guerre tu pourras faire valoir ton droit de pension de guerre en temps que ma femme, car je meurs en soldat régulier de l'Armée française de la Libération. Avec l'aide des amis, qui voudront bien m'honorer tu feras éditer mes poèmes et mes écrits qui valent d'être lus. tu apportera mes souvenirs à mes si possibles, à mes parents en Arménie. Je mourrais avec mes 23 camarades toute à l'heure avec courage et sérénité d'un homme qui a la conscience bien tranquille, car personnellement je n'ai fais mal à personne et si je l'ai fais, je l'ai fais sans haine. Aujourd'hui il y a du soleil, c'est en regardant au soleil et à la belle nature que j'ai tant aimé que je dirai Adieu ! à la vie et à vous tous ma bien chère femme et mes bien chers amis. Je pardonne à tous ceux qui m'ont fait du mal où qui ont voulu me faire du mal sauf à celui qui nous a trahis pour racheter sa peau et ceux qui nous ont vendu. Je t'embrasse bien bien fort ainsi que ta sœur et tous les amis qui me connaisse de loin ou de près, je vous serre tous sur mon cœur. Adieu. Ton ami Ton camarade Ton mari Manouchian Michel

PS. J'ai quinze mille francs dans la valise de la Rue de Plaisance. Si tu peux les prendre rends mes dettes et donne le reste à Armène. M.M.

Nous disposons donc d'un texte inducteur et de sa mise en vers. Au lieu de traiter la lettre de Manouchian comme le degré zéro du poème, il est didactiquement préférable d'examiner quelques différences apparentes entre deux types de mise en texte. Ajoutons que, conformément à la problématique qui retient notre attention, Aragon a toujours revendiqué l'intertextualité et l'expansion paraphrastique comme une pratique et inscrit son écriture dans un procès continu de lecture-relecture-écriture :

> « Je n'écris jamais un poème qui ne soit la suite de réflexions portant sur chaque point de ce poème, et qui ne tienne compte de tous les poèmes que j'ai précédemment lus » (Préface de 1942).

5.3.3.1. *Le texte inducteur : la lettre comme type de texte*

À la différence du récit distancié qui efface ou atténue le procès de communication et la relation énonciateur-énonciataire, la lettre pose clairement les deux pôles à partir de lieux textuels codés : *l'entête* marque le destinataire-énonciataire comme *la signature* signale le locuteur-énonciateur. La relation prioritaire est bien celle d'un JE *qui écrit à* un TU *qui lit.* La lettre s'inscrit dans une relation d'intersubjectivité ouverte, généralement, sur une réponse. Dans notre exemple tragique, il n'y a pas de demande de réponse, sinon celle de se conformer aux dernières volontés de son auteur et sinon, à un autre niveau, celle de publier cette lettre même (actes de Mélinée Manouchian, d'une part, et de Louis Aragon, d'autre part).

Le propre d'une lettre comme discours, c'est d'être organisée et repérée autour du JE et de son ICI-MAINTENANT. Par rapport à un TU-VOUS, à son (leur) LÀ-BAS-MAINTENANT et surtout son (leur) DEMAIN, le JE se pose, dans notre exemple, sans autre « demain » qu'une mort *tout à l'heure* (« cet après midi à 15 heures »). Pour l'essentiel, la lettre tourne autour de cette différence tragique JE + FUTUR PROCHE (MORT) *VS* TU-VOUS + FUTUR (VIE).

À ce premier trait énonciatif, la lettre ajoute un rapport entre les *mots* de JE, son FAIRE et celui, à venir, des destinataires de la lettre. L'énoncé est saturé de verbes PERFORMATIFS [30], c'est-à-dire de verbes qui énoncent et accomplissent en même temps un acte. À la différence de CONSTATIFS [30] comme : « *je m'étais engagé* », « *et je meurs à deux doigts de la victoire* », d'autres verbes apparaissent comme des ACTES : « *je proclame que...* », « *je les lègue...* », « *je pardonne à...sauf à...* ». D'autres s'inscrivent

---

30. Sur ces notions, je renvoie aux pages 46-73 de *Pour comprendre les lectures nouvelles* de FOSSION et LAURENT (Duculot, 1978). Voir aussi les indications bibliographiques des pages 246-247.

très directement aussi dans le procès qui unit JE à TU : « *Je te prie donc...* *marie-toi* », « *tu feras éditer... tu apporteras...* ». Nous verrons ce que deviennent ces traits fondamentaux de la lettre comme texte et comme discours dans la *transposition* poétique. Notons avant tout qu'elle se caractérise ici par une triple dimension : *lettre d'amour, testament* et *proclamation politique.*

5.3.3.2. *Structure d'ensemble du poème*

Ces « Strophes pour se souvenir » — c'est-à-dire ce poème ouvert à la fois sur le passé et sur le présent de la mémoire collective — sont au nombre de 7 ; ces strophes isomètres sont composées chacune de 5 alexandrins (le vers héroïque, ce qui n'est assurément pas insignifiant ici). Ces strophes sont construites sur un modèle unique de rimes embrassées avec reprise au cinquième vers de la rime centrale : AbbAb, Cb'b'Cb', Db''b''Db'', Eb'''b'''Eb''', Fb''''b''''Fb'''', Gb'''''b'''''Gb''''', Hb''''''b''''''Hb'''''' ; ce sont des rimes « riches » (consonne + voyelle dans « *agonisants/partisans* », ou tout du moins « suffisantes » selon la classification traditionnelle : voyelle + consonne dans « *roses/choses* », par exemple). Au sein de chaque strophe, l'alternance stricte rime masculine/rime féminine est conforme à la norme esthétique classique. Seule l'absence de ponctuation fait écart à cet agencement très conventionnel. Mais retenons surtout qu'ici la structure phonique serrée se trouve renforcée par des effets d'assonance à la rime : toutes les rimes plates (centrales) et la finale sont construites sur le modèle consonne (/z/, /s/, /ʀ/, /m/, /v/, /f/, /t/) [31] + voyelle nasale /ã/. Toutes les rimes féminines des strophes paires, ainsi que de la dernière, ont /i/ pour noyau vocalique (*villes/difficiles, givre/survivre, colline/orpheline, fleurirent/mourir*). Ainsi, les 14 rimes des 35 vers égaux du poème sont-elles construites sur un matériau phonique restreint qui semble tourner autour des phonèmes du nom même de /manuŝjã/. Ajoutons que Léo Ferré a mis en musique et popularisé ce poème sous le titre : « L'affiche rouge » et que sa mise en musique correspond à cette structure phonique simple : une mélodie unique pour chacune des strophes ; à chaque syllabe correspond une note, et pour chaque vers, la même note est répétée 9 fois dans les 4 premiers, 5 fois dans le dernier.

Le passage à la lettre *mise en vers* n'est signalé par aucune variation du modèle phonique ou rythmique : ce noyau ne se détache du reste du poème que par sa typographie : 12 vers (de 12 syllabes) *en italiques,*

---

31. 4 fricatives, dont 2 sourdes et 2 sonores, 1 occlusive, 1 nasale et 1 liquide (voir le tableau de la page 107).

distribués non pas comme un bloc (12 × 12), mais selon l'ordre du poème : 2 vers (en fin de strophe 4) / un blanc / 5 vers / blanc / 5 vers / blanc. Ajoutons que si l'on examine, d'un point de vue cette fois sémantique, les rimes qui ouvrent et ferment le poème et le noyau central en italiques, la structure globale se trouve bien confirmée :

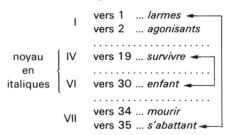

Cet encadrement strict induit des rapports sémantiques, il amène cette circulation du sens dont nous avons parlé dans notre étude systématique des positions codées (chapitre 2).

5.3.3.3. *La mise en vers comme paraphrase*

À lire la lettre et la section en italiques du poème, on est frappé par la ressemblance. Impression immédiate fondée, bien sûr, sur les reprises quasi littérales du texte inducteur. Si Aragon paraphrase le texte, il lui garde assurément sa triple dimension de lettre d'amour, de testament (expression de « dernières volontés ») et de proclamation politique. Examinons rapidement quelques exemples de paraphrases par où s'opère la poétisation qui nous intéresse.

A) L'adresse à Mélinée subit un déplacement et une modification formelle. Le déplacement de sa position initiale d'entête à une position d'avant-dernier vers du noyau en italiques transforme le segment codé d'une lettre en simple vers d'une strophe (on peut presque parler ici de renversement de l'entête à l'adieu — position habituelle de fin de lettre avec la « formule de politesse »). La structure binaire de l'entête (ainsi graphiée dans la lettre manuscrite) :

Ma chère Mélinée, ma petite orpheline bien aimée.

subit deux transformations : *effacement* des épithètes banales de l'adresse type (« petite » et « chère ») et *nominalisation* de « bien aimée » qui devient « (mon) amour ». L'entête subit surtout une *transposition* qui en fait bien une *Structure une autre*, selon l'expression de Mallarmé : la première ligne de la lettre était rythmée comme un alexandrin

/ ma / chè / re / mé / li / née // ma / pe / tit(e) / or / phe / lin(e)

mais à cet alexandrin binaire (6 + 6), le poème substitue un alexandrin ternaire (4 + 4 + 4) construit sur un même moule syntaxique (possessif + substantif) avec renforcement de l'adresse par le vocatif au centre du vers (« ô... ») :

> V. 29 : Ma Mélinée / ô mon amour / mon orpheline

Notons, dès à présent, que ce rythme ternaire des termes d'adresse fait ressortir ce vers du reste de la strophe (binaire) et le rapproche du premier (vers 19) et du troisième (vers 21) dont nous allons parler rapidement. Phoniquement : MAMéLINéE = Mon AMour + Mon orpheLINE.

B) Les formules *« Bonheur ! à ceux qui vont nous survivre (...) »* et *« Bonheur ! à tous ! »*, disjointes dans la lettre, sont, d'une part réunies, d'autre part inversées, et de plus inscrites dans un nouveau rythme ternaire (qui commande l'effacement de « nous ») pour devenir le vers initial du discours rapporté :

> v. 19 : *Bonheur à tous / Bonheur à ceux / qui vont survivre*

C) La longue phrase : *« Au moment de mourir, je proclame que je n'ai aucune haine contre le peuple allemand et contre qui que ce soit »* donne naissance au vers 20 à structure binaire. À l'effacement du performatif (« *je proclame* ») répond la transformation du circonstant (en « *je meurs* ») et « *je n'ai aucune haine* » donne « *sans haine en moi* », soit le premier hémistiche, le second reprenant mot à mot la formule de la lettre avec simple changement de préposition (« contre »/« *pour* »). Le changement le plus net affecte la performativité de la lettre déplacée radicalement et emportée par le rythme binaire d'un alexandrin classique qui met avant tout en relief (c'est net dans l'interprétation chantée) JE MEURS (constatif) à la place de « je proclame » (performatif). Soit un rythme 2 + 4 / 6.

D) Amour de la vie et de la nature sont unis en fin de lettre : *« Aujourd'hui il y a du soleil, C'est en regardant au soleil et à la belle nature que j'ai tant aimé que je dirai Adieu ! à la vie et à vous tous... »* Des expansions métonymiques vont orienter la réécriture de ce passage à la fois dans la strophe 5 et dans la strophe 6. Le rythme 4 + 4 + 4 structure les vers 21 et 22 (4 + 8) à partir d'« *Adieu ! /2/ à la vie /3/ et à vous tous* » /4/. La deuxième partie de la formule donne le rythme /4/ et conditionne l'effacement de la préposition « à » : « *Adieu la vie* » devient alors le générateur du vers précédent, métonymique :

> v. 21 : *Adieu la peine / et le plaisir / Adieu les roses*
> v. 22 : *Adieu la vie / adieu la lumière et le vent.*

Le constat du début de la phrase engendre le début de la strophe 6 :

> v. 26 : *Un grand soleil d'hiver / éclaire la colline*
> v. 27 : *Que la nature est belle / et que le cœur me fend*

La réorganisation poétique transforme nettement ici le texte inducteur. De ces quatre exemples, retenons que l'agencement métrique commande la réécriture. Je ne développe pas le rôle des agencements phoniques (de la rime au cœur des vers) dans la mesure où l'essentiel du passage de la lettre au poème s'accomplit avant tout par un travail sur l'énonciation que le texte de Cendrars examiné au chapitre 2 nous avait déjà permis d'envisager.

5.3.3.4. *Quels déplacements énonciatifs ?*

Alors que, dans une lettre normale, le TU absent auquel JE s'adresse est toujours susceptible de répondre à son tour dans un échange simplement décalé dans le temps, la lettre de Michel Manouchian ne peut recevoir de « réponse ». C'est ainsi qu'elle se fait *testament*. Son système personnel et son système verbo-temporel sont assez simples et homogènes. Toutes les personnes apparaissent. Bien sûr, le JE et le TU dominent, mais apparaissent aussi ces amplificateurs du NOUS des 23 partisans face au VOUS des vivants. Il faut insister ici sur le fait que jamais le NOUS n'englobe JE et TU, les deux univers personnels sont déjà étanches qui séparent les futurs fusillés (JE + NOUS) des vivants (TU-VOUS). La non-personne (il(s)-elle(s)) est, elle aussi, présente partout.

Il en va tout autrement dans le poème d'Aragon séparé en trois ensembles nets du point de vue de l'occurrence des indices personnels. Dans la section en italiques qui reprend la lettre, seul est conservé le face à face JE-locuteur — TU-allocutaire, comme le démontre le tableau de synthèse de la page 211.

Sans entrer dans le détail, retenons surtout que ce poème sature l'inventaire des personnes grammaticales : VOUS + ILS, JE + TU, NOUS. Ce dernier apparaît aussi bien en II et VII pour désigner le lecteur et l'auteur qu'en VI pour se référer aux partisans, parmi lesquels Manouchian. Comme le note Benveniste, « Dans NOUS, c'est toujours JE qui prédomine, parce qu'il n'y a de NOUS qu'à partir de JE et ce JE s'assujettit l'élément non-JE de par sa qualité transcendante. La présence du JE est constitutive de NOUS » (p. 233). C'est dire qu'il faut référer autrement le NOS en italiques du vers 28 et les deux autres (vers 6 et 33) : ceux qui sont dans leurs villes (06), les passants (10), les gens (12), ceux qui vont survivre (19). Dans ce dernier NOUS est inscrite la seule expression subjective du poète : un de ceux-là.

Considérons tout d'abord l'ensemble qui n'est pas en italiques et qui encadre la reprise de la lettre de Manouchian. Entre les vers 1 à 18 (ensemble A), d'une part, et les vers 31 à 35 (ensemble C), d'autre part, on assiste à une nette transformation du VOUS en ILS tandis que le NOUS (NOS) reste constant :

(A)   I = IV   = NOS + VOUS
       (01 à 18)

(C)   VII (31-35)= NOS + ILS

Strophes	vers	JE	TU	NOUS	VOUS	IL(S)
I	01 04 05	φ	φ	—	VOUS VOUS VOUS vos armes Partisans	
II	06 09 10	φ	φ	nos villes	VOUS vos portraits vos noms 	les passants
III	11 12 13 14	φ	φ	—	VOUS VOUS vos photos	les gens (des doigts errants)
IV	17 18	φ	φ	—	vos derniers moments l'un de VOUS	—
	20	JE en moi	—	φ	φ	le peuple allemand
V	23 24	à Moi	Marie-TOI Sois... Pense... TOI	φ	φ	—
VI	27 28 29 30	me NOS Ma Mélinée Mon amour Mon orpheline JE	 TE	(NOS)	φ	—
VII	31 32 33 35	φ	φ	nos frères	φ	ILS QUI LEUR QUI

211

Le dévoilement progressif du sens dans le poème repose largement sur le rôle cohésif des indices personnels : le référé des personnes grammaticales est, la plupart du temps, identifiable après coup dans ce qui le suit.

VOUS (01, 04, 06, 11, 12, 18)	= les partisans (05) qui ont leur portraits affichés (06), dont les noms sont difficiles (09) et qui sont morts pour la France (14).
ILS (v. 31)	= apparaît comme une reprise de VOUS sous la forme de ce que Benveniste appelle la « non personne ». La métaphore linguistique rend ici bien compte du passage des premières strophes (ensemble A) à la dernière (C) : le VOUS est devenu un ILS (31), marque des absents par excellence que sont devenus les morts.

Cette rupture de la désignation des partisans est avant tout une rupture de la relation de subjectivité et de la communication : on passe ainsi de NOS + VOUS à NOS + ILS. Au début du poème, l'indice personnel apparaît toujours avant les données qui permettent de l'identifier : I = *VOUS* → *vos armes* (les yeux des partisans) ; II = *VOUS* → *vos portraits, vos noms ;* III = *VOUS* → *vos photos* (IV = *vos derniers moments, l'un de vous*). À la dernière strophe, en revanche, ILS et LEURS réfèrent à un élément antécédent (effet anaphorique) : à l'effacement de la non-personne répond ainsi le processus même du souvenir (retour en arrière textuel).

On le voit, le système des personnes construit, à travers trois ensembles, un tissage de co-références qui structurent le poème, assurent sa cohérence et sa dramatisation. La transformation s'opère autour du noyau en italiques — ensemble B de l'*adieu* — où domine la relation de dialogue non réversible JE → TU. Ce noyau est encadré par une opposition entre « *je meurs* » (20) et « je te dis de vivre » (30) ; opposition qui recoupe celle de *nous* et de *vous* de l'ensemble A. De plus, ce JE est identifiable comme un des VOUS des premières strophes (« l'un de vous dit... », vers 18) et un des ILS de la dernière. Notons à ce sujet que, dans sa lettre, Manouchian commet un intéressant lapsus en écrivant : « je mourrai avec mes 23 camarades » alors qu'il est un des « Vingt et trois » dont parle Aragon. Le poème, dans sa structure personnelle, signale admirablement à la fois cette appartenance et cette disparition :

((VOUS + (JE)) + ILS).

Les tiroirs verbo-temporels confirment la présence d'un noyau (vers 19 à 30, ensemble B) au *présent* et au *futur* (temps auxquels il faut ajouter l'*impératif* (vers 23 surtout), marque évidente du rapport JE-TU). Au futur de prédiction du vers 28 s'ajoutent les formes nominales « Bonheur » (19) et « Adieu » (21 & 22) qui marquent aussi l'intention performative. La mise en relief de ce noyau en italiques est renforcée par son encadrement par deux verbes au passé simple (18 & 31). Dès lors, ceci rapproche les ensembles A (ou du moins la seconde partie de A) et C (la dernière strophe). En effet, les strophes III (à l'imparfait), IV (à l'imparfait + Passé simple) et VII (à l'imparfait + passé simple) tranchent avec le noyau B (au présent et au futur) et avec les deux premières strophes où le présent (03, 05, 09) côtoie l'imparfait (et le plus-que-parfait). La première strophe, avec l'accompli, semble poser avant tout un rapport au passé et au souvenir : elle met en place une visée rétrospective (« vous n'avez réclamé », « vous vous étiez servi »). On peut dire que les passés simples donnent du relief à deux événements majeurs : *la parole* de l'un des 23, qui introduit le noyau en italiques, et *la mort* à travers la métaphore du vers 31 : « les fusils fleurirent ».

On le voit, la « *Transposition* » d'Aragon diffère assez nettement de celle de Cendrars (au chapitre 2.2.). Si la mise en mètre, plus classique, nous incite à bien clairement distinguer deux types de mise en poème, d'un point de vue énonciatif, la différence est grande aussi. Nous avions noté que le présent du poème de Cendrars modifie complètement les repérages selon les types « Histoire » ou « Discours ». Le poème d'Aragon semble, en revanche, se conformer aux deux types de repérages classiques : au noyau en italiques (JE + TU + Présent + Futur), caractéristique de l'énonciation de discours (plutôt que de Discours Direct enchâssé dans un récit), répond l'encadrement au passé simple et à l'imparfait, caractéristique de l'énonciation historique. Nous avons assurément affaire ici à un type singulier de poème (« *Strophes...* ») relatant l'histoire collective pour aujourd'hui (« ... *pour se souvenir* ») et se soumettant dès lors à un *repérage rétrospectif* (strophes I et II), puis au type « Histoire » (strophes III, IV & VII) et au type « Discours » (strophes IV, V & VI). Cependant, l'injection de VOUS dans l'énonciation historique et la mise en évidence de la parole d'un des VOUS, produit un flottement intéressant : le poème replace les morts sur l'axe de la communication NOUS → VOUS, il redonne vie au JE-mort tout en retraçant linéairement leur (son) destin jusqu'à la chute finale (« mourir », « s'abattant »). En d'autres termes, ces « Strophes pour se souvenir » accomplissent un coup de force énonciatif caractéristique de la poésie qui efface à la fois le sujet énonciateur et la référence : le référent s'élève ainsi au niveau a-temporel du mythe collectif. L'Histoire acquiert, par le langage, une autre dimension qui fait bouger les catégories linguistiques elles-mêmes.

6 Lecture d'un poème saturnien : « Promenade sentimentale » de Verlaine

En ce point de l'ouvrage, il s'agit moins de proposer une lecture exemplaire que d'en entreprendre une minutieuse, à la mesure du haut réglage de la langue par le poème. Nous voulons insister ici sur la nécessité, pour une lecture un peu méthodique, de prendre systématiquement appui sur les indices textuels dont il a été question dans les cinq chapitres précédents.

6.1. Éléments de synthèse et orientations générales

Rappelons que le type de démarche préconisé se donne pour objet une unité discursive : le poème comme texte construit par l'opération de lecture. À la différence des démarches qui privilégient les données **locales** (phrase, figure, rythme, allitérations, etc.), c'est **la globalité du texte poétique** qui oriente notre regard. Le discours poétique est envisagé comme une **superposition** et une **tension.**

Superposition, tout d'abord, d'une organisation métrico-rythmique et des principes grammatico-sémantiques de la langue française. Cette organisation métrico-rythmique de l'énoncé est dominée par un *principe d'équivalence* qui se traduit en surface par des parallélismes « superficiels » (phoniques, typographiques, morphologiques, syntaxiques). Ces parallélismes jouent un rôle organisateur qui peut suppléer à un non-sens apparent et assurer la lisibilité de textes en apparence illisibles ; ils peuvent déplacer les éléments linguistiques entraînant la violation de certaines règles de la grammaire de la langue. Cette SUPERPOSITION de deux principes d'organisation de l'énoncé a surtout pour effet :
— **une TENSION** entre les contraintes de la manifestation linguistique (ordre de la phrase française et linéarité de l'énoncé) et le statut achronique de la structure du discours poétique (rappelons que, forme histo-

rique de cette superposition d'une exigence de rythme et de musicalité aux principes grammaticaux et sémantiques, le vers, étymologiquement « versus », est par définition « retour », induisant de ce fait une lecture plus tabulaire que linéaire, une lecture toujours attentive à la globalité de la signifiance). Soit donc ce poème de Verlaine :

PROMENADE SENTIMENTALE

01 Le couchant dardait ses rayons suprêmes
02 Et le vent berçait les nénuphars blêmes ;
03 Les grands nénuphars entre les roseaux
04 Tristement luisaient sur les calmes eaux.
05 Moi j'errais tout seul, promenant ma plaie
06 Au long de l'étang, parmi la saulaie
07 Où la brume vague évoquait un grand
08 Fantôme laiteux se désespérant
09 Et pleurant avec la voix des sarcelles
10 Qui se rappelaient en battant des ailes
11 Parmi la saulaie où j'errais tout seul
12 Promenant ma plaie ; et l'épais linceul
13 Des ténèbres vint noyer les suprêmes
14 Rayons du couchant dans ses ondes blêmes
15 Et des nénuphars, parmi les roseaux,
16 Des grands nénuphars sur les calmes eaux.

(*Poèmes saturniens*, « Paysages tristes » III).

En choisissant « Promenade sentimentale », c'est un texte immédiatement « lisible » qui est choisi. Le lecteur d'un tel poème repère spontanément des répétitions de sons, de mots, de syntagmes, de mètres. Nous pouvons très simplement dire qu'un tel poème est « lisible » en raison de sa langue (syntaxe et lexique) et de sa textualité. Définissons cette textualité comme une suite d'opérations grâce auxquelles le lecteur construit le poème comme objet sémiotique. Cette lecture-construction passe par une série de **relais.**

Cette question des **relais** implique une prise de position théorique nette : la spécificité de la poésie est difficilement approchable par le biais de la stylistique et de la linguistique de la phrase. Il revient à une linguistique et à une sémiotique du texte de définir le poème comme un discours constitué d'unités ou de réseaux au statut textuel. Ces unités et ces réseaux sont repérables à partir de traits de démarcation formels. Il s'agit d'un jeu complexe de relations qui balisent l'énoncé et permettent au lecteur de structurer le texte en établissant des relations à distance. D'où la nécessité de *balayer l'aire globale du poème* en prêtant attention à des relations et à des détails de surface. En d'autres termes, la lisibilité du poème choisi, comme de tout texte, est conditionnée par son appartenance à un type de texte et à une classe de discours, c'est-à-dire à un ensemble de règles définissant les opérations à conduire pour le lire.

Pour lire un texte comme « Promenade sentimentale », 5 entrées seront considérées successivement :

1) Le titre, tout d'abord, qui définit un mini-contexte et apparaît comme le lieu d'une intertextualité verlainienne. À ce niveau seront réinvesties les observations des chapitres 2.2.2., sur le titrage, et 4. sur l'isotopie. En effet, approchant les connotations du titre, nous serons amené à localiser le lieu de manifestation de l'isotopie connotée (des isotopies connotées comme champs sémio-connotatifs) dans l'intertexte, ici essentiellement verlainien.

2) La syntaxe ensuite, lieu de passage de la phrase au texte à partir des relations tant intra-phrastiques qu'inter-phrastiques.

3) Les éléments métriques, vers, mètre, rimes et strophes (comme paquets métriques de vers), tout aussi fortement codés que la syntaxe et qui jouent avec la linéarité syntaxique pour l'appuyer ou la contester.

4) Les traces de l'énonciation seront envisagées à partir de deux réseaux principaux : les morphèmes personnels et les traces du sujet de l'énonciation, d'une part, les morphèmes verbo-temporels et l'aspect, d'autre part.

5) Le matériau phonique enfin, de la rime à l'allitération ; par un retour aux parallélismes de surface et à la dimension métrico-rythmique de l'énoncé, c'est le « souci (tout saturnien) de la répétition » étudié par Saussure lui-même qui sera pris en compte.

On le voit, les données théoriques et méthodologiques des cinq chapitres précédents seront ici réorganisées dans une lecture d'un poème précis. Il nous a semblé que c'était la meilleure synthèse possible de propositions nombreuses à articuler systématiquement et rigoureusement.

6.2. Le titre : des isotopies aux champs sémio-connotatifs [1]

Le titre du poème ne doit pas être isolé, dans la mesure où « Promenade sentimentale » apparaît comme la troisième pièce d'une section dédiée à Catulle Mendès : « Paysages tristes » ; section du recueil intitulé *Poèmes saturniens.* Ceci peut être traduit par un jeu d'emboîtements parenthétiques :

(Poèmes saturniens (Paysages tristes (Promenade sentimentale))).

---

1. J'emprunte cette notion à Jean Peytard : « (...) À explorer les possibilités relationnelles, multiples sont les chances « d'ouvrir le sens ». Ouverture dont les « connotations » témoignent intensément. (...) Tout mot, s'il est pilotis sémantique,

Soit un co(n)texte primitif de 3 titres et 6 mots-clés qu'il est facile d'examiner pour dessiner le champ sémio-connotatif du poème. L'importance du titre dans la lecture n'a pas besoin d'être démontrée : borne inaugurale, il surplombe le texte et en prépare le décodage sémantique ; moule syntaxique et générateur sémantique, le titre se décompose en autant de mots-clés qui agissent comme des pivots sémantiques et des flèches orientées.

6.2.1. Le moule syntaxique

Les trois titres sont construits sur le même *moule syntaxique* : un syntagme nominal sans déterminant.

```
SN → déterminant +   Substantif  +   Adjectif
        Ø        +    POÈMES     + SATURNIENS
        Ø        +   PAYSAGES    + TRISTES
        Ø        +  PROMENADE    + SENTIMENTALE
```

Construits sans transitivité verbale, ces trois syntagmes apparaissent comme des formes nominales tendant vers le stéréotype et surtout une équivocité qui nous incite à des parcours d'un titre à l'autre. La seule hiérarchie paraît être celle de la détermination du substantif par un adjectif. La similitude syntaxique engendre des équivalences et des différences ; le même nombre (pluriel) associe le recueil et la section (de sept poèmes) et isole le poème (au singulier).

Au niveau du texte, un adjectif de la série sera repris avec changement morphologique : « tristes » donne « tristement » (vers 4). De même, le substantif « promenade » engendre, avec le même changement phonique (la nasale /ã/) « promenant » des vers 5 et 12. À ces reprises lexicales, il faut ajouter les isotopies qui en découlent : isotopies de la *tristesse* et de la *promenade.* La tristesse se développe en un réseau évident : « plaie » (05), « se désespérant » (08), « pleurant » (09), mais aussi « j'errais tout seul » (05). L'isotopie de la promenade se retrouve dans « j'errais » (05), « au long de l'étang » (06), « parmi la saulaie » (06) et toutes les indications spatiales. Ceci nous renvoie à une isotopie spatiale : celle des « Paysages ». Soient, donc, les deux isotopies thématiques dominantes de la section : *Paysages* (isotopie 1) *tristes* (isotopie 2).

---

est aussi « flèche orientée » : il signale ses appartenances discursives, et l'ensemble de ces appartenances constitue un champ sémio-connotatif. Il est tout à fait envisageable que l'on recherche sur un texte de roman et sur plusieurs de l'œuvre d'un même écrivain, les champs sémio-connotatifs de certains mots : relevé des occurrences, mise en relation des contextes, enquêtes sur le fonctionnement en d'autres énoncés des termes mêmes des contextes. Ainsi peut être dessiné un réseau dans lequel le mot définit son fonctionnement connotatif ».

Le champ sémio-connotatif de « Promenade »

Revenons rapidement sur les chaînes d'équivalences des trois substantifs et des trois adjectifs. La série *Poèmes + Paysages + Promenade*, phoniquement allitérative : /p/ ... /e muet/, permet d'identifier les constituants sémantiques de la poésie occidentale selon la thèse des rhétoriciens liégeois du groupe MU. Comme le résume, pour le groupe, Philippe Minguet,

> « *ce qui est classé aujourd'hui le plus communément comme* « *poèmes* », *y compris ce qui est accepté comme tel dans l'héritage historique, se caractérise par une structure sémantique que nous appellerons conventionnellement le* modèle triadique, *condition nécessaire et suffisante du* fait, *mais non de la* valeur, *poétique* » [2].

La poly-isotopie poétique se manifeste par le couplage d'une isotopie *anthropos* et d'une isotopie de type *cosmos*. On a déjà vu que, le poème assurant la médiation entre l'homme et la nature, l'esprit et les choses, une troisième isotopie apparaît : de type *logos*.

> « *Ainsi donc, le poème annule, par des moyens purement langagiers, la distance entre les deux catégories fondamentales du sens. Le logos sert de médiateur symbolique entre l'homme et le monde ; sans doute est-ce dans ce fait qu'il faut trouver la justification de l'effet généralement euphorique de la poésie, qui radicalise la portée unificatrice du langage* » [3].

La classe des substantifs *Promenade + Paysages + Poèmes* manifeste exemplairement un tel modèle. Si l'on se réfère à Littré, on constate en effet que « promenade » peut signifier le « lieu où l'on se promène » (soit l'isotopie de type *cosmos*) ou une « action de se promener » qui appelle, dans ce cas, un sujet humain (soit une isotopie de type *anthropos*). Le substantif « Paysages » associé à « Poèmes » définit un genre : celui d'une poésie descriptive, autour d'une thématique spatiale (*cosmos*) et d'un type de texte (*logos*). Le recueil (*logos*) assure la médiation entre les isotopies de la section (*cosmos*) et du poème (*cosmos + anthropos*). Les substantifs dex titres jouent donc un rôle essentiel à condition de bien interpréter le modèle triadique des rhétoriciens liégeois

> « *comme un modèle culturel disponible pour la lecture de certains messages rhétoriques qu'il instaure en tant que poèmes. (...) En défini-*

---

2. « Du rhétorique au poétique », p. 340 de *Vers une esthétique sans entrave, Mélanges Mikel Dufrenne*, 10/18 N° 931, 1975.
3. J.-M. Klinckenberg dans un article déjà cité et dont j'ai dit qu'il pose bien la dimension historique et idéologique du modèle triadique : « La lecture du poème : du rhétorique à l'idéologique », 1976.

tive, c'est bien le schéma d'attente appliqué à un texte qui le pose en poème et non quelque essence linguistique (ou quelque essence intemporelle et mystérieuse »

(Klinkenberg, art. cité, p. 239). Selon cette hypothèse, il est possible de dire que la classe des trois substantifs induit une *lecture poétique* du texte.

6.2.3. Le champ sémio-connotatif de l'adjectif « sentimentale »

À la première sémantisation, la classe des adjectifs vient ajouter un autre champ sémio-connotatif propre, cette fois, à l'écriture verlainienne. La série est la suivante :

(((sentimentale) tristes) saturniens).

Le signifié de l'adjectif « sentimentale » s'éclaire par un double contexte intertextuel. Le *Littré* atteste les réseaux de sens suivants :

« 1. Où il y a du sentiment, qui annonce du sentiment. Un ton senti-mental. Des vers sentimentaux (...). 2. Qui affecte une grande sensibi-lité. Un homme sentimental. Une femme sentimentale. »

À l'entrée *sentiment*, le dictionnaire précise :

« Se dit des sensations internes, de modifications perceptibles de nos organes intérieurs », « se dit des affections, des mouvements de l'âme, des passions. Spécialement la passion de l'amour ».

La question qui se pose est dès lors la suivante : les isotopies de l'intério-rité (intéroceptivité) et de l'amour seront-elles développées dans le texte ? Avant même d'examiner ce point, il faut noter que l'intertexte de l'époque atteste des « promenades sentimentales » plus en accord avec une thé-matique euphorique. Il s'agit, le plus souvent, de promenades d'amoureux comblés, bien différentes de la thématique du poème de Verlaine, conta-miné justement par l'isotopie de la tristesse (adjectif de la section). L'intertextualité proprement verlainienne, cette fois, atteste surtout un certain « Colloque sentimental », dernière pièce des *Fêtes galantes*, com-portant la même thématique et un lexique dysphorique : « mort », « ciel noir » (« deux spectres ont évoqué le passé »).

Les deux adjectifs du recueil (« saturniens ») et de la section (« tristes ») agissent donc sur le sens contextuel du poème. On a déjà vu les rapports de « sentimentale » avec l'isotopie de la tristesse, mais *Littré* permet d'approcher le champ sémio-connotatif de « saturniens ». Le dictionnaire de l'époque atteste le sens suivant de l'adjectif : « se dit d'une personne d'humeur triste, morose, à cause des propriétés attribuées par l'astrologie à la planète Saturne, par opposition à jovial (...) ». On le voit, le champ sémio-connotatif de l'adjectif « sentimentale » est largement contaminé par l'adjectif « tristes », lui-même inséré dans le champ de « saturniens ». Soit une tonalité traditionnellement perçue par la critique littéraire, mais ici clairement démontrée et considérée comme un générateur de la lecture.

La critique traditionnelle retient moins souvent le sens de « saturnien » que Littré atteste pourtant avant celui qui vient d'être cité :

> « Vers saturnien, espèce de vers latin très ancien, remontant, disait-on, au temps où Saturne régnait dans le Latium. M. Quicherat a indiqué en quoi consistait la seule harmonie de ces vers, par la remarque qu'il a faite que la césure y paraît constante ».

Pour notre part, nous notions déjà dans *Linguistique et discours littéraire* (page 43) que l'on dit classiquement de ce vers local qu'il représente un dernier état de la poésie indo-européenne et qu'il ne « s'offre qu'un luxe » : l'allitération. Cette insistance classique sur la césure et sur l'allitération se trouve renforcée par la dédicace des « Paysages tristes » au poète parnassien Catulle Mendès, particulièrement épris de recherches métriques. Tout ceci nous autorise à aller plus loin encore et à prêter attention à dix-sept *Cahiers* de Saussure sur le vers saturnien. Retenons seulement, pour le moment, que Saussure insiste sur le fait que « cette versification est toute entière dominée par une préoccupation *phonique* ». Cette remarque, dont on sent spontanément qu'elle correspond aussi à l'écriture de Verlaine, devra être attentivement examinée plus loin (6.6.).

On le voit, une lecture attentive du titre et des classes de mots qui le composent permet de dessiner une série de réseaux de sens. Une rapide recherche et la mise en relation d'un petit nombre d'unités formant contexte permet de dessiner des champs sémio-connotatifs inducteurs de lectures. Il faut à présent entrer dans le poème en prêtant attention à un maximum d'indices formels.

6.3. De la syntaxe au mètre

L'entrée syntaxique dans le poème est assurément première (après le titre) dans la mesure où la phrase est l'unité linguistique la plus sensible à la lecture lorsque le poème est nettement et classiquement ponctué. Elle est aussi l'unité linguistique la mieux théorisée. De plus, aux indices visuels de ponctuation, il faut ajouter le fait que la syntaxe permet — et c'est là un des principaux universaux linguistiques — de passer de la succession linéaire des signes aux relations sémantiques-communicatives non linéaires. Les procédés syntaxiques ont pour rôle de résoudre la contradiction entre la globalité de l'expérience humaine et le caractère linéaire de la mise en mots. L'étude syntaxique doit donc tenter de rendre compte du passage du multidimensionnel (« extra-linguistique ») au linéaire (proprement linguistique). Ce point est particulièrement important à considérer dans le cadre de l'approche de la poésie dans la mesure où celle-ci cherche à réintroduire, avec le multidimensionnel (la tabularité du poème), la complexité d'une expérience [4]. Retenons qu'il incombe aux *morphèmes syntaxiques* une tâche méta-communicative essentielle : renseigner le lecteur sur la façon dont il doit entendre l'agencement du texte.

La mise en ordre syntaxique des éléments dans la phrase et de phrase en phrase se trouve, en poésie, travaillée et contestée par le vers. À la différence de la prose comme « discours qui va de l'avant », le vers déplace les éléments et superpose les principes du mètre et du parallélisme à la linéarité grammaticale. Porter attention à la structure syntaxique d'un poème, c'est toujours tenir compte de telles données. Nous examinerons donc successivement, d'une part, les informations livrées par la ponctuation et par les principaux connecteurs et, d'autre part, les rapports complexes de la syntaxe et du mètre.

6.3.1.   Ponctuation et connecteurs

Les points partagent le poème en deux ensembles majeurs : vers 1 à 4, d'une part, vers 5 à 16, d'autre part. Le point-virgule divise de nouveau ces deux ensembles en deux sous-ensembles :

P1 (vers 1 & 2) ; P2 (vers 3 & 4).
P3 (vers 5 à 12) ; P4 (vers 12 à 16).

Si les points et le premier point-virgule respectent la frontière pour l'œil que constitue chaque vers, le second point-virgule coupe le vers 12 en deux hémistiches égaux. Au démarrage classique du poème (P1 + P1′ = 2 vers rimant entre eux, P2 = 2 vers rimant entre eux) succède un étirement (P3 = 7 vers 1/2 et P4 = 4 vers 1/2) et l'on peut dire qu'une première structure se dessine : *identité* de structure (P1 ; P2 & P3 ; P4) et *transformation* par étirement, par expansion de la phrase. À ces premières remarques essentiellement visuelles, il faut ajouter une analyse plus fine des relations syntaxiques.

---

4. Martinet écrit à ce sujet : « La syntaxe est l'ensemble des processus par lesquels les relations entre les données de l'expérience se marquent en une succession d'unités linguistiques, de façon à ce que le récepteur du message puisse reconstruire cette expérience », *Studies in Functional Syntax*, Munich, 1975, page 22.

Linéairement, le texte se réécrit ainsi lorsque l'on prend appui sur les connecteurs de phrases (*et* (02), *où* (07), *qui* (10), *où* (11)) et sur la ponctuation :

((P1 *et* P1') ; P2). ((P3 (*où* P3' (*qui* P3'' (*où* P3^bis)))) ; P4).

De cette première observation, il ressort que le texte comporte 8 phrases que l'on peut ainsi mettre en évidence (sont notés les connecteurs (de phrase en majuscules, de sous-phrases entre parenthèses) majeurs et les transitions verbales, les césures et la ponctuation majeure) :

Vers Connecteurs et transitions verbales

01 — — — *dardait*	/ — — — — —		P1		
02 ET — — *berçait*	/ — — — — — ;		P1'	(PI)	
03 — — — — —	/ (entre) — — —		P2	(PII)	
04 — — — *luisaient*	/ (sur) — — — —.		P2		
05 — *j'errais* — —	/ — — — — —		P3		
06 (au long de) — —	/ (parmi) — — —		P3		
07 OÙ — — — —	/ *évoquait* — —				
08 — — — — —	/ — — — — —		P3'	(PIII)	
09 — — — — —	/ — — — — —				
10 QUI *se rappelaient*	/ — — — — —		P3''		
11 (parmi) — — —	/ OÙ *j'errais* — —		P3^bis		
12 — — — — — ;	/ (et) — — — —				
13 — — — — *vint*	/ *noyer* — — —				
14 — — — — —	/ (dans) — — — —		P4	(PIV)	
15 (et) — — —	/ (parmi) — — —				
16 — — — — —	/ (sur) — — — —.				

En tenant ainsi compte de l'inscription des données syntaxiques dans l'aire scripturale du poème, on voit bien que syntaxe et mètre se correspondent jusqu'au vers 9 (de P1 à P3'). Avec P3'', P3^bis et P4, les frontières bougent et utilisent un nouvel appui : la césure (des vers 11 et 12). La syntaxe s'inscrit en expansion (1 vers, 1 vers, 2 vers, 2 vers, 3 vers puis 1 vers 1/2, 1 vers et enfin 4 vers 1/2) et un brouillage des frontières interrompt progressivement les couplages du mètre et de la phrase. Le mode d'expansion de P3 est exemplaire. À partir de trois connecteurs relatifs, la phrase se trouve allongée et la mémoire des rapports hiérarchiques entre les constituants est brouillée à un tel point que la fin de PIII (P3^bis) répète littéralement le début (P3). La phrase se retourne sur elle-même. Le mode d'expansion de PIV se fait à partir de connecteurs (*dans, parmi, sur*) tous disposés à droite de la césure.

6.3.2.   Hiérarchie et niveau des constituants

• **(PI)** Entre P1 et P1′, le parallélisme syntaxique (renforcé par ET) est parfait. Les adjectifs épithètes sont placés à la même rime féminine (A), la coupe des deux vers intervient également après le thème et la transition verbale à l'imparfait.

• **(PII)** Avec P2, la structure s'étire sur la paire de vers ; un même balancement autour de la coupe est toutefois respecté : *à gauche* le thème, repris de P1′ (*les nénuphars*), et la transition verbale avec leurs modificateurs (adjectif et adverbe), *à droite* les syntagmes prépositionnels locatifs soigneusement parallèles. La rime reste grammaticale puisque appuyée sur les substantifs des deux syntagmes prépositionnels.

La première macro-unité syntaxique (indiquée à l'œil par le point du vers 4) semble soigneusement construite sur la figure du parallélisme. Les trois transitions verbales (à l'imparfait) occupent la même position métrique (avant la coupe) tandis que la thématisation par P2 du Rhème (*les nénuphars*) de P1′ explique la ponctuation faible entre P1′ et P2 et forte après P2.

• **(PIII)** Avec PIII (et PIV), la syntaxe gagne en ampleur et en complexité. Dès P3, la rigueur de la disposition initiale se trouve bousculée. La structure phrastique est la suivante :

	Thème +	tr.	+ Rhème 1	Rhème 2
05	Moi j′	errais	tout seul, /	promenant ma plaie

	C -Rhème 3 /	C -Rhème 4
06	*Au long de* - l'étang	*parmi* - la saulaie

Après la progression thématique de PI à PII, on voit que le thème de P3 apparaît en rupture (cosmos → anthropos), rupture renforcée par l'insistance de la forme « Moi j(e) ». Tandis que l'adjectif « triste » du titre de la section se trouve repris et mis en relief en tête du vers 4, comme modificateur du verbe (modalité adverbiale appréciative dont nous reparlerons plus loin), c'est le substantif du titre (« Promenade ») qui s'étire au vers 5 de P3 dans l'expansion rhématique du vers :

Moi j'errais / Rhl *tout seul* // Rh2 *promenant ma plaie.*

La solitude (à la césure) et la blessure douloureuse (à la rime) colorent le sujet de l'énonciation (Th-Moi j(e)) dont la « plaie » est une véritable expansion : « MA plaie ». Le jeu de la rime et des parallélismes phoniques étend cette douleur du moi jusqu'au monde :

05 (...) / ... ... ma **PLAIE** (anthropos)
06 (...) / **P**armi la sau**LAIE** (cosmos)

Avec P3′ l'éclatement des parallélismes de la syntaxe et du mètre est accompli : la phrase se développe sur un nombre impair de vers, débordant ainsi le cadre du distique. De plus, la transition verbale passe la barre de la césure et le modificateur « grand » se sépare même du constituant qu'il modifie (« fantôme »). Ceci aboutit à la mise en relief de « vague » à la césure du vers 7, de « Fantôme » à l'initiale du vers suivant et surtout des participes présents à la rime du vers 8 (« se désespérant ») et à l'initiale du suivant (« Et pleurant »). La construction *en chaîne* (en expansion) de P3' correspond en fait au mode de production de tout PIII. N'insistons pas, notons surtout qu'en P3'' le syntagme prépositionnel locatif de P3 : « Parmi la saulaie » réapparaît en position rhématique. La progression phrastique P3 → P3' → P3'' s'achève sur une reprise du dernier élément de P3. Soit une première chaîne accentuée encore par P3^bis :

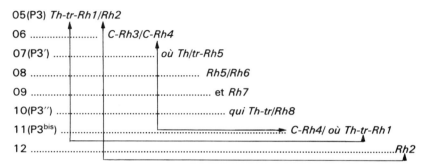

05(P3) *Th-tr-Rh1/Rh2*
06 .... *C-Rh3/C-Rh4*
07(P3') .... *où Th/tr-Rh5*
08 .... *Rh5/Rh6*
09 .... et *Rh7*
10(P3'') .... *qui Th-tr/Rh8*
11(P3^bis) .... *C-Rh4/ où Th-tr-Rh1*
12 .... *Rh2*

Comme on le voit, la linéarité de la progression syntaxique se trouve contestée, très nettement mise en cause par les reprises de P3'' et P3^bis. Deux observations essentielles doivent être faites. D'une part la reprise du vers 5 boucle PIII sur le même thème de l'errance solitaire du MOI. D'autre part, la figure du cercle ne rend pas bien compte de la différence de niveau d'enchâssement des unités répétées. On peut voir déjà dans cette mise en profondeur (syntaxique) de l'écho, le signe moins d'un cercle que d'une spirale descendante (confirmée par la transition verbale « vint *noyer* » de P4). En d'autres termes, la reprise de l'errance solitaire du MOI s'inscrit dans un schéma en profondeur, dans une sorte de spirale syntaxique.

La figure syntaxique et métrique du chiasme vient renforcer tout ce mouvement : le dernier segment de P3 (Rh4) devient le pivot de l'enchaînement P3''-P3^bis autour du relatif : le dernier élément de P3'' (Rh4) devient le premier de P3^bis (Th-où). La césure Rhl de P3-05 devient la rime de P3^bis-11 et la rime de 05 (Rh2) la césure de 12 :

P3 - 05	...	SEUL	/	...	PLAIE
06	...	...	/	...	SAULAIE
P3''-P3^bis - 11	...	SAULAIE	/	...	SEUL
12	...	PLAIE	/	...	...

Ce qui était à droite (à la rime) passe à gauche (césure), ce qui était à gauche (« seul ») passe à droite. De plus l'ordre des unités s'inverse (« Plaie·» + « Saulaie » → « saulaie » + « plaie »).

● **(PIV)** Le fait que P4 reprenne PI et PII accentue le bouclage spiralé dont il vient d'être question. D'un point de vue syntaxique, les éléments séparés en P1, P1′ et P2 se trouvent ainsi réunis et, presque contradictoirement, d'un point de vue métrique cette fois, les enjambements viennent perturber le bel ordre initial (PI-PII). En fait, ce qui était séparé, mais bien en ordre (syntaxiquement et métriquement), vient se confondre et se perdre en une seule et longue phrase finale.

La désarticulation paraît nette aux vers 12-13 et 13-14 où limites de vers et limites syntaxiques cessent de coïncider :

12 ... ...   ;   et l'épais linceul
13 *Des ténèbres vint // noyer les suprêmes*
14 *Rayons du couchant ...   .*

Au vers 12, le syntagme incomplet est interrompu par la rime. Au vers 13, non seulement la césure coupe le syntagme verbal (« vint / noyer »), mais encore le substantif modifié par l'adjectif à la rime se trouve rejeté au début du vers 14. Le réglage du poème par le vers et la désarticulation de la syntaxe expliquent l'**effet tabulaire** des vers 14 à 16 qui redonnent à lire le début du texte en un retour qui mime, dans l'écriture, le procès même de la signifiance. À droite de la coupe, ces trois vers disposent les syntagmes prépositionnels de lieu en un paradigme qui se déploie aussi à gauche :

14 Rayons du couchant   / *dans* ses ondes blêmes
15 Et des nénuphars,   / *parmi* les roseaux,
16 Des grands nénuphars / *sur* les calmes eaux.

Une variante d'édition donne aux vers 15 et 16 : « Et *LES* nénuphars », « *LES* grands nénuphars ». Il semble que le choix de DES garantisse beaucoup mieux le paradigme (et donc l'effet poétique du parallélisme) :

Rayons   du couchant
Et des nénuphars
Des grands nénuphars

En revanche, le choix du défini LES rattacherait syntaxiquement l'expansion au verbe et ruinerait le dispositif spatial :

vint noyer   les suprêmes rayons
Et les nénuphars
Les grands nénuphars

Cet effet paradigmatique s'accompagne, en P4, d'une reprise des éléments des vers 3 et 4 :

```
03 (les) GRANDS NÉNUPHARS // (entre) LES ROSEAUX
04 ......................... // SUR LES CALMES EAUX
15 (Et des) nénuphars ........ // (parmi) LES ROSEAUX
16 (Des) GRANDS NÉNUPHARS // SUR LES CALMES EAUX
```

Ce mouvement de reprise, en apparence systématique, est, en fait, perturbé par des ruptures, par des décalages et des glissements réunissant, en P4, des éléments qui proviennent de trois phrases différentes (P1, P1′ et P2) :

```
   01 : (Le) COUCHANT / ... ...
   02 : ........................... / ... BLÊMES ;
 = 14 : (du) COUCHANT / ... BLÊMES,
   02 : ... / (les) NÉNUPHARS
   03 : ... / ... LES ROSEAUX
 = 15 : (Et des) NÉNUPHARS / ... LES ROSEAUX
   03 : (Les) GRANDS NÉNUPHARS / ...
   04 : ... ... ... ...                    / SUR LES CALMES EAUX
 = 16 : (Des) GRANDS NÉNUPHARS / SUR LES CALMES EAUX.
```

Ces glissements de fragments de vers prouvent que ce qui caractérise ce poème, c'est moins la répétition de mots et de syntagmes (récurrence la plus apparente et la plus immédiatement perceptible) que les glissements et les changements de places-fonctions syntaxiques. Ce jeu de fausses reprises débouchant sur des transformations nous rend attentifs à la spécificité du principe poétique : lorsque la syntaxe gagne en longueur et en complexité (PIII et PIV), la lisibilité se trouve perturbée et les composantes métriques et rythmiques prennent le relais. En d'autres termes, les parallélismes liés aux positions métriques et au rythme du vers décasyllabique viennent relayer le flou syntaxique.

6.4. Les contraintes prosodiques comme réglages poétiques

6.4.1. Le vers, le mètre

Nous avons affaire ici à un vers décasyllabique césuré de façon originale : 5 / 5. D'ordinaire (voir par exemple « Crépuscule du soir mystique » qui précède ce poème), le décasyllabe comporte une coupe 4 / 6 ; celle du décasyllabe de la tradition médiévale (voir aussi Du Bellay) qui a cédé la place au 6 / 6 de l'alexandrin avec ce premier hémistiche plus ample, ou au 4 + 4 + 4 du tétramètre.

Dans notre texte, le mètre 5 / 5 engendre deux hémistiches dominés par un rythme impair : l'impair est bien préféré à la coupe et au rythme pairs classiques (4/6). La régularité de la coupe 5 / 5 est, de plus, renforcée par la syntaxe et le jeu des connecteurs. Les seules remises en cause de cette régularité ont déjà été identifiées :
— césures travaillées par la syntaxe aux vers 9 : « avec / la voix » et 13 : « vint / noyer » ;
— enjambements des vers 7-8 : « un grand / Fantôme », 12-13 : « l'épais linceul // Des ténèbres », 13-14 : « les suprêmes // Rayons du couchant ».

Ce n'est qu'à partir du vers 7 (P3') que les limites de vers (intérieures ou extérieures) cessent de correspondre à des unités syntaxiques : elles écartent adjectifs et substantifs (07-08, 13-14), préposition et syntagme (09), substantif et expansion prépositionnelle (12-13). En ce sens, on peut opposer les vers 1 à 6 aux vers 7 à 16 et affirmer que sont respectés les deux premiers principes de l'*Art poétique* :

> De la musique avant toute chose,
> Et pour cela préfère l'Impair
> Plus vague et plus soluble dans l'air,
> Sans rien en lui qui pèse ou qui pose (...)
> (...) De la musique encore et toujours !

6.4.2.   Les rimes

Les rimes plates (ou suivies) alternent classiquement finales masculines et féminines : *AA, bb, CC, dd, EE, ff, AA, bb.* La seule originalité, qui confirme l'analyse précédente, réside dans la reprise systématique, à la fin (vers 13 à 16), des rimes du début (vers 1 à 4). Les mêmes mots (adjectifs en *A* et substantifs en *b*) sont même tout simplement répétés. À ceci s'ajoute la reprise en chiasme des vers 5 et 6 où la rime *CC* (05 & 06) passe à la césure (11 & 12) et la césure *f* (05) à la rime (11). Ce chiasme nous met sur la voie d'une autre particularité de ce texte : le fait que les césures riment entre elles dans dix vers sur seize : *g* en 03, 15, 16, *h* en 01, 02 et 04 (*H*), *C* en 10, 11, 12, *f* enfin en 05, on l'a déjà dit.

À ce principe de la rime généralisée, s'ajoute le caractère grammatical des rimes : *A* = adjectifs épithètes, *b, C* et *E* = substantifs ; restent les rimes *d* et *f* de l'enjambement des vers 7 et 8 et surtout des vers 11-12 avec le passage d'une phrase (P3[bis]) à l'autre (P4). Ajoutons aussi l'alternance du nombre : Pluriel (*AA, bb*) / Singulier (*CC, dd*), pluriel (*EE*), singulier (*ff*), pluriel (*AA, bb*). Soit un choix systématique du pluriel pour désigner le monde et du singulier pour les vers dirigés par JE (05-06, 11) et pour les métaphores du fantôme (07-08) et du linceul (12).

Il convient, on l'a vu, de cerner comment les rapports de son(s) engendrent et sont liés à des rapports sémantiques. Les rimes *A : suprêmes +* *blèmes* développent à l'ouverture et à la fermeture du poème une isotopie de la mort dans la mesure où « suprêmes » est ainsi défini par Littré :

> « *Dans le style soutenu et dans la poésie, qui appartient aux derniers* *moments de la vie* ».

Connotation renforcée par celle de l'adjectif « blème » : pâleur de la mort. En fin de poème, la rime *A* suit celle du vers 12 : *linceul*. Soit, à la rime, une isotopie sans ambiguïté.

Les rimes *b* (*roseaux-eaux*) mettent en contiguïté phonique et métrique deux substantifs liés métonymiquement dans l'espace décrit. Les autres substantifs pluriels des rimes *E* (*sarcelles* et *ailes*) entretiennent entre eux un rapport synecdochique de tout à partie. Restent surtout les rimes *C* et *f* (11). Les rimes *C : ma plaie + la saulaie* introduisent une contamination de l'espace (« saulaie ») par le MOI douloureux, blessé (« plaie »). Plus nettement encore, « tout seul » (11) est contaminé par la série isotope identifiée : « linceul » (12) + « suprêmes » (13) + « blèmes » (14). Les rimes non connotées (métonymiques (*bb*) et (*EE*) synecdochiques) sont ainsi systématiquement cernées par l'isotopie mortelle ou douloureuse :

— (*suprêmes + blèmes (roseaux + eaux) plaie*)
    (*A   +   A   (b + b) C*)

— (*se désespérant (sarcelles + ailes) (seul) linceul + suprêmes + blèmes*)
    (*d   (E + E)   (f)   f +   A   +A*)

— (*plaie (saulaie) (grand) se désespérant*)
    (*C   (C)   (d)   d*)

6.4.3.   Les « strophes » ou groupements de vers

Pour approcher la dynamique textuelle prosodique, il faut prêter attention au fait que ce poème sans blancs strophiques se présente comme un bloc. La lecture structure pourtant aisément cet ensemble à partir de la reprise déjà notée des quatre premiers vers en fin de texte. Soit un « quatrain » initial auquel répond une sorte de « quatrain » final. Tandis que le premier (01 à 04) correspond à un ensemble syntaxique (PI + PII), le dernier (13 à 16) ne recouvre qu'une partie de PIV.

Les rimes (*CC*) et la syntaxe (P3) dégagent ensuite un premier distique D1 auquel semblent répondre les vers 11-12 (rimes *ff*), eux aussi liés à la présence du JE. La coupure syntaxique du vers 12 rompt une nouvelle fois ce parallélisme, articulé autour d'un noyau de quatre vers (07 à 10, rimes *dd, EE*) et lui-même encadré par la répétition du syntagme prépositionnel « parmi la saulaie » (vers 6 et 11). Les reprises déjà examinées des vers 5 et 6 en 11 et 12 donnent assurément à lire une structure globale :

$$Q1 + D1 + Q2 + D2 + Q3$$
$$\text{(01 à 04)} \quad \text{(05-06)} \quad \text{(07 à 10)} \quad \text{(11-12)} \quad \text{(13 à 16)}$$

dont on a bien vu qu'elle ne correspond à la structure syntaxique qu'en Q1 et D1.

On peut, en raison de ces hésitations syntaxiques et de l'absence de blanc typographique, être surtout sensible au fait que les six premiers vers et les six derniers présentent des reprises systématiques. Soit une structure qui isole un noyau central dépourvu, lui, de reprises :

Sizain initial / Quatrain central / Sizain final

01 à 06   07 à 10   11 à 16

Nous sommes ainsi rendus attentifs au noyau central du poème, dominé par des glissements sémantiques intéressants : « brume vague » introduit une incertitude que complète, au vers 7, le choix du verbe « évoquer ». Au sens de *suggérer*, Littré ajoute un sens qui fait basculer le poème :

> « *Faire apparaître les démons ou les âmes des morts par l'effet de certaines conjurations* ».

Le rejet de « Fantôme » en tête du vers 8 prend ainsi tout son sens en écho intertextuel aux « Fantômes vermeils » de *Soleils couchants*. Le choix de la couleur blanche (vaguement, du moins) apparaît surtout comme l'écho de la rime du vers 2 : « blêmes ». Les participes présents prolongent l'isotopie saturnienne de ce poème des « Paysages tristes » tandis qu'autour de la préposition ambiguë à la césure du vers 9 (« avec »), la métaphorisation humanise les sarcelles (« la voix des sarcelles »). La rime a beau réintroduire un contexte synecdochique, les verbes choisis connotent l'idée de bataille : BATTRE (*en battant*) LE RAPPEL (*se rappelaient*). Dominé par un tel champ sémio-connotatif, le noyau central du poème apparaît nettement comme l'axe autour duquel s'organise la répétition transformée (spiralée, avons-nous dit plus haut) qui s'achève par le demi-vers en relief, argument du prédicat de P4 : « et l'épais linceul ». Renforcée par la rime « suprême » et par le surgissement du passé simple, la transformation doit être analysée attentivement comme une opération énonciative. Voyons comment les opérations référentielles, déjà travaillées par les glissements métaphoriques et par le mécanisme d'ambiguïsation de la référence (« où la brume vague évoquait... »), prennent sens à partir des fondements subjectifs de l'énonciation poétique.

6.5. Les traces des opérations énonciatives

6.5.1. Morphèmes personnels et traces du sujet de l'énonciation

Sans parler des adjectifs placés à la rime des deux premiers vers, l'adverbe « Tristement », qui ouvre le vers 4, apparaît comme un point perceptible de la présence du sujet parlant dans le vers : le repérage est focalisé par lui. En dépit du choix de l'énonciation historique à l'imparfait (7 des 8 transitions verbales) et au passé simple (dernier verbe), en dépit du choix dominant de la « non-personne » pour 6 verbes sur 8, l'adverbe, connoté par le paradigme déjà étudié autour du titre de la section, prépare le surgissement insistant du vers 5 : « MOI j'(...) MA plaie ». Seule la transition verbale (répétée) des vers 5 et 11, et qui correspond aux couples de vers notés D1 et D2, pose nettement la présence d'un JE repéré à distance dans un énoncé qui se présente comme le récit d'un souvenir passé, d'un état vaguement antérieur du MOI. Je dis « état antérieur » tout en insistant sur le fait qu'aucune indication de localisation temporelle ne vient fixer un repérage précis. C'est en ce sens que nous parlions bien, plus haut, d'une Sit° dont les repérages s'opèrent en texte, dans le temps de la lecture.

Les articles définis (jeu de détermination sans extraction préalable) accentuent cet effet de référence très forte *pour le sujet* inscrit dans l'énoncé.

6.5.2. Morphèmes temporels : imparfait et passé simple comme traces des opérations énonciatives

Ce poème tranche avec les six autres pièces des « Paysages tristes », plus classiquement écrites au présent. Ainsi, par exemple, « Soleils couchants » :

> Une aube affaiblie
> Verse par les champs
> La mélancolie
> Des soleils couchants
> (...)
> Mon cœur qui s'oublie...

Comportant 7 imparfait (dont 2 liés à JE) et 5 formes en ANT contre un seul passé simple final, ce poème est tout entier dominé par un mouvement en avant qui confirme nos précédentes remarques sur la non-circularité du texte. L'aspect imperfectif accentué des formes verbales accumulées du vers 1 au vers 12 fait qu'à la lecture, on attend que survienne un événement (au passé composé ou au passé simple). On attend même un connecteur marquant la consécution narrative : QUAND ou SOUDAIN, par exemple. Le connecteur est ici effacé et remplacé par la ponctuation (;).

Si l'on peut parler d'une forme de « récit », au sens de récapitulation d'une expérience passée, on n'a pas affaire à un texte narratif réel. Les « actions » ne s'enchaînent pas et la description (du moi et du monde) l'emporte nettement. Cet effacement du récit — en dépit du jeu des temps employés — est entièrement produit par la série d'imparfaits à valeur non narrative, non chronologique (a-temporelle) et non accomplie. Ceci est aussi accentué par les formes en ANT des participes présents et des gérondifs que l'on peut considérer comme les formes impersonnelles de l'imparfait (l'imparfait étant en retour la forme personnelle du participe présent). Soient 12 formes du morphème de l'aspect inactuel non accompli (AC-) en français (7 formes personnelles et 5 formes non personnelles) qui cherchent toutes un point d'incidence dans le contexte.

Ce point d'incidence n'apparaît qu'au vers 13, dans un verbe lui-même marqué aspectuellement : « *vint* noyer » (et non pas *noya*). Le passé simple du vers 13 est bien la seule forme actualisante du texte. Imparfaits et formes en ANT constituent autant d'actions simultanées. Plus précisément, le caractère non clos, l'intervalle non borné, qui caractérise l'imparfait, confère un aspect imperfectif (AC-) et une valeur de *permanence* (VS *incidence*) à l'état du monde et du moi.

Pour bien comprendre cette première opposition aspectuelle, il faut savoir qu'à la différence de l'imparfait, le passé simple suppose que l'événement rapporté est *fermé* (AC° = accompli point ou global : à la fois début, procès et fin du procès). La différence essentielle entre les vers 1 à 12 et 12 à 16 est donc une différence dans la manière de présenter les choses. Imparfaits et passé simple constituent autant d'instructions relatives à la façon dont l'information est représentée. Traces d'opérations énonciatives, ils induisent des lectures. Des vers 1 à 12, la dominante est descriptive et le fond de *permanence imperfective* tire l'énoncé vers l'état non clos (intervalles non bornés). Avec la fin du texte, l'événement (nocturne) tombe, modifiant nettement la reprise du début du poème. Ceci confirme tout simplement le fait que la répétition est évitée (ce que n'aurait pas induit une chaîne uniquement à l'imparfait avec *venait noyer* ou *noyait*).

Que tout ce qui a été dit trouve son accomplissement dans la noyade mortelle finale donne certes sens à la dynamique textuelle, mais il faut insister sur le glissement de perspective de l'imparfait au passé simple.

Aux valeurs aspectuelles déjà notées, il convient d'ajouter que le passé simple présente le procès « du dehors » (perspective externe) tandis que l'imparfait le saisit en quelque sorte de l'intérieur (perspective interne). La valeur « objective » — chère à Benveniste — de l'énonciation de type historique provient du fait que les événements sont alors rapportés à partir d'un point de fuite postérieur à l'événement (à distance).

> « L'événement apparaît à une distance temporelle déterminée dans la direction du passé. C'est d'ailleurs pour cette raison que l'événement rapporté au passé simple apparaît ponctuel et complet »,

écrit Hans Kamp (dans le N° 64 de Langages, p. 50). Je parlerai pour ma part d'un **effet de focalisation externe et distanciée.** En fin de poème, le MOI s'extrait du monde ou, du moins, sa méditation paraît sur le point de prendre fin. On peut appliquer aux temps majoritaires de ce texte ce qu'en dit encore H. Kamp :

> « Le caractère interne de la perspective suggérée par l'imparfait semble provenir du fait que ce temps possède principalement la fonction de déplacer le point de fuite du présent au passé »

(p. 51). Cette idée de focalisation interne avait déjà été perçue par Bally en 1912 :

> « Les imparfaits montrent que les faits ont passé dans le cerveau d'un sujet mis en scène dans le récit ».

On comprend mieux ainsi ce que nous disions plus haut de l'adverbe « tristement » et du jeu de la détermination à partir des définis. Si la référentialisation est aussi forte, c'est précisément à cause du filtrage de la fonction référentielle par une focalisation. Si le passé simple n'implique pas du tout que l'énonciateur soit passé du pré-cogito de la conscience non réflexive au cogito de la conscience réfléchie, l'imparfait implique, lui, une expérience effective, de la part de l'énonciateur, des événements qu'il rapporte. La contamination du paysage par le JE, dont on a vu qu'elle sature le texte, passe avant tout par le biais des imparfaits. La conscience réflexive envahit le monde décrit.

Il me semble que la grammaire rend ainsi compte de ce que la critique traditionnelle appelle la fusion verlainienne du MOI et du monde, la non-distinction du MOI.

À la fin du poème, comme nous le pressentions déjà plus haut, on peut dire que la conscience réflexive s'efface et que ceci renforce l'isotopie de la mort. Le surgissement du passé simple noie littéralement la conscience réflexive avec les « rayons » du couchant. Les valeurs aspectuelles du passé simple peuvent être ici cumulées : le point d'incidence de tout le poème se fait en quelque sorte sur la disparition de la conscience réflexive appliquée à un monde qui meurt avec le texte qui s'achève.

Paradoxalement, le surgissement du passé simple clôt un récit qui ne s'est jamais développé. Le message fonctionnel (narratif) s'est dilué, à cause de la série d'imparfaits, dans l'état et la description du monde passés au filtre d'une conscience réflexive. Ceci rejoint ce que nous avons dit des champs sémio-connotatifs du titre, mais ceci renforce surtout ce que nous avons dit de la syntaxe travaillée par la répétition.

Résumant magistralement l'article du *Degré zéro de l'écriture* de Barthes sur le passé simple, Blanchot écrit que

> « *le passé simple (...) indique par avance que l'auteur a accepté ce temps linéaire et logique qu'est la narration, laquelle clarifiant le champ du hasard, impose la sécurité d'une histoire bien circonscrite qui, ayant eu un commencement, va avec certitude vers le bonheur d'une fin, fût-elle malheureuse* ».

Rien de tout cela dans un texte pourtant écrit à l'imparfait et au passé simple : plus de monde cohérent, linéaire, vu du dehors et présenté comme logique, plus d'univers stable et déchiffrable, univoque et cohérent, plus d'« histoire ». Nous n'avons affaire qu'à un déroulement subjectif, mental, intérieur, qui écarte le monde proprement dit au profit de l'imaginaire. Si la description à l'imparfait a enlisé et annulé tout effet narratif, le point de vue interne — la conscience réflexive — a lui-même contaminé le monde. Dans ce récit brisé, avorté, nous ne trouvons aucune trace du moindre sujet-héros de l'énoncé dont le récit raconterait le devenir orienté, nous n'avons affaire qu'à une errance solitaire et douloureuse (vers 5, 11 et 12). De plus, la durée ne cesse de se construire dans le cheminement de la conscience, ou plutôt ici, dans la trame du poème, dans l'espace de la signifiance, dans une « tresse verbale » dont il convient de préciser encore l'extrême densité.

6.6. Verlaine saturnien ou le souci de la répétition

Le saturnisme thématique cher à Nerval (« le soleil noir de la mélancolie ») depuis Eustache Deschamps, Cranach l'ancien et Du Bellay mais surtout l'ange triste de la célèbre *Mélancolia I* de Dürer au début du XVIe siècle, s'inscrit tout entier dans une forme poétique elle-même « saturnienne ». Tout ce que nous avons dit de la conscience réflexive saturnienne envahissant la référence et le poème passe par l'énoncé dans toutes ses dimensions : la phrase, la prosodie, les sons eux-mêmes. C'est ce qu'il nous faut examiner pour finir en reprenant les propos théoriques des chapitres précédents.

Revenons sur les propositions de Jean Cohen écartées au début du chapitre 2 (page 23). Le travail de la « phrase grammaticale » (« symbolique » avons-nous précisé en fin de chapitre 3, pages 111 à 118) par la « stratégie poétique » (plus proprement « sémiotique ») et les principes prosodiques est assez intense dans ce poème. Avec la phrase, c'est aussi le passé simple et l'énonciation historique-narrative qui sont contestés, littéralement mis à mort par l'énonciation poétique et le travail de la signifiance. L'importance de la *redondance* et, plus largement, de la répétition accroît ici l'« expressivité », mais une « expressivité » *pathétique* dont l'imparfait nous a permis de cerner la complexité.

Un retour rapide sur les données formelles, va nous aider à conclure sur ce que nous avons dit du « point de poésie » pages 117-118. De la versification saturnienne ancienne, Saussure affirme qu'elle « est tout entière dominée par une préoccupation *phonique* ». Ceci l'amène à remarquer que l'allitération n'est, en fait, qu'une des plus insignifiantes manifestations de la préoccupation phonique. Il avance la même observation au sujet de la rime « ou correspondance entre finales, et qui n'est elle-même qu'un accident ou une fioriture, conforme à la tradition générale ». Il écrit très nettement, page 21 des *Mots sous les mots* (Starobinski éd.) : « C'est par l'allitération que je suis arrivé à tenir la clef du Saturnien, autrement compliquée qu'on ne se le figurait. Tout le phénomène de l'allitération (et aussi des rimes) qu'on remarquait dans le Saturnien, n'est qu'une insignifiante partie d'un phénomène plus général, ou plutôt *absolument total* » [5]. En lisant ces mots de Saussure, on ne peut s'empêcher de penser à les appliquer à la poésie verlainienne des *Poèmes saturniens*.

Une analyse systématique des couplaisons de phonèmes par paires aboutit aux restes suivants dans les quatre premiers vers (couplés ensuite aux quatre derniers) :

01 = /a/
02 = /v/, /b/
03 = /t/
04 = /s/, /m/, /ã/, /l/, /ɥ/, /z/

Les deux vers suivants (couplés aux vers 11 et 12) présentent comme restes :

05 = /m/, /w/, /a/
06 = /o/, /ɔ̃/, /d/, /ə/, /e/, /t/, /ã/

---

5. Voir plus haut pages 103-111.

On voit déjà que les vers 1 à 6 permettent de coupler /a/ (01 & 05), /t/ (03 & 06), /m/ (04 & 05) et /ɑ̃/ (04 & 06). Restent donc seulement :

02 = /v/, /b/
04 = /s/, /l/, /ɥ/, /z/
05 = /w/
06 = /o/, /ɔ̃/, /d/, /ə/, /e/

Si l'on rapproche cette première partie du poème des restes de la dernière :

11 = /u/
12 = /φ/
13 = /t/, /b/, /v/, /w/, /j/
14 = /y/, /ɑ̃/, /z/, /ɔ̃/
15 = /m/, /i/
16 = (néant)

il ne reste alors de non couplés que :

04 = /s/, /l/, /ɥ/
06 = /o/, /d/, /ə/, /e/
11 = /u/
12 = /φ/
13 = /t/, /j/
14 = /y/, /ɑ̃/
15 = /m/, /i/

Le quatrain central est lui aussi saturé de paronomases et les phonèmes couplés présentent les restes suivants :

08 = /u/, /y/, /ɔ/, /k/, /ɛ̃/
09 = /f/, /o/
10 = /w/
11 = /i/, /s/, /p/, /ə/, /l/, /ɛ/, /t/, /d/

Soit, en couplant de nouveau ces phonèmes, un nombre extrêmement faible de restes :

04 = /ɥ/
06 = /e/
08 = /ɔ/, /k/, /ɛ̃/
09 = /f/
10 = /w/
11 = /p/, /ɛ/
12 = /φ/
13 = /j/
14 = /ɑ̃/
15 = /m/

• Les trois semi-consonnes /j/ et les bi-labiales /ɥ/ et /w/ se répartissent également en Q1, Q2 et Q3.

• Quatre consonnes dont 2 occlusives sourdes /p/ et /k/ (respectivement bi-labiale et vélaire), 1 fricative sourde /f/ et 1 nasale sonore /m/.

• Six voyelles enfin dont 2 antérieures non-labiales : /e/ (D1) et /ɛ/ (D2), 2 nasales : /ɛ̃/ (Q2) et /ɑ̃/ (Q3) et une antérieure labialisée (arrondie) : /ɸ/ (D2) et une postérieure (arrondie aussi) : /ɔ/ (Q2).

On pourrait procéder ainsi à de nouveaux couplages : /ɛ̃/ + /ɑ̃/, /e/ + /ɛ/, /w/ + /ɥ/, /p/ + /k/, mais là n'est assurément pas l'essentiel. Les observations faites nous renvoient à ce que nous disions page 164, à l'émergence du « sémiotique » dans le « symbolique », à la présence fondamentale du rythme et de l'homophonie. Comme dans les vers cités de Rimbaud (page 114) et de Hugo (page 115), le travail proprement poétique de la matière phonique rejoint ici nettement le plan thématique de l'isotopie de la *mort*.

Les contraintes rythmiques, prosodiques, prennent le pas sur la syntaxe pour donner à lire un procès qui cesse de refouler cette mort qui rythme l'énonciation (voir plus haut page 117), épuise deux à deux les composantes de la matière phonique, désarticule la phrase et les signes. À travers une écriture de ce type émerge ce que nous désignons, avec J.-C. Milner, comme ce « POINT DE POÉSIE » après lequel tout le présent essai a couru sans l'illusion de penser l'atteindre.

ANNEXE 4

Comme en plusieurs points de cet essai j'ai tenu à citer sans les travailler certains textes qui confirment le propos tenu, je choisis de terminer par ce poème des Complaintes *de Laforgue :*

COMPLAINTE D'UN AUTRE DIMANCHE

C'était un très au vent d'octobre paysage
Que découpe, aujourd'hui dimanche, la fenêtre,
Avec sa jalousie en travers, hors d'usage,
Où sèche, depuis quand ! une paire de guêtres
Tachant de deux mals blancs ce glabre paysage.

Un couchant mal bâti suppurant du livide ;
Le coin d'une buanderie aux tuiles sales ;
En plein, le Val-de-Grâce, comme un qui préside ;
Cinq arbres en proie à de mesquines rafales
Qui marbrent ce ciel cru de bandages livides.

Puis les squelettes de glycines aux ficelles,
En proie à des rafales encor plus mesquines !
O lendemains de noce ! ô bribes de dentelles !
Montrent-elles assez la corde, ces glycines
Recroquevillant leur agonie aux ficelles !

Ah ! qu'est-ce que je fais, ici, dans cette chambre !
Des vers. Et puis après ? ô sordide limace !
Quoi ! la vie est unique, et toi, sous ce scaphandre,
Tu te racontes sans fin, et tu te ressasses !
Seras-tu toujours un qui garde la chambre ?

Ce fut un bien au vent d'octobre paysage...

On le voit, même thématique que Verlaine, mais quel traitement de la syntaxe par le mètre, quelle émergence maladive du point de poésie *!*

Bibliographie thématique et sélective *

A. Ouvrages généraux sur la question

BALPE, J.-P., 1980. *Lire la poésie*, A. Colin/Bourrelier.
COHEN, J., 1966. *Structure du langage poétique*. Flammarion.
COHEN, J., 1979. *Le haut langage*. Flammarion.
DELAS, D., 1977. *Poétique/pratique*, CEDIC.
DELAS, D. et FILLIOLET, J., 1973. *Linguistique et poétique*, Larousse.
DUBOIS-EDELINE-KLINKENBERG-MINGUET (Groupe MU) 1977. *Rhétorique de la poésie*, Complexe, Bruxelles.
GREIMAS, A.-J., éditeur 1972. *Essais de sémiotique poétique*, Larousse.
JAKOBSON, R., 1970. *Questions de poétique*, Seuil.
KIBEDI VARGA, A., 1977. *Les constantes du poème*, Picard éd.
KRISTEVA, J., 1974. *La révolution du langage poétique*, Seuil.
MESCHONNIC, H., 1970. *Pour la poétique*, Gallimard.
MESCHONNIC, H., 1973. *Pour la poétique III*, Gallimard.
MESCHONNIC, H., 1975. *Le signe et le poème*, Gallimard.
MESCHONNIC, H., 1982. *Critique du rythme*, Verdier.
MILNER, J.-C., 1978. *L'Amour de la langue*, Seuil.
PELLETIER, A.-M., 1977. *Fonctions poétiques*, Klincksieck.
RIFFATERRE, M., 1979. *La Production du texte*, Seuil.
RIFFATERRE, M., 1983. *Sémiotique de la poésie*, Seuil.
TAMINE, J. et MOLINO, J., 1982. *Introduction à l'analyse linguistique de la poésie*, P.U.F.

B. Sur les manuels (Chapitre 1)

BARTHES, R., « Réflexions sur un manuel » in *L'enseignement de la littérature*, De Boeck-Duculot 1981 pour la réédition.
FOUCAULT, M., 1971. *L'ordre du discours*, Gallimard.
KUENTZ, P., 1972. « L'envers du texte », *Littérature*, n° 7, Larousse, pp. 3-26.
KUENTZ, P., 1974. « Le tête à texte », *Esprit*, n° 12, pp. 946-962.

---

* Sauf indication contraire, le lieu de publication est Paris.

KUENTZ, P., 1972-1973. « Que fait-on quand on explique un texte », Dossier pédagogique de l'OFRATEME, *Français 2.*

KUENTZ, P., 1973. « Le régime du texte », *Action poétique*, n° 53, Le Pavillon-Roger Maria éd., pp. 19-23.

FAYOLLE, R., 1972. « La poésie dans l'enseignement de la littérature : le cas Baudelaire », *Littérature*, n° 7, Larousse, pp. 48-71.

QUÉREEL, P., 1982. *Au feu les manuels*, EDILIG (3, rue Récamier, 75341 Paris).

HOUDEBINE, J.-L., 1972. « Sur l'idéologie du *Lagarde et Michard* », *Littéra-ture/sciences/idéologie*, n° 1, pp. 10-16.

THIBAUDEAU, J., 1972. « Notes sur quelques manuels de littérature française depuis 1870 », L./S./I., n° 1, pp. 6-9.

HALTÉ, J.-F. et PETITJEAN, A., 1977. « Pour une théorie de l'idéologie des manuels scolaires », pp. 15-50 de *Pratiques du récit*, CEDIC.

BYA, J., 1970. « Entre texte et lecture », pp. 111-115 de *Littérature et idéolo-gie*, colloque de Cluny II, *La Nouvelle critique*, n° 39bis.

DUNETON, C. et PAGLIANO, J.-P., 1978. *Anti-manuel de français*, Seuil.

C. Sur la lecture (Chapitre 2)

Sur l'acte de lecture :

— *Lire c'est vraiment simple !* Association Française pour la Lecture, OCDL, 1982.
— COHEN, I. et MAUFFREY, Y., 1983. *Vers une nouvelle pédagogie de la lecture*, A. Colin/Bourelier.
— ADAM, J.-M., juin 1983. « La lecture au collège. Problèmes cognitifs et textuels », *Enjeux*, n° 3, Labor-Nathan.
— BENTOLILA, A., 1981. « Fleurs de lire et liserons », *Communication et lan-gages*, n° 48, Retz.
— VIGNER, G., 1979. *Lire : du texte au sens*, CLE International.
— *Comment les enfants apprennent à lire*, F. Smith éd., Retz, 1980.
— *Cinq contributions pour comprendre la lecture*, Association Française pour la Lecture, Retz, 1980.
— *Pratiques*, n° 35, 1982.
— ADAM, J.-M. et LEGRAND, R., 1983. « Une société malade de ses lec-teurs ? », *in J'cause français, non ?*, F. François éd., Maspero.

Sur la lecture de la poésie et de la littérature

— *Problèmes actuels de la lecture*, Colloque de Cerisy, Clancier-Guénaud, Paris, 1982 (articles surtout de R. CHAMBERS, L. DÄLLENBACH, H.R. JAUSS, J. RICARDOU, W.D. STEMPLE, V. KAUFMANN).
— *L'effet de lecture*, Revue des Sciences Humaines, n° 177, Université de Lille III, 1980-1981 (articles de H.R. JAUSS, L. DÄLLENBACH, F. RUTTEN, J. RICARDOU).
— *Lire ou ne pas lire*, Le Français aujourd'hui, n° 61, mars 1983.

— CHARLES, M., 1977. *Rhétorique de la lecture*, Seuil.
— *Semem 1 : Lecture et Lecteur*, GRELIS, Annales littéraires de l'Université de Besançon, Les Belles-Lettres, 1983.

D. **Sur l'inscription et la vi-lisibilité** (Chapitre 2)

MESCHONNIC, H., 1982. *Critique du rythme*, chapitre VII : « Espaces du rythme », Verdier.
DELAS, D., 1978. « L'inscription du texte poétique », *Pratiques*, n° 21.
DELAS, D., 1977. *Poétique/pratique*, « Espace poétique », pp. 31-39, CEDIC.
GROUPE MU, 1977. *Rhétorique de la poésie*, pp. 262-278, « Du poétique à l'iconique », Complexe, Bruxelles.
BALPE, J.-P., 1980. *Lire la poésie*, pp. 21-54 : « Poésie et espace » et pp. 55-67 : « Poésie et silence », A. Colin/Bourrelier.
RUWET, N., 1979. « Blancs, rimes et raisons typographiques, rimes et structures linguistiques en poésie », *Revue d'Esthétique* 1-2, « Rhétoriques, sémiotiques », U.G.E., 10/18, n° 1324.
COMPAGNON, A., 1979. *La seconde main*, pp. 250-252 : « Un modèle spatial du texte », Seuil.
PEREC, G., 1974. *Espèces d'espaces*, Denoël-Gonthier.
CHRISTIN, A.-M., 1979. « Rhétorique et typographie. La lettre et le sens », *Revue d'Esthétique*, 1-2.
ANIS, J., 1983. « Vilisibilité du texte poétique », *Langue Française*, n° 59, Larousse.
LIEBER, J.-C., 1980. « Usages du calligramme », *Le Français aujourd'hui*, n° 51.
BASSY, A.-M., 1973-1974. « Forme littéraire et forme graphique : les schématogrammes d'Apollinaire », *Scolies* 3-4, PUF.
GOLDENSTEIN, J.-P., 1976. « Notes sur une recherche », *Revue des Lettres modernes*, G. Apollinaire 13, Minard.

D'un point de vue pédagogique : une bonne démarche dans la grammaire *Les Chemins de l'expression*, classe de 3ᵉ, Hachette, 1976 : « Les mots dans la page » (pp. 160-166). Se reporter surtout au livre de 6ᵉ, publié en 1975 chez SCODEL par B. GROMER et M.C. RIEDLIN : *Pratiques de lecture et d'écriture*.

E. **Sur la titrologie** (Chapitre 2)

• **Théorie d'ensemble**

HOEK, L.H., 1981. *La marque du titre. Dispositifs sémiotiques d'une pratique textuelle*, La Haye-Paris, Mouton, volume n° 60 de « Approaches to Semiotics ».
REY-DEBOVE, J., 1978, pp. 272-277 de *Le Métalangage*, éd. Le Robert, coll. L'ordre des mots.
VIGNER, G., 1980. « Une unité discursive restreinte : le titre », *Le Français dans le Monde*, n° 156.

• **Poésie**

AMOSSY, R. et ROSEN, E., 1982. « Le titre cliché surréaliste », pp. 126-137 de *Les Discours du cliché*, SEDES-CDU.

• **Roman et médias**

ADAM, B. et J.-M., 1977, pp. 12-44 de *Le Roman de montagne*, Larousse, coll. « Textes pour aujourd'hui ».
BASTIAENSEN, M., 1982. « Littérature, presse et titres », *Enjeux*, n° 1, Labor-Nathan.
DUCHET, C., 1973. « *La Fille abandonnée* et *la Bête humaine* : éléments de titrologie romanesque », *Littérature* 12.
FURET, F. et FONTANA, A., 1968. « Histoire et linguistique. Les titres d'ouvrages au XVIIIe siècle », *Langages* 11.
GRIVEL, C., 1973. « Puissance du titre » dans *Production de l'intérêt romanesque*, Paris-La Haye, Mouton (voir aussi le volume complémentaire avec le corpus des titres).
HOEK, L.H., 1972. « Description d'un archonte : préliminaires à une théorie du titre à partir du Nouveau Roman », pp. 289-326 du *Nouveau Roman : hier, aujourd'hui I*, UGE, 10/18 (colloque de Cerisy).
LOFFLER, A.-M., 1972. « L'emphase dans les titres de journaux », *Cahiers de lexicologie*, II, Didier-Larousse.
LOFFLER, A.-M., 1974. « L'adjectivation dans la presse. Lexicalisation et emphase en situation de titre », *Cahiers de lexicologie*, I.
MOIRAND, S., 1975. « Le rôle anaphorique de la nominalisation dans la presse écrite », *Langue Française* 28.
MOLINO, J. et LASSAVE, F., *et al.* 1974. « Sur les titres des romans de Jean Bruce », *Langages* 35.
VERON, E., 1978. « Le Hibou », pp. 81-102 de *Communications* 28.
MITTERRAND, H., « Les titres des romans de Guy des Cars », pp. 89-97 de *Sociocritique*, C. Duchet éd., Nathan.
GROUPE MU, 1970. « Rhétoriques particulières (titres de films...) », pp. 94-102 de *Communications* 16.

F. Sur des analyses de sonnets (Chapitre 2)

• **Textes fondateurs d'une démarche**

JAKOBSON et LEVI-STRAUSS, 1973. « Les Chats », pp. 401-419 des *Questions de poétique* de R. Jakobson, Seuil.
JAKOBSON, R., Sonnet 113 (« Si nostre vie ») de *l'Olive* de Du Bellay pp. 319-355 des *Questions de poétique*.
RUWET, N., 1964. Sonnet 1 (« O beaux yeux ») de Louise Labé dans « Analyse structurale d'un poème français », *Linguistics* 3 (repris dans *Langage, musique, poésie*).

RUWET, N., 1972. Sonnet 13 (« Tant que mes yeux ») de Louise Labé, pp. 160 sv. de *Langage, musique, poésie*, Seuil, 1972.

RUWET, N., 1971. « Je te donne ces vers » de Baudelaire, *Poétique* 7 (repris dans *Langage, musique, poésie*).

● **Quelques études**

ABASTADO, C., 1972. « Ses purs ongles » de Mallarmé : « Lecture inverse d'un sonnet nul », *Littérature* 6, Larousse, pp. 78-85.

ADAM, J.-M. et ADAM, B., 1975. Sonnet 73 de *l'Olive* de Du Bellay, pp. 176-184 de *Linguistique et discours littéraire*.

DE CORNULIER, B., 1981. « La Musique » de Baudelaire, pp. 128-133 de « Prosodie : éléments de versification française », dans *Théorie de la littérature*, A. Kibedi Varga éd., Picard.

GENINASCA, J., 1973. *« Les Chimères » de Nerval*, Larousse.

GENINASCA, J., 1972. « El Desdichado », pp. 45-62 des *Essais de sémiotique poétique*, Greimas éd., Larousse.

GENOT, G., 1977. Sonnet 14 des *Antiquités de Rome* de Du Bellay : « Récit et contre récit dans un sonnet de Du Bellay », *Revue Romane* XII, 2.

GRIMAUD, M., 1981. « La Géante » de Baudelaire, pp. 271-277 de *Théorie de la littérature*, Kibedi Varga éd., Picard.

DE LAJARTE, P., 1980. Sonnet 16 des *Regrets* de Du Bellay : « L'antidiscours du poème », *Poétique* 44, Seuil.

LUSSON, P. et ROUBAUD, J., 1981. Un sonnet de Jodelle : « Sur le devise de « Noeu et de feu », essai de lecture rythmique », pp. 49-67 de *Littérature* 49, Larousse.

OUVRARD, S., « El Desdichado » dans : « Nerval : les figures de la bisexualité », pp. 37-60 de *Dialectiques*, n° 7.

RASTIER, F., « Salut » de Mallarmé, dans « Systématique des isotopies », pp. 80-106 des *Essais de sémiotique poétique, op. cit.*

RIFFATERRE, M., 1978. Songe 7 (« Je vy l'oiseau ») de Du Bellay : « Le tissu du texte », pp. 193-203 de *Poétique* 34.

G. **Sur linguistique et poétique** (Chapitre 3)

JAKOBSON, R., 1963. *Essais de linguistique générale*, tome I, chapitre 11, « Linguistique et poétique », Minuit.

JAKOBSON, R., 1973. *Questions de poétique*, Seuil.

GUEUNIER, N., « Linguistique et poésie », pp. 77-86 du numéro 51 (septembre 1980) de *Le Français aujourd'hui*, A.F.E.F.

RUWET, N., 1972. « Limites de l'analyse linguistique en poésie », dans *Langage, musique, poésie*, Seuil.

RUWET, N., 1975. « Parallélismes et déviations en poésie », pp. 307-351 de *Langue, discours, société*, vol. coll., Seuil.

RUWET, N., 1981. « Linguistique et poétique. Une brève introduction », *Le Français moderne*, n° 1, pp. 1-17.

H. Sur le slogan et l'argumentation publicitaire (Chapitre 3)

CALVET, L.-J., 1975. *Pour et contre Saussure*, Payot, pp. 109 sv.
CALVET, L.-J., 1979. *Langue, Corps, Société*, Payot.
GRIZE, J.-B., 1981. « L'argumentation : explication ou séduction », *Linguistique et sémiologie, L'argumentation*, P.U. Lyon.
JAKOBSON, R., 1963. *Essais de linguistique générale I*, Minuit.
KRIPKE, S., 1972. « Naming and Necessity », *Semantics of National Language*, D. Davidson et G. Harman éd., D. Reidel, Pordrecht, Holland.
MESCHONNIC, H., 1970. *Pour la poétique*, Gallimard, « le chemin ».
STIERLE, K., 1977. « Identité du discours et transgression lyrique », *Poétique*, n° 32, Seuil.
TAMBA-MECZ, I., 1981. *Le sens figuré*, P.U.F.

I. Sur la notion d'isotopie (Chapitre 4)

• Textes fondateurs

GREIMAS, A.-J., 1966. *Sémantique structurale* : « L'isotopie du discours », pp. 69-101, Larousse.
GREIMAS, A.-J., 1970. *Du sens*, pp. 93-102 et 271-283, Seuil.
GREIMAS, A.-J., 1972. « Pour une théorie du discours poétique », pp. 5-24 des *Essais de sémiotique poétique*, Larousse.
GREIMAS, A.-J. et COURTES, J., 1979. Entrée « isotopie » du *Dictionnaire raisonné de la théorie du langage*, Hachette.
RASTIER, F., 1972. « Systématique des isotopies », pp. 86-94 des *Essais de sémiotique poétique*, Greimas éd., Larousse.
GROUPE MU, 1977. *Rhétorique de la poésie*, Complexe, Bruxelles.
ARRIVE, M., 1973. « Pour une théorie des textes poly-isotopiques », *Langages* n° 31 ; article repris dans *Lire Jarry*, pp. 91-102, Complexe, Bruxelles, 1976, avec aussi « Lire, dé-lire », pp. 105-121.
ARRIVE, M., 1981. « Postface » à l'article de F. Rastier cité ci-dessous, pp. 31-35.

• Mises au point

KLINKENBERG, J.-M., 1973. « Le concept d'isotopie en sémantique et en sémiotique littéraire », pp. 285-290 du *Français moderne*, n° 3.
DELAS, D., 1977. Pp. 100-104 de « Confondre et ne pas confondre : de quelques précautions métalinguistiques concernant le changement définitionnel », *Littérature*, n° 27, Larousse.
RASTIER, F., 1981. « Le développement du concept d'isotopie », *Document de recherche* du Groupe de Recherche Sémio-Linguistiques (EHESS-CNRS, Paris), III, 29.
RASTIER, F., 1983. « Isotopies et impressions référentielles ou : le soleil et la bergère », *Fabula* n° 2, octobre, P.U. Lille.
RASTIER, F., 1984. « La cohésion des énoncés étrangers », *Semantikos* VII, 2.

• **Études complémentaires**

ADAM, J.-M. et GOLDENSTEIN, J.-P., 1976. Pp. 97-132 de *Linguistique et discours littéraire*, Larousse.

BERRENDONNER, A., 1976. « De quelques aspects logiques de l'isotopie », *Linguistique et sémiologie*, n° 1, P.U. Lyon.

GROUPE MU, 1974. « Lecture du poème et isotopies multiples », *Le Français moderne*, n° 3.

GELAS, N., 1976. « Sur la hiérarchie des isotopies », *Linguistique et sémiologie*, n° 1.

GENOT, G., 1978. « L'adieu d'Ophélie. Pour une sémiotique de l'hétérotopie », *Revue d'Esthétique* 3/4, UGE, 10/18, n° 1277.

JANOT, Y., 1976. « *Repos dans le malheur* d'Henri Michaux », *Pratiques*, n° 9, pp. 73-82.

KERBRAT-ORECCHIONI, C., « Problématique de l'isotopie », *Linguistique et sémiologie*, n° 1.

RASTIER, F., 1983. « Isotopies et impressions référentielles ou : le soleil et la bergère », *Fabula* n° 2, P.U. Lille.

RASTIER, F., 1984. « Ah ! Tonnerre ! Quel trou dans la blanquette ! Essai de sémantique interprétative », *Langue Française*, n° 61, Larosse.

RASTIER, F., 1985. « La cohésion des énoncés étrangers », *Semantikos* VII, 2.

SPERBER, D., 1974. *Le symbolisme en général*, Hermann.

SPERBER, D., 1975. « Rudiments de rhétorique cognitive », *Poétique*, n° 23, Seuil.

J. Sur métaphore, synecdoque et métonymie (Chapitre 4)

• **Au point de départ de la nouvelle rhétorique**

BARTHES, R., 1970. « L'ancienne rhétorique », *Communications* 16.

FONTANIER, I., 1968. *Les figures du discours*, Flammarion.

JAKOBSON, R., 1963. *Essais de linguistique générale* I, chapitre 2, pp. 61-67 surtout et chapitre 11, Minuit.

JAKOBSON, R., 1970. *Questions de poétique* : « Notes marginales sur la prose du poète Pasternak », Seuil.

KUENTZ, P., 1970. « La Rhétorique ou la mise à l'écart », *Communications*, n° 16.

KUENTZ, P., 1971. « Rhétorique générale ou rhétorique théorique », *Littérature*, n° 4.

MOREL, M.-A., 1982. « Pour une typologie des figures de Rhétorique : points de vue d'hier et d'aujourd'hui » DRLAV, n° 26.

• **Travaux désormais classiques et discussions**

BOUVEROT, D., 1969. « Comparaison et métaphore », *Le Français moderne*, n°s 2, 3 et 4, pp. 132-147, 224-238, 301-318.

BROOKE-ROSE, C., 1958. *A Grammar of Metaphor*, Seckeer and Warburg, Londres, 1958.

CAMINADE, P., 1970. *Image et métaphore*, Bordas.

CHARLES, M., 1973. « Le discours des figures », *Poétique* 15.

DELAS, D., 1978. « La grammaire générative rencontre la figure. Lectures », pp. 65-104 de *Langages*, n° 51.

DUBOIS, Ph., 1975. « La métaphore filée et le fonctionnement du texte », *Le Français moderne*, n° 43.

DUBOIS, Ph., 1978. « La métaphore filée : machinerie rhétorique et machination narrative », colloque sur les *Stratégies discursives, Linguistique et sémiologie*, P.U. Lyon.

ECO, U., 1973. « Sémantique de la métaphore », *Tel Quel*, n° 55.

GENETTE, G., 1966. *Figures I* : « La Rhétorique ou l'espace du langage », « L'envers des signes », « Hyperboles », Coll. Points, n° 74.

GENETTE, G., 1972. *Figures III* : « La Rhétorique restreinte » et « Métonymie chez Proust », Seuil.

GRIMAUD, M., 1978. « Sur une métaphore métonymique hugolienne selon J. Lacan », *Littérature*, n° 29.

GROUPE MU, 1970. *Rhétorique générale*, Larousse.

HENRY, A., 1971. *Métonymie et métaphore*, Klincksieck.

LE GUERN, M., 1973. *Sémantique de la métaphore et de la métonymie*, Larousse.

LE GUERN, M., 1981. « Métaphore et argumentation », *Linguistique et sémiologie : L'argumentation*, pp. 65-74, P.U. Lyon.

METZ, Ch., 1977. « Métaphore/Métonymie ou le référent imaginaire » dans *Le signifiant imaginaire*, 10/18, n° 1134.

MOLINO, J., SOUBLIN, F., TAMINE, J., 1979. « La métaphore », présentation du numéro 54 de *Langages*.

RICOEUR, P., 1975. *La métaphore vive*, Seuil.

RIFFATERRE, M., 1979. « La métaphore filée dans la poésie surréaliste », dans *La production du texte*, Seuil.

RUWET, N., 1975. « Synecdoques et métonymies », *Poétique*, n° 23.

SATO, N., 1979. « Synecdoque, un trope suspect », *Revue d'Esthétique*, 1/2, 10/18, n° 1324.

SCHMITZ, J.-P., 1984. « Synecdoque et focalisation sémique », *Le Français moderne*.

TAMINE, J., 1976. « L'interprétation des métaphores en « de ». Le feu de l'amour », *Langue Française*, n° 30.

TODOROV, T., 1970. « Synecdoques », *Communications*, n° 16.

NORMAND, Cl., 1976. *Métaphore et concept*, Complexe, Bruxelles.

● **Travaux récents**

DELAS, D., 1983. « Vérité/fausseté/absurdité en poétique », *LINX*, n° 9. Université de Paris X-Nanterre, pp. 131-145.

KLEIBER, G., « Métaphore et vérité », *LINX*, n° 9, pp. 89-130.

MARTIN, R., 1983. « Métaphore et sémantisme flou », pp. 183-203 de *Pour une logique du sens*, PUF.

SEARLE, J.-R., 1982. Chapitre 4 (« La métaphore ») de *Sens et expression*, Minuit.

SPERBER, D., 1975. « Rudiments de rhétorique cognitive », *Poétique* 23.

TAMBA-MECZ, I., 1981. *Le sens figuré*, PUF.

K. Sur l'énonciation (Chapitre 5)

• **Les textes fondateurs de Benveniste, tout d'abord**

BENVENISTE, E., 1966. *Problèmes de linguistique générale*, chapitres 18 à 21, Gallimard, collection TEL.
BENVENISTE, E., 1974. *Problèmes de linguistique générale II*, chapitres 4 et 5 surtout.

• **Un ouvrage concis et précis que l'on peut considérer actuellement comme la meilleure introduction à la question**

MAINGUENEAU, D., 1981. *Approche de l'énonciation en linguistique française*, Hachette.

• **L'ouvrage le plus complet sur la question**

KERBRAT-ORECCHIONI, Catherine, 1980. *L'énonciation. De la subjectivité dans le langage*, A. Colin.

• **Quelques chapitres d'ouvrages et articles conçus dans une perspective de synthèse et d'applications didactiques**

ADAM, J.-M. et GOLDENSTEIN, J.-P., 1976. Chapitre VI de *Linguistique et discours littéraire*, Larousse.
FOSSION, A. et LAURENT, J.-P., 1978. Pp. 46-73 de *Pour comprendre les lectures nouvelles*, Duculot.
SIMONIN-GRUMBACH, Jenny, 1975. « Pour une typologie des discours », pp. 85-121 de *Langue, Discours, société*, ouvrage collectif d'hommage à Émile Benveniste, Seuil.
SIMONIN-GRUMBACH, Jenny, 1977. « Linguistique textuelle et étude des textes littéraires », *Pratiques*, n° 13.

• **Ouverture sur les recherches les plus actuelles**

CULIOLI, A., 1975-1976. Transcription du séminaire de DEA : « Recherche en linguistique ; théorie des opérations énonciatives », Paris, Université de Paris VII.
FUCHS, C., 1982. *La Paraphrase*, PUF.
DUCROT, O., 1980. Chapitre 1 de *Les mots du discours*, Minuit.
DUCROT, O., et ANSCOMBRE, J.-C., 1983. *L'argumentation dans la langue*, Mardaga, Bruxelles.
Revue LANGAGES n° 70, 1983. « La mise en discours », Larousse et n° 73, 1984 : « Les Plans d'Enonciation ».

L. Sur la pragmatique et les actes du discours (Chapitre 5)

ADAM, J.-M., 1984. « Des mots au discours : l'exemple des principaux connecteurs », *Pratiques* n° 43.
ANSCOMBRE, J.C. et DUCROT, O., 1983. *L'Argumentation dans la langue*, Mardaga éd., Bruxelles.

AUSTIN, J.L., 1970. *Quand dire c'est faire*, Seuil.

BERRENDONNER, A., 1981. *Éléments de pragmatique linguistique*, Minuit.

COMMUNICATIONS N° 30 : « La conversation » (articles de Grice, Sperber, Flahaut surtout).

COMMUNICATIONS N° 32 : « *Les actes de discours* », Seuil.

DUCROT, O., 1972. *Dire et ne pas dire*, Hermann.

DUCROT, O., 1980. *Les mots du discours*, Minuit.

DUCROT, O., 1984. *Le Dire et le dit*, Minuit.

ISER, W., 1979. « La fiction en effet », *Poétique*, n° 39, Seuil.

MARTIN, R., 1983. *Pour une logique du sens*, PUF.

RECANATI, F., 1979. *La transparence et l'énonciation*, Seuil.

SEARLE, J.R., 1972. *Les actes de langage*, Hermann.

SEARLE, J.R., 1979. *Sens et expression*, Minuit.

WARNING, R., 1979. « Pour une pragmatique du discours fictionnel ». *Poétique*, n° 39, Seuil.

Index des poètes
et des poèmes cités [1]

---

1. En **gras** les textes étudiés dans le détail.

Index
des principales notions